中国经济文库·应用经济学精品系列（二）

创新驱动因素对高技术产业绩效的影响研究：
基于区域创新系统视角

魏新颖 ◎ 著

中国经济出版社
CHINA ECONOMIC PUBLISHING HOUSE
北京

图书在版编目（CIP）数据

创新驱动因素对高技术产业绩效的影响研究：基于区域创新系统视角/魏新颖著．--北京：中国经济出版社，2021.12

ISBN 978-7-5136-1951-6

Ⅰ．①创… Ⅱ．①魏… Ⅲ．①高技术产业-技术革新--研究-中国 Ⅳ．①F279.244.4

中国版本图书馆 CIP 数据核字（2021）第269758号

责任编辑　丁　楠
责任印制　马小宾
封面设计　华子图文

出版发行　中国经济出版社
印　刷　者　北京艾普海德印刷有限公司
经　销　者　各地新华书店
开　　　本　710mm×1000mm　1/16
印　　　张　15.25
字　　　数　219千字
版　　　次　2021年12月第1版
印　　　次　2021年12月第1次
定　　　价　78.00元
广告经营许可证　京西工商广字第8179号

中国经济出版社 网址 www.economyph.com 社址 北京市东城区安定门外大街58号 邮编 100011
本版图书如存在印装质量问题，请与本社销售中心联系调换（联系电话：010-57512564）

版权所有　盗版必究（举报电话：010-57512600）
国家版权局反盗版举报中心（举报电话：12390）　　服务热线：010-57512564

前言
PREFACE

目前,中国经济已由高速增长阶段转向高质量发展阶段,高质量发展阶段要求把科技创新作为经济发展的新动力,以创新驱动经济可持续发展。科技创新有利于降低能耗、减少污染、优化产业结构、提升资源利用效率。科技创新是实现经济高质量发展的根本途径。

高技术产业对于实现创新驱动发展具有重要作用。高技术产业是进行科技创新活动、推动技术进步的重要部门,对其他产业有很强的渗透能力和带动作用,有利于实现产业结构转型升级和经济发展方式转变。2000年以来,中国高技术产业发展迅速,规模不断壮大,但存在产业绩效不高的问题。因此,如何提升高技术产业绩效水平是一个值得关注的课题。本书基于区域创新系统视角,从理论和实证两个方面研究了技术创新水平、创新环境和技术溢出对高技术产业绩效的影响机制和影响效应,以便为制定提升高技术产业绩效的政策提供依据。本书的结构安排和主要内容如下:

第一章为绪论。阐述了本书的研究背景及意义,介绍了本书的研究思路、研究方法与创新点。

第二章为文献综述。首先,阐释了高技术产业、技术创新与产业绩效的相关概念;其次,对技术创新和产业绩效的测算方法进行了综述;再次,梳理了研发投入、创新环境和技术溢出影响产业绩效的相关研究成果;最后,总结了现有关于技术创新对高技术产业绩效影响的文献存在的不足之处。

第三章为创新驱动因素对高技术产业绩效影响的理论基础。首先介绍了技术创新理论的形成和发展过程,包括熊彼特的技术创新理论、内生经济增长理论关于技术创新的论述、新熊彼特主义的技术创新理论和国家创新系统理论关于技术创新的观点。其次对创新价值链与区域创新系统的概念以及区域创新系统的运行机制进行了阐释。最后阐述了高技术产业技术创新水平、创新环境与技术溢出对高技术产业绩效的影响机理和影响渠道。

第四章为区域高技术产业技术创新的时空演变趋势。分析了中国高技术产业技术创新的区域差异和时空演变趋势。选取创新投入、创新产出和创新效率三个方面的指标，分别从全国、三大地区和省级层面深入分析了高技术产业创新投入和产出的区域差异和时空演变。研究表明，中国高技术产业创新投入与产出增长很快，但研发强度低于发达国家，专利技术层次低，缺乏核心技术。中、西部地区与东部地区在创新投入和产出两个方面均存在显著差距，且这一差距有扩大趋势。中国高技术产业的技术研发效率与成果转化效率均不高，成果转化效率尤为低下。

第五章为区域高技术产业绩效的时空演变趋势。分析了中国高技术产业绩效的区域差异和时空演变趋势。选取高技术产业发展规模、盈利能力和产出效益三方面的指标，分别从全国、三大地区和省级层面分析高技术产业绩效的区域差异和时空演变特征。同时采用 DEA 方法测算高技术产业生产效率，分析高技术产业生产效率的区域差异和时空演变。研究表明，中国高技术产业规模不断壮大，利润总额增长很快，产出效益显著提高，但销售利润率较低，不具备高收益的特征。东部地区的高技术产业规模、利润总额和产出效益一直远大于中、西部地区，但这种差距有缩小态势。高技术产业生产效率不高且增长缓慢与高技术产业的粗放型发展方式有关。

第六章为创新投入与创新环境对高技术产业绩效影响的实证分析。实证研究了创新投入、创新环境和创新效率对高技术产业绩效的影响。采用门限回归模型考察了创新环境在创新投入影响高技术产业绩效过程中所起的作用，采用 Tobit 模型研究了创新效率对生产效率的影响。研究表明，研发投入和创新环境对高技术产业总产值有显著正向影响，且研发投入在影响高技术产业总产值时依赖于创新环境。当创新环境较好时，研发投入对高技术产业总产值影响的边际效应较大；反之则较小。

创新环境对高技术产业利润和劳动生产率的影响与之有所不同。技术研发效率和成果转化效率对高技术产业生产效率均有显著正向影响，成果转化效率的影响更大。

第七章为技术创新与空间溢出对高技术产业绩效影响的实证分析。首先用 ESDA 方法分析了各省份高技术产业技术创新的全局空间相关性和局部空间关联特征；其次构建了三种空间权重矩阵，采用空间杜宾模型从全国和三大地区两个层面实证分析了高技术产业技术创新和技术溢出对产业绩效的影响效应。研究表明，从全局来看，中国各省份高技术产业专利存量存在空间正相关性。从局部来看，东部地区基本是"高—高"型集聚，相互之间有较大的辐射带动作用；西部地区基本是"低—低"型集聚，相互之间的辐射带动作用较小。从全国层面看，本省高技术产业技术创新及其他省份的技术溢出对本省高技术产业总产值、利润和劳动生产率均有积极影响，且其他省份的技术溢出效应超过了本省技术创新的作用。从三大地区层面来看，东部地区省份之间高技术产业技术创新的溢出效应较大，而中、西部地区各省份之间高技术产业技术创新的溢出效应较小。

第八章为主要结论和政策建议。通过本书的研究，可以发现，中国高技术产业技术创新水平、创新环境和技术溢出与高技术产业绩效的关系密切。为增强高技术产业的技术创新能力，提升产业绩效，要多渠道增加研发投入，加强创新人才的培养和引进，提高创新效率；重视创新环境优化，以增强研发投入的作用效果；通过技术转移、合作研发等方式加强区域合作，构建区域协同创新网络，促进区域间高技术产业的技术溢出。

目 录
CONTENTS

第一章 绪 论 ………………………………………………………… 001
 第一节 研究背景及意义 ……………………………………………… 003
  一、研究背景 ………………………………………………………… 003
  二、研究意义 ………………………………………………………… 004
 第二节 研究思路和研究方法 ………………………………………… 006
  一、研究思路 ………………………………………………………… 006
  二、研究方法 ………………………………………………………… 006
 第三节 本书的创新之处 ……………………………………………… 008
  一、对区域高技术产业绩效演变趋势的多维度考察 ……………… 008
  二、创新环境和创新效率对高技术产业绩效的影响 ……………… 009
  三、拓展技术溢出对高技术产业绩效影响的研究 ………………… 009

第二章 文献综述 ……………………………………………………… 011
 第一节 相关概念界定 ………………………………………………… 013
  一、高技术产业的界定 ……………………………………………… 013
  二、技术创新的概念 ………………………………………………… 014
  三、产业绩效的含义 ………………………………………………… 015
 第二节 技术创新测度 ………………………………………………… 016
  一、创新投入指标 …………………………………………………… 016
  二、创新产出指标 …………………………………………………… 017
  三、综合指标 ………………………………………………………… 019
 第三节 产业绩效测度 ………………………………………………… 019
  一、指标测度 ………………………………………………………… 019

二、效率测度 ································ 020
　　三、生产率测度 ······························ 023
第四节　创新驱动因素对产业绩效的影响综述 ············· 024
　　一、创新投入对产业绩效的影响 ················ 024
　　二、创新环境对技术创新能力的影响 ············ 028
　　三、技术溢出对产业绩效的影响 ················ 031
第五节　现有研究评述 ································ 034
第六节　本章小结 ···································· 036

第三章　创新驱动因素对高技术产业绩效影响的理论基础 ·········· 037

第一节　技术创新理论 ································ 039
　　一、熊彼特的技术创新理论 ···················· 039
　　二、内生经济增长理论关于技术创新的论述 ······ 040
　　三、新熊彼特主义的技术创新理论 ·············· 042
　　四、国家创新系统理论关于技术创新的观点 ······ 043
第二节　创新价值链与区域创新系统理论 ················ 045
　　一、创新链的概念和结构 ······················ 045
　　二、区域创新系统的概念与特征 ················ 047
　　三、区域创新系统的运行机制 ·················· 048
第三节　技术创新对高技术产业绩效影响的相关理论 ······ 051
　　一、技术创新活动对高技术产业绩效的影响机理 ·· 051
　　二、创新环境对高技术产业技术创新活动的影响 ·· 053
　　三、技术溢出对高技术产业绩效的影响渠道 ······ 058
第四节　本章小结 ···································· 064

第四章　区域高技术产业技术创新的时空演变趋势 ·········· 065

第一节　区域高技术产业创新投入和产出的时空演变 ······ 067
　　一、指标选择与数据说明 ······················ 067
　　二、区域高技术产业创新投入的时空演变 ········ 068
　　三、区域高技术产业创新产出的时空演变 ········ 071
第二节　区域高技术产业技术创新效率的时空演变 ········ 076
　　一、高技术产业创新过程 ······················ 076
　　二、研究方法选择及模型简介 ·················· 077

三、指标选取与数据来源 …………………………………………… 079
　　四、高技术产业创新两阶段效率测算结果 …………………… 081
　第三节　区域高技术产业技术创新存在的问题 ……………………… 089
　　一、高技术产业技术水平不高 ………………………………… 089
　　二、高技术产业创新效率不高 ………………………………… 090
　　三、区域高技术产业技术创新能力差异大 …………………… 090
　第四节　本章小结 ……………………………………………………… 091

第五章　区域高技术产业绩效的时空演变趋势 …………………… 093

　第一节　区域高技术产业规模、盈利能力与产出效益的时空演变 …… 095
　　一、指标选择与数据说明 ……………………………………… 095
　　二、区域高技术产业规模的时空演变 ………………………… 097
　　三、区域高技术产业盈利能力的时空演变 …………………… 100
　　四、区域高技术产业产出效益的时空演变 …………………… 105
　第二节　区域高技术产业生产效率的时空演变 ……………………… 108
　　一、方法的选择 ………………………………………………… 108
　　二、指标选取与数据来源 ……………………………………… 109
　　三、高技术产业生产效率测算结果 …………………………… 110
　第三节　区域高技术产业绩效存在的问题 …………………………… 114
　　一、高技术产业大而不强 ……………………………………… 114
　　二、高技术产业收益率不高 …………………………………… 114
　　三、高技术产业生产效率不高 ………………………………… 115
　　四、高技术产业区域发展不平衡 ……………………………… 116
　第四节　本章小结 ……………………………………………………… 116

第六章　创新投入与创新环境对高技术产业绩效影响的实证分析 … 119

　第一节　创新投入与创新环境对高技术产业规模的影响 …………… 122
　　一、计量模型、变量说明与数据来源 ………………………… 122
　　二、模型估计与结果分析 ……………………………………… 126
　　三、结论 ………………………………………………………… 136
　第二节　创新投入与创新环境对高技术产业盈利能力的影响 ……… 137
　　一、计量方法、变量说明与数据来源 ………………………… 137
　　二、模型估计与结果分析 ……………………………………… 139

三、结论 …………………………………………………… 146

第三节　创新投入与创新环境对高技术产业产出效益的影响 ……… 146
　　一、计量方法、变量说明与数据来源 …………………… 147
　　二、模型估计与结果分析 ………………………………… 148
　　三、结论 …………………………………………………… 155

第四节　创新投入与创新效率对高技术产业生产效率的影响 ……… 156
　　一、计量模型、变量选择与数据说明 …………………… 156
　　二、模型估计与结果分析 ………………………………… 159
　　三、结论 …………………………………………………… 161

第五节　本章小结 …………………………………………………… 161

第七章　技术创新与空间溢出对高技术产业绩效影响的实证分析 … 163

第一节　区域高技术产业技术创新的空间关联 …………………… 166
　　一、研究方法与数据说明 ………………………………… 166
　　二、区域高技术产业技术创新的全局空间相关性分析 … 168
　　三、区域高技术产业技术创新的局部空间相关性分析 … 169

第二节　技术创新与空间溢出对高技术产业总产出的影响 ……… 173
　　一、模型设定、变量与数据 ……………………………… 173
　　二、全国整体层面的回归结果 …………………………… 178
　　三、分地区回归结果 ……………………………………… 182
　　四、稳健性检验 …………………………………………… 186
　　五、结论 …………………………………………………… 186

第三节　技术创新与空间溢出对高技术产业利润的影响 ………… 187
　　一、全国整体层面的估计结果 …………………………… 187
　　二、分地区回归结果 ……………………………………… 191
　　三、稳健性检验 …………………………………………… 194
　　四、结论 …………………………………………………… 194

第四节　技术创新与空间溢出对高技术产业劳动生产率的影响 … 195
　　一、全国整体层面的估计结果 …………………………… 195
　　二、分地区回归结果 ……………………………………… 199
　　三、稳健性检验 …………………………………………… 202
　　四、结论 …………………………………………………… 202

第五节　本章小结 …………………………………………………… 203

第八章　主要结论和政策建议 …… 205

第一节　主要结论 …… 207
一、区域高技术产业技术创新的时空演变特征 …… 207
二、区域高技术产业绩效的时空演变特征 …… 208
三、创新投入、创新环境和创新效率对高技术产业绩效的影响 …… 208
四、技术创新和技术溢出对高技术产业绩效的影响 …… 209

第二节　政策建议 …… 210
一、加大对高技术产业的支持力度，采取多项措施增加研发投入 … 210
二、培养和引进高素质的创新人才，为高技术产业创新储备人力 … 211
三、加快产学研相结合的技术创新体系建设，促进科技成果转化 … 211
四、优化高技术产业创新环境，增大研发投入的作用效果 …… 212
五、通过区域协同创新，实现区域创新资源优化配置和知识共享 … 213

参考文献 …… 214

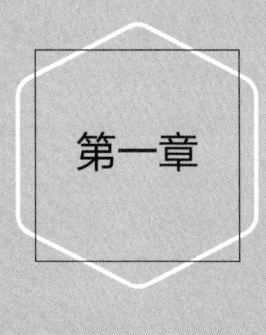

第一章

绪论

第一节　研究背景及意义

一、研究背景

改革开放以来，中国经济经历了多年的高速增长，但近年来呈现下滑趋势，进入所谓的"新常态"。中国经济开始面临资源消耗过度、生态环境不断恶化、人口老龄化日趋严重等一系列问题，依靠增加要素投入拉动经济增长的发展方式很难支撑中国经济的可持续发展。新时期经济增长的关键是实现经济发展的新旧动能转换，即要使增长动力从投资驱动向创新驱动转变，把科技创新作为经济增长的新动能，提高经济增长的内涵和质量。2012年11月，党的十八大明确提出中国要实施创新驱动发展战略，坚持走中国特色自主创新道路。之后，国家出台了一系列推动创新驱动发展的政策文件。2015年3月，中共中央、国务院发布《关于深化体制机制改革加快实施创新驱动发展战略的若干意见》，指出必须深化机制体制改革，加快实施创新驱动发展战略。2016年5月，中共中央、国务院印发《国家创新驱动发展战略纲要》，强调把创新驱动发展作为国家的优先战略，以科技创新为核心带动全面创新。2017年5月，国务院办公厅发布《关于县域创新驱动发展的若干意见》，指出实施创新驱动发展战略，基础在县域。这些政策文件为实施创新驱动发展战略提供了制度和政策保障。

高技术产业在实现创新驱动发展中起着重要作用。高技术产业是指用当代尖端技术生产高技术产品的产业群，是进行科技创新活动、实现技术创新的关键部门。高技术产业产品的科技含量高，其发展水平在一定程度上代表了一个国家的科技创新水平。高技术产业具有知识、技术密集度高的特点，在国民经济中是具有战略性和先导性的支柱产业，对其他产业有很强的渗透和带动作用，有利于产业结构转型升级和经济发展方式转变。2000年以来，中国高技术产业发展迅速，规模不断壮大，技术创新能力进一步增强。2000年中国高技术产业总产值为10426亿元，到2016年增加到138116.30亿元①，增加了12.25倍，年均增长17.53%。研发经费投入不断增加，高技术产业研发经费内部支出由2000年的111.04亿元增加到2016年的2120.60亿元，增加了18.09倍，年均增长20.24%。随着研发经费投入的不断增加，高技术产业的创新能力也不断增强。高技术产业专利申请数从2000年的2245件增加到2016年的185913件，增加了近82倍。2015年，中国高技术产业增加值占世界的比重达到29%，超过了美国，成为名副其实的高技术产业大国（胡鞍钢，2017）。但中国高技术产业在快速发展的过程中也存在一些问题，如高技术产业一直处于产业链的低端环节、产品的附加值低、竞争力不强、缺乏核心技术、盈利能力差、产业绩效不高。2016年中国高技术产业的销售利润率与制造业基本持平，高技术产业没有体现出应有的高收益特征。事实上，中国高技术产业大多是依靠规模扩张的方式来发展的，发展质量不高。在国家实施创新驱动发展战略的背景下，如何提升高技术产业绩效成为一个值得关注和亟待解决的问题。

二、研究意义

提升高技术产业绩效，需要找出其影响因素。现有研究认为，影响高技术产业绩效的因素有技术创新、市场结构、对外开放程度和制度因素等（张国强，2007；戴魁早，2013；陈恒，2016）。从根本上看，决定高技术产业绩效及其竞争力的关键是技术创新能力，要想提升高技术产业绩效需要提高其创新能力。从区域创新系统的角度来看，高技术产业技术创新能力与研发投入、研发效率、创新环境、技术溢出等因素有关。如果高技术产业的研发投入多，研发效率高，创新环境好，能够充分利用区域间的技术溢出，则技术创新能力就强，自然会提高高技术产业绩效和发展水平。

---

① 数据来自《中国高技术产业统计年鉴》，已转换为2000年不变价，以下数据相同。

反之，则会阻碍高技术产业绩效的提升。中国高技术产业的研发投入在不断增加，那么不断增加的研发投入的利用效率如何、是否有利于提升高技术产业绩效、创新环境是否对高技术产业绩效的提升起到了支撑作用、研发投入对高技术产业绩效的影响在创新环境不同的地区是否具有显著差异、区域间高技术产业的技术溢出是否对提升产业绩效有重要作用、受哪些因素制约？本书就上述问题展开理论与实证研究，本书的研究有助于我们正确认识创新环境、创新效率和空间技术溢出对中国高技术产业绩效的影响机制，揭示其技术创新方面存在的问题，从而为科学制定高技术产业创新驱动政策提供依据，这对于提升高技术产业绩效，进而带动产业升级、优化产业结构、提高经济增长质量具有重要的现实意义。

中国正处于经济转型的关键时期，创新已成为经济发展的第一动力。作为进行科技创新活动的关键部门，高技术产业的发展一直是学界关注的热点。从已有文献来看，对高技术产业创新绩效及其影响因素的研究较多，对高技术产业生产绩效的研究较少。对高技术产业创新绩效的研究是一个很重要的方面，但是对高技术产业生产绩效的研究也很重要，因为创新活动只是生产的中间过程，只有生产的最终结果才能满足人们需求。本书聚焦高技术产业生产绩效进行研究，从区域创新系统视角研究创新驱动因素对高技术产业绩效[①]的影响机制与影响效应，并以此寻求提升高技术产业绩效的对策。现有文献大多关注研发投入对高技术产业绩效的影响，也有少数文献研究了创新环境和技术溢出对高技术产业绩效的影响，但关于这方面的研究还不够充分和深入。本书与已有研究的不同之处体现在以下三个方面：第一，对高技术产业技术创新能力和产业绩效现状进行分析，总结它们存在的问题。第二，将创新投入和创新环境结合起来，考察创新环境在创新投入影响高技术产业绩效过程中所起的作用，揭示哪些创新环境因素能有效地提升研发投入对高技术产业绩效的影响效应。第三，考虑技术创新的空间溢出，实证检验高技术产业技术创新的空间溢出是否对其绩效有积极影响，是否受人力资本水平制约。本书有助于从创新环境和技术溢出视角拓展和深化技术创新对高技术产业绩效影响的相关研究，

---

① 创新绩效和生产绩效是两个不同的概念，本书将生产绩效简称绩效，即文中出现的绩效是指生产绩效。

丰富技术创新对产业绩效影响的研究内容。

第二节 研究思路和研究方法

一、研究思路

本书在总结国内外有关技术创新和产业绩效的相关研究的基础上，深入分析中国区域高技术产业技术创新和产业绩效的状况与特征，进一步探讨影响高技术产业绩效的创新驱动方面的因素，揭示高技术产业创新驱动方面存在的问题，从而为提升高技术产业技术创新能力和绩效提供相应对策。本书的技术路线如图1-1所示。

二、研究方法

（一）文献分析法

文献分析法是做科学研究的基础方法，通过对已有文献的梳理和分析，了解所研究问题的现状，从而形成对所研究问题的科学认识。本书首先针对创新驱动因素对产业绩效影响的研究主题进行文献收集，然后对大量现有文献进行梳理、归纳和总结，把握创新驱动高技术产业绩效提升的理论基础和研究现状，为本书的研究思路奠定基础。

（二）规范分析法

规范分析是对所研究社会经济现象是否属于某种价值进行判断，从理论上分析所研究的问题"应该是什么"。本书用规范分析法对技术创新相关理论、创新价值链与区域创新系统理论进行阐释，对技术创新水平、创新环境要素和技术溢出对产业绩效的影响的相关理论进行描述，为实证研究创新驱动因素对高技术产业绩效的影响效应奠定理论基础。

（三）实证分析法

本书在研究时主要采用实证分析的方法，首先对中国高技术产业技术

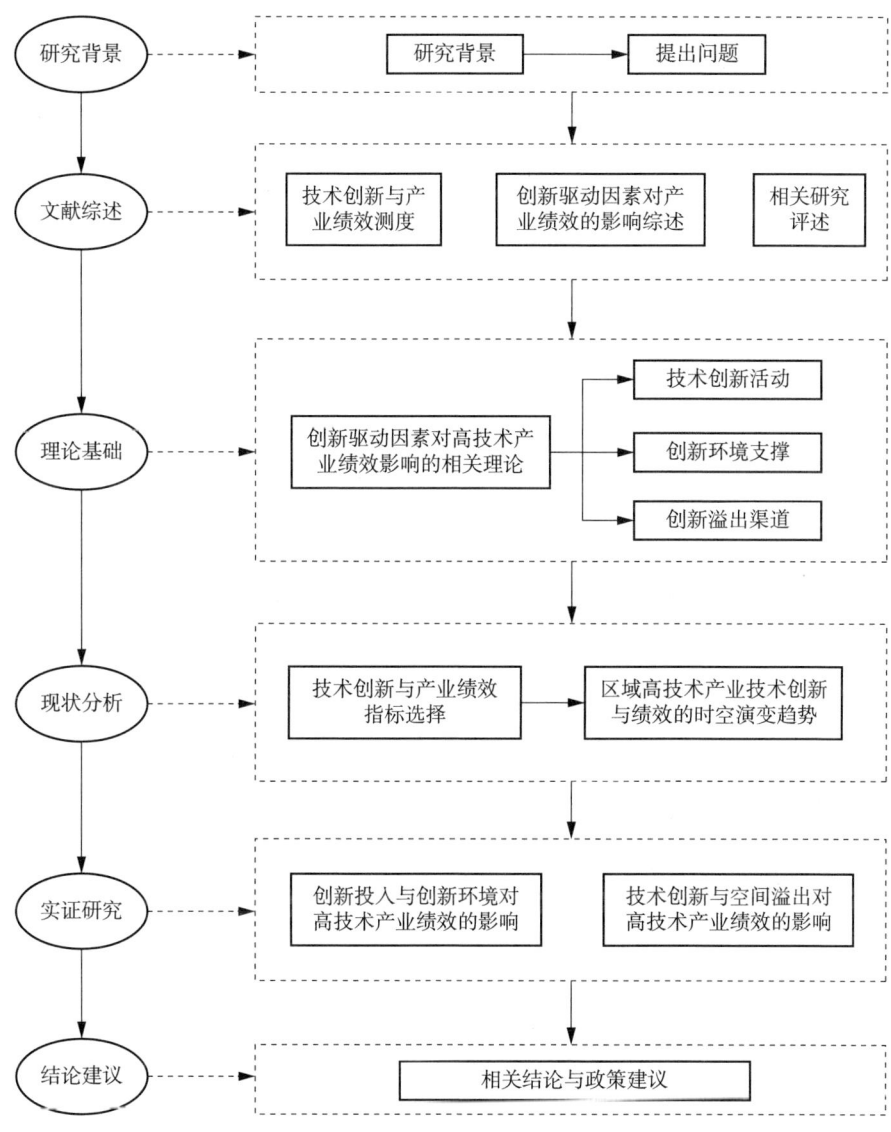

图1-1 本书的技术路线

创新和产业绩效的现状进行定量描述;其次采用链式网络DEA方法测算高技术产业创新两阶段效率和整体效率;最后采用计量分析的方法研究创新投入、创新环境、创新效率和技术溢出对高技术产业绩效的影响。本书用到的实证分析方法如下:

第一,计算高技术产业创新效率时采用链式网络DEA方法,网络

DEA 方法研究具有网络结构的多阶段投入和产出的网络决策单元的效率，可以同时计算各子阶段的效率以及整体效率。而高技术产业技术创新过程分为技术研发和成果转化两个阶段，是相互联系的两个阶段构成的链式结构，适合用链式网络 DEA 方法测算创新效率。

第二，在分析创新投入和创新环境对高技术产业绩效的影响时采用在模型中加入交互项的方法以及门限回归分析法。在模型中加入创新投入和创新环境的交互项可以检验创新投入对高技术产业绩效的影响效应是否与创新环境有关，门限回归分析法可以客观确定门限值，从而说明在不同的创新环境区间创新投入对高技术产业绩效的不同影响。

第三，在分析创新投入和创新效率对高技术产业生产效率的影响时采用 Tobit 模型法。Tobit 模型用于被解释变量受到限制的情形，而高技术产业生产效率在 0 到 1 之间，应采用 Tobit 模型进行分析。

第四，在分析技术创新、空间溢出对高技术产业绩效的影响时采用空间计量分析法。由于技术创新活动形成的知识存量具有非竞争性和部分非排他性，因而技术创新在区域之间容易产生技术溢出，在研究区域技术创新对高技术产业绩效的影响时不能忽略技术溢出，因此需要采用考虑空间相关性的空间计量法进行研究。本书先用 ESDA 法分析各省份高技术产业技术创新的空间相关性和空间集聚特征，然后采用空间杜宾模型实证研究高技术产业技术创新和空间技术溢出对其绩效的影响效应和溢出效应。

第三节 本书的创新之处

一、对区域高技术产业绩效演变趋势的多维度考察

已有文献较多关注高技术产业创新绩效，研究高技术产业创新产出、创新效率的区域差异及其影响因素，而对高技术产业生产绩效的研究较少，且一般选取单一指标进行研究。本书结合已有的研究成果，从发展规模、盈利能力和产出效益三个方面选取多项指标对高技术产业绩效的现

状、区域差异和时空演变进行研究,同时用 DEA 法测算高技术产业生产效率,考察生产效率的现状、区域差异和时空演变。从多维度选取多个指标全面考察区域高技术产业绩效的发展演变及存在问题。

二、创新环境和创新效率对高技术产业绩效的影响

现有文献单独考虑创新投入对高技术产业绩效的影响以及创新环境对技术创新活动的影响,忽视了创新投入在影响高技术产业绩效时创新环境对创新投入的约束作用。事实上,创新环境影响技术创新活动,进一步影响高技术产业绩效,也就是说,创新投入对高技术产业绩效的影响在很大程度上依赖于创新环境。本书在研究创新投入对高技术产业绩效的影响时考虑创新环境的制约作用。首先用加入交互项的方法检验创新投入对高技术产业绩效的影响是否受创新环境制约;其次用门限回归模型方法客观确定门限值,用来说明在不同的创新环境下创新投入对高技术产业绩效的不同影响。在用 Tobit 模型研究生产效率的影响因素时,将创新效率作为重要的影响因素分析也是现有文献很少涉及的。

三、拓展技术溢出对高技术产业绩效影响的研究

在研究技术创新对高技术产业绩效的影响时,考虑技术创新空间溢出的文献较少,已有的研究技术溢出的文献选取研发存量或专利数量衡量技术创新,使用地理空间权重矩阵进行研究,而关于技术溢出对高技术产业绩效影响的研究还不够充分。本书在已有研究的基础上进行继承和拓展:一是选择专利存量指标衡量技术创新,因为专利权有期限,因此专利与固定资产类似,需要以一定的折旧率核算其存量来反映真实的知识资本积累。二是深入分析高技术产业技术创新的全局空间关联和局部空间集聚状况。三是同时采用地理权重矩阵和人力资本权重矩阵,以分析技术溢出效应在不同空间权重矩阵下的差异。四是不仅分析了高技术产业技术溢出对总产出的影响,还分析了技术溢出对其利润和劳动生产率的影响,丰富了技术创新对高技术产业绩效影响的研究内容。

第二章

文献综述

本书主要研究技术创新对高技术产业绩效的影响，为此，本章首先对高技术产业、技术创新和产业绩效等概念进行界定，对技术创新和产业绩效的测度方法进行总结；其次梳理有关创新投入、技术溢出对产业绩效的影响以及创新环境对技术创新能力影响的相关文献；最后对已有研究进行评述，在此基础上提出本书的研究思路。

第一节 相关概念界定

一、高技术产业的界定

自20世纪60年代开始出现高技术的概念，人们普遍认为高技术是生产或使用先进设备的科学技术。之后一些发达国家开始界定高技术产业。美国商务部认为界定高技术产业的标准有两个：一是研发强度，即研发经费在总附加值中所占的比重达10%以上；二是科学家、工程师和技术工人等研发人员占职工总数的比重达10%以上。[①] 美国劳工统计局认为研发强度和科技人员占职工总数的比重比制造业高出一倍以上的产业即为高技术产业。[②] 其他国家，如日本、法国、德国等认为，研发投入比重高、劳动力素质高、技术革新速度快、对相关产业能产生较大的溢出效应的产业是高技术产业。

对高技术产业界定最具代表性的是经济合作与发展组织（OECD）。

---

①② 桂黄宝．中国高技术产业创新发展研究［M］．北京：科学出版社，2016．

OECD主要用研发经费强度作为判定高技术产业的标准,指出高技术产业是指研发经费占生产总值的比重比平均水平高出很多的产业。20世纪80年代,OECD认为研发强度在4%以上的产业为高技术产业,进入90年代后,这一比例提高到了8%。[①] 1986年,OECD根据典型成员国20世纪80年代初的相关数据计算其研发强度,按照产业分类的国际标准将研发强度明显较高的六类制造业确定为高技术产业。随着科技的快速发展,各产业的研发强度在不断变化,1994年,OECD调整了计算方法,不仅考虑了直接研发经费,还考虑了间接研发经费,重新计算了典型成员国制造业部门的研发强度。根据新的计算结果和标准,去掉了专用科学仪器设备和电气机械设备制造业。随着新的产业分类国际标准的广泛应用,OECD于2001年按照新的国际标准重新划分了高技术产业,即将制造业中的航空航天制造业、医药制造业、电子及通信设备制造业、计算机及办公设备制造业、医疗设备及仪器仪表制造业确定为高技术产业,这一分类方法为世界大多数国家所接受。

中国对于高技术产业的研究相对较晚,对高技术产业的界定主要借鉴OECD的标准。2002年国家统计局采用OECD在2001年关于高技术产业的划分标准。2017年,国家统计局以2017年实行的新修订的《国民经济行业分类》和OECD分类方法为基础,对中国高技术产业分类标准进行了调整,规定高技术产业(制造业)是在国民经济行业中研发投入强度(即研发经费支出占主营业务收入的比重)相对较高的制造业行业,包括医药制造业,航空、航天器及设备制造业,电子及通信设备制造业,计算机及办公设备制造业,医疗设备及仪器仪表制造业,信息化学品制造业等6大类行业。

二、技术创新的概念

熊彼特(1912)最早提出"创新"的概念,他认为创新是改变生产函数中的生产要素和生产条件,重新建立一种新的生产函数,能够使产出更多。此后,随着对创新认识的逐步加深,很多学者从不同角度提出了技术

---

① 张同斌. 中国高新技术产业的发展特征及运行机制研究[M]. 北京:科学出版社,2014.

创新的概念。Enos（1962）认为技术创新是发现一项新技术、投入资本、生产新产品、开辟市场等一系列活动的过程。Mansfield（1968）认为技术创新是从构思到销售新产品的过程，是一项包括设计、生产、销售新产品等步骤的探索性活动。Utterback（1978）认为技术创新是某种新产品或新工艺被实际采用或首次应用。Freeman（1982）认为技术创新是从采用新工艺或发明新技术到产品商业化的过程，技术创新的最终结果是新工艺的商业化应用或新产品的市场价值的实现。OECD（2000）认为技术创新包括产品创新和工艺创新，其中产品创新是指开发出社会需要的新产品并实现其商业价值，工艺创新是指对工艺过程或生产方法的改进，如设备改进、工作方式改变等。

20世纪80年代以来，技术创新逐步成为国内研究的热点，不少学者对技术创新提出了自己的见解。许庆瑞（1990）认为创新是在一个企业或组织中出现的崭新的技术，技术创新的特征是新技术的第一次商业应用。王明友（1997）认为技术创新是新产品或新工艺的设想、研究开发、应用生产、实现商业利益以及新技术扩散等一系列经济活动的总和。傅家骥（1998）在总结国内外学者所提出的技术创新概念的基础上，认为技术创新是企业家根据市场需求，以获取商业利益为目的，改变生产条件，将生产要素重新组织，建立起效率更高的生产系统，从而"推出新的产品、新的生产工艺，开辟新的市场，获得新的原材料来源，建立企业新的组织等一系列活动的综合过程"。[①]

综上所述，技术创新的概念包含以下两点：第一，技术创新是一个过程，包括新技术的构思、新产品的研究开发和实现商业化；第二，技术创新不仅属于技术范畴，也属于经济范畴，它从新技术的设想开始，最终目的是获取商业利益，因此，技术创新不仅包括研发成果，还包括研发成果的商业化。

三、产业绩效的含义

"绩效"一词来源于管理学，是指组织（个人或企业）为实现某个目

---

① 傅家骥等. 技术创新学 [M]. 北京：清华大学出版社，1998.

标而开展工作的行为、方式与结果。对于绩效的含义，不同的学者有不同的理解，目前有代表性的观点有三种：第一种观点认为绩效是指组织开展活动的效率。Campbell（1990）指出，绩效包括组织开展活动的行为和方式，认为绩效是在开展活动过程中对其行为进行评估的效率与效能。第二种观点认为绩效是开展活动的结果。Bernardin（1995）认为绩效是组织通过特定工作或行为活动产生的结果，即组织完成工作的业绩和效益。第三种观点是前两种观点的综合。Brumbrach（1998）认为绩效是组织实施行为后所达到的状态或达到的预期程度，包括活动的行为和结果两个方面。也就是说，既包括组织在从事活动过程中对其行为、方式的评估结果，也包括行为、方式最终产生的结果。在经济学中，学者们对于绩效的理解，一般认可后两种观点，即绩效是指经济活动的行为和结果，包括经济活动实施过程中的效率和经济活动实施结果的业绩和效益。根据这种理解，产业绩效是指产业层面的经济活动实施后的效率、业绩和效益。在产品的生产过程中，伴随着一个很重要的经济行为，就是创新，所以在整个经济行为过程中需要评估的绩效有两种：创新绩效和生产绩效。创新绩效指产业实施创新活动后的业绩和效率，而生产绩效指产业在实施生产活动后的业绩和效率。一般将产业的生产绩效简称为产业绩效，所以本书中所说的产业绩效即是生产绩效，与产业的创新绩效是两个不同的概念。

第二节 技术创新测度

由于技术创新是一系列的活动过程，所以技术创新很难被直接衡量。学者们常用的处理办法有两种：一种是用创新投入或创新产出指标来衡量；另一种是根据技术创新过程，选取多个指标，综合为一个综合指标来代表技术创新。

一、创新投入指标

创新投入指标包括 R&D（研究与开发）经费内部支出、R&D 人员数量等。许多学者采用 R&D 投入作为衡量技术创新的指标，研究 R&D 投入对经济增长、企业绩效、生产率等的影响。

Feinberg（2001）研究了印度跨国公司的 R&D 投入对行业产出增长的影响，研究表明跨国公司的 R&D 投入加速了印度相关行业的技术创新，从而对印度相关行业的发展产生了显著的积极作用。卢方元（2011）利用 2000—2009 年全国 30 个省份的面板数据研究了创新投入和经济增长的关系，研究表明创新投入对经济增长有明显的促进作用，R&D 人员的产出弹性大于 R&D 经费的产出弹性。唐未兵（2014）用研发支出占 GDP 的比重衡量技术创新，采用 1996—2011 年中国 28 个省份的数据研究了技术创新、技术引进对经济增长方式的作用，认为技术创新并没有提升经济增长的集约化水平。

王君彩（2008）利用电子信息行业上市公司的数据，对企业研发投入和企业绩效之间的关系进行了实证分析，结果发现研发投入的作用存在滞后效应。仇云杰（2016）采用倾向得分匹配法研究了研发投入对企业绩效的影响，发现有研发的企业比没有研发的企业具有更高的全要素生产率和利润率。

Griliches（1986）用 R&D 投入衡量技术创新，研究了 R&D 投入对生产率的影响，研究发现 R&D 投入对生产率的持续增长起促进作用。戴魁早（2011）研究了高技术产业研发投入对生产率的影响，结果发现高技术产业 R&D 资本投入和 R&D 人力投入均对其生产率有显著的促进作用。毛德凤（2013）利用 2005—2007 年中国工业企业数据研究了研发投入对企业 TFP（全要素生产率）的影响，结果显示促进 TFP 提升的研发强度应控制在一个适度的范围内。

创新投入是进行技术创新的基础和必备条件，创新投入能在一定程度上反映技术创新水平。然而，创新投入指标存在一定的局限：创新投入仅仅是技术创新活动的开始，技术创新活动有很大的不确定性，有创新投入不一定取得技术创新的成功。

二、创新产出指标

专利和新产品销售收入是衡量技术创新水平的常用指标。Crosby

（2000）用专利数量衡量技术创新，研究了1901—1997年澳大利亚技术创新对GDP和劳动生产率的影响。Bilbao-Osorio（2004）对欧洲及周边地区的R&D投资、创新和经济增长进行研究，结果表明R&D投资能否转化为创新并最终转化为推动经济增长的动力，取决于特定区域的社会经济特征。郭国峰（2007）用专利申请数代表技术创新，以中部六省为研究对象研究了科研机构R&D经费支出、大中型企业R&D经费支出和高校R&D经费支出对技术创新的影响。陈继勇（2010）用专利申请数表示技术创新，研究了对外开放对中国技术创新的影响。周永涛（2012）同样采用专利申请量代表技术创新，运用空间计量方法研究了技术创新对贸易升级的影响。王婷（2015）以每百万人拥有专利授权数测度技术创新，研究了技术创新对城市经济增长的影响，研究发现技术创新的影响没有物质资本的影响大。李兵（2016）以三种专利数衡量技术创新，采用1998—2007年的企业层面数据研究了出口对企业自主创新的影响。

专利作为技术创新的直接产出，是衡量技术创新水平的比较有代表性的指标。许多国家都建立了完善的统计制度来统计专利数据，数据容易获得。与专利授权量相比，专利申请量能够更准确地反映技术创新水平，原因是专利从开始申请到获得授权存在审批时间。然而，专利指标也存在一些不足：第一，一些企业为了保护商业秘密并不申请专利；第二，不同的专利商业价值大小不同，甚至差别很大，用专利数量来衡量技术创新水平不太准确；第三，专利是技术创新活动的中间产出，并不是最终产出，最终能否实现商业价值还不确定。事实上，具有很高商业价值的专利数量在专利总数中占比很小。

为了弥补以专利指标代表技术创新的不足，许多学者选择新产品销售收入衡量技术创新，新产品销售收入能很好地反映技术创新的商业价值。张宗和（2009）采用专利授权数和大中型企业新产品销售收入衡量技术创新，利用全国30个省份的面板数据，研究了区域技术创新的影响因素。刘伟（2011）用新产品销售收入测度技术创新，研究了引进外资企业对内资企业技术创新的影响。曹琪格（2014）用企业的新产品销售收入衡量企业的技术创新，实证研究了制度环境对企业技术创新的影响。曹霞和张路蓬（2017）采用新产品销售收入衡量技术创新水平，研究了金融支持对技创新的直接影响和溢出效应。

三、综合指标

除了采用创新投入和创新产出指标，许多学者还采用多指标综合评价来衡量技术创新。中国科技发展战略研究小组自2001年起，每年均发布《中国区域创新能力报告》，该报告从知识创造、知识获取、企业创新、创新环境和创新绩效五个方面选取指标进行综合评价。Crescenzi（2005）用研发支出占国内生产总值的比重、研发人员占劳动力总量的比重和每百万劳动力拥有的专利数量三个指标加权成综合指标衡量技术创新，对欧盟25国的创新活动和经济增长进行研究。陈晓红（2013）从区域经济发展水平、技术投入水平、技术可持续发展水平和技术产出水平四个方面选取15个指标，采用因子分析法测算技术创新能力，发现区域技术创新能力与经济发展水平高度相关。汪伟（2017）选取创新投入、创新产出、创新绩效等五个指标，同样用因子分析法将这些指标综合为技术创新指数，研究了人口老龄化对技术创新的影响。孙立梅（2018）选取技术创新投入和技术创新产出指标，用因子分析法将其转化为综合指标，研究了区域金融发展对技术创新的作用。

本书为了突出技术创新过程中各创新要素对高技术产业绩效的影响，对技术创新的衡量除了采用创新投入、创新产出指标，还加入了创新效率指标。

第三节 产业绩效测度

目前学术界测度产业绩效的方式主要有三种：指标测度、效率测度和生产率测度。

一、指标测度

指标测度是用反映产业经济活动效果或效益的某一个或多个指标来衡

量产业绩效。如产业总产值、增加值、销售利润率、增加值率、劳动生产率等指标常被用来衡量产业绩效，而专利数和新产品销售收入常被用来衡量产业创新绩效。唐要家（2004）以销售利润率和资产利税率代表工业行业绩效，研究了影响工业行业绩效的因素。郭斌（2004）以资产利税率和产值利税率作为衡量工业绩效的指标，实证研究了国有工业部门和非国有工业部门绩效差异的原因。周亚虹（2012）在研究工业 R&D 累计投入对产出绩效的影响时用工业增加值衡量产业绩效。程华（2013）在研究工业研发投入对产出绩效的影响时用工业总产值和主营业务收入表示产出绩效。张继良（2015）以增加值率作为绩效的代表指标，研究了技术密集型行业的增加值率和自主创新的关系。余伟（2017）以全员劳动生产率代表工业经营绩效，实证分析了环境规制、技术创新和工业经营绩效之间的关系。

单一指标测度比较简单，能够反映产业绩效的某一方面。但用单一指标测度产业绩效存在明显不足，仅用一个指标来反映产业绩效容易片面化。为此，许多学者以多指标综合评价来衡量产业绩效。杨洪焦（2008）从规模实力、发展效率和增长能力三个方面选取指标，利用主成分法，对全球 47 个主要经济体制造业的绩效进行了比较研究，并重点分析了中国制造业的优势和不足。顾乃华（2009）从工业内部结构协调等 10 个方面构建了评价工业发展绩效的指标体系，利用层次分析法对广东省 2001—2006 年的工业发展绩效进行了综合评价。李慧（2011）从盈利能力、营运能力等四个方面构建了一套反映企业绩效的指标体系，采用主成分分析法对企业绩效进行了综合评价。王秋香（2012）使用 1998—2010 年中国工业行业面板数据，同样利用主成分分析法，选取总资产贡献率、资本保值增值率、资产负债率、流动资产周转率、成本费用利用率、全员劳动生产率和产品销售率 7 项指标进行综合评价，详细分析了样本期间中国工业部门绩效的变动规律，并分析了影响因素。

二、效率测度

效率指投入转化为产出的能力，在学术界许多学者用效率衡量产业绩效以研究产业的发展状况。Koopmans（1951）首先提出了技术效率的概念,认为技术效率是给定投入时实现产出最大化的能力或者给定产出时实现投入最小化的能力。Farrell(1957)利用 Koopmans 的研究成果,提出了技术效率的前沿测算方法。前沿分析法是使用已有的投入产出观察值寻找生产前沿面,然后考察决策单元与生产前沿面的距离,以此度量各决策单元的效率值。根据构造前沿面思路的不同,前沿分析法有非参数法和参数法两种。非参数法不用设定生产函数和估计参数,而是用线性规划技术确定生产前沿面,常用的非参数法是 DEA。参数法需要设定前沿生产函数的具体形式并进行参数估计,进而确定生产前沿面,常用的方法是随机前沿分析法(Stochastic Frontier Analysis, SFA)。

(一)数据包络分析法(Date Envelope Analysis, DEA)

数据包络分析法是一种利用线性规划技术计算相对技术效率的评价方法。DEA 法将被评价单位称为决策单元(Decision Making Unit, DMU),以投入和产出比率构造目标函数,以 DMU 的各个投入和产出指标的权重为变量进行计算,确定有效生产前沿面,根据各 DMU 与有效生产前沿面的距离确定各 DMU 是否有效。DEA 法的基本模型是 CCR 模型,该模型是 Charnes 等于 1978 年提出的。CCR 模型在假设规模收益不变(Constant Return to Scale, CRS)的生产技术条件下,计算各决策单元的相对效率值。随后,Banker(1984)放松了规模报酬不变的假设前提,提出了规模报酬可变条件(Variable Return to Scale, VRS)下的 DEA 模型。

目前有不少学者采用 DEA 法测算效率衡量产业绩效。Raab(2006)利用 2000 年美国 50 个州的高技术产业数据,用 DEA 法测算了各州高技术产业绩效,结果显示一些州在绩效方面的排名与其在高技术产业发展中的主导地位并不一致。Johnes(2008)运用 DEA 法测算了 2003 年和 2004 年中国 109 所大学的科研绩效,研究发现综合性大学比专科的科研效率更高,沿海地区的高校比中西部地区的科研效率更高。吴旭晓(2010)利用超效率 DEA 模型对中国 30 个省份的高技术产业发展绩效进行了实证研究,结果表明只有广东、江苏两个省份的高技术产业发展相对有效。张仁寿(2011)运用 DEA 法对 2007 年广东等 13 个省份文化产业的投入产出绩效进行了实证分析,认为广东文化产业投入产出绩效综合效率最高。杨晓冬(2012)运用 DEA 法评价了中国东部和中部省份的高技术产业创新绩效,研究认为东部地区的高技术产业资源利用效率较高。司桂霞（2015）采用DEA模型对1997—2011年长三角地区的高技术产业绩效进行了研究，结果发现整体上绩效良好，绝大部分年份DMU有效，但仍存在较大的提升空间。

（二）随机前沿分析法（SFA）

随机前沿分析法是由Aigner（1977）以及Meeusen（1977）分别提出。随后一些学者又发展和完善了SFA，如Battese（1988，1992，1995）、Kumbhakar（1990，2000）等。SFA是在确定性生产函数的基础上提出具有复合扰动项的随机边界模型。Battese（1992）提出的随机前沿生产函数模型在实际中应用广泛，其基本形式为：$y=f(x)\cdot\exp(v-u)$，其中v是不能控制的影响产出的随机因素，用以表示系统非效率；u是厂商可以控制的随机因素，可用来计算技术非效率。SFA考虑了统计白噪声，认为生产前沿是随机的，更符合现实。

SFA在产业绩效的测算中应用也较多。Hattori（2002）采用SFA对1982—1997年美国和日本电力公司的绩效进行了评估和比较，结果表明控制环境变量后，日本电力公司的平均效率更高。王争（2006）采用SFA方法考察了1987—2002年中国工业生产绩效的动态变化状况，结果发现各地区工业部门的生产绩效呈现增长趋势。干春晖（2009）利用中国1998—2007年工业分行业数据采用随机前沿生产函数模型估计了中国工业生产绩效，研究表明工业生产效率存在波动，行业之间差异明显，较高的市场化程度、较大的产业规模和较低的能源消耗均有利于生产效率的提高。Belegri（2010）采用SFA研究了1970—1997年希腊电力行业的绩效及影响因素，结果认为希腊电力行业技术效率较高，与欧盟地区的合并是影响其绩效的重要因素。杨悦（2014）基于2007—2011年战略性新兴产业各行业的数据，运用SFA研究了战略性新兴产业各行业的绩效。董明放（2016）以SFA算出的效率作为产业绩效指标，基于战略性新兴产业上市公司数据，采用门限回归模型研究了R&D投入与战略性新兴产业绩效之间的关系。

DEA法和SFA法在测算效率时各有优势和不足。DEA的优点是不需要设定生产函数形式，不需要估计参数，生产前沿完全由数据产生，不受人为主观因素的影响。DEA 法的缺陷是其得到的前沿是确定性前沿，没有考虑随机因素的影响。SFA 的优点是可以利用统计方法对模型和参数进行检验，考虑了统计白噪声，生产前沿是随机的，使得结论更接近于现实。但 SFA 往往只能处理单输出的情形，不能处理多输出的情形，DEA 在这一点上比它更具优越性。

三、生产率测度

全要素生产率也被学者们作为衡量产业绩效的指标之一。全要素生产率（Total Factor Productivity，TFP）又称综合要素生产率，它是总产量与全部要素投入量之比，是衡量每单位总投入可以带来多少总产出的一种效率指标。TFP 与效率的主要区别在于 TFP 讨论实际产出与实际投入的比例关系，而效率讨论实际产出与最优产出或者实际投入与最优投入的比例关系。它们之间的联系是 TFP 是效率的动态变化，因此 DEA 法和 SFA 法也常被用来计算 TFP。除此之外还有一种最基本的计算 TFP 的方法——索洛余值法，其是 Solow（1957）在其经典的文章《技术变化和总量生产函数》中提出的，其基本思想是，在估算出总量生产函数后，用产出增长率减去各种投入要素增长率后的剩余部分作为 TFP 的增长。

Ferrara（2000）用 TFP 衡量经济绩效，研究了意大利的公共基础设施对经济绩效的影响，研究认为公共投资的有效性随着时间的推移而增加。Vencappa（2010）用印度制造业的 TFP 衡量制造业绩效，探讨了贸易自由化前后制造业绩效的变化，结果表明贸易改革之后制造业中多数行业的绩效有了提高。张诚（2012）用 TFP 代表绩效指标，基于 1999—2009 年工业行业数据研究了创新投入和行业特征对中国工业绩效的影响，发现工业行业在制度方面存在的问题会阻碍绩效的提高。孙早（2013）以 TFP 表示工业绩效，估计了不同创新模式对工业绩效的影响，结果显示自主创新与工业绩效的正向相关关系更为显著，民营企业比重的上升强化了自主创新的贡献。赵明亮（2014）采用 TFP 和新产品产值衡量高技术产业发展绩效，研究发现研发经费内部支出对 TFP 的影响为负，对新产品产值有积极影响。

本书采用 Brumbrach（1998）对于绩效的定义，认为绩效包括活动实施的行为和结果两个方面。产业绩效是指产业层面的经济活动实施后的效率和业绩,效率是产业活动实施行为过程的效果,即投入产出关系,业绩是产业活动实施的最终结果。为了较全面地反映高技术产业绩效的状况,本书将同时采用指标测度和效率测度对其进行度量,分析创新驱动因素对其的影响。

第四节 创新驱动因素对产业绩效的影响综述

一、创新投入对产业绩效的影响

创新投入是衡量技术创新的一个常用指标,有关创新投入对产业绩效影响的文献较多,本书依据不同的研究对象对相关文献进行梳理①。

(一)创新投入对工业绩效的影响

Griliches(1986)利用美国 1000 家大型企业 1957—1977 年的数据进行研究,结果发现 R&D 投入对生产率起促进作用,基础研究相比其他 R&D 投入对生产率的影响更加重要,政府研发支出对生产率的作用小于企业研发支出。Hoskisson(1988)对美国 124 家大公司的研究显示,在控制规模和行业效应后,不太多元化的公司或主营企业在研发方面的投资较多,R&D 投入和市场绩效是负相关关系。Ballot(2001)以法国和瑞典的大型企业为样本,研究了人力资本和 R&D 投资对企业绩效的影响,结果发现企业的培训投入和研发投入对企业绩效非常重要。Eberhart(2004)用利润率衡量企业绩效,以美国在 1951—2001 年增加 R&D 支出的 8313 个企业作为样本,研究发现 R&D 能带来公司业绩的增加,但 R&D 回报具有滞后性。Aw(2011)采用台湾电子产业的数据,分析了研发投入和出口对公司 TFP 的作用效果,结果发现它们对公司 TFP 均有积极影响。

---

① 虽然从行业分类的角度看工业包括制造业以及高技术产业,但本书的重点不是研究行业分类,而是在于区分研究对象,因此本书将工业、制造业和高技术产业分开论述。

周亚虹（2012）用工业增加值衡量工业产出绩效，使用中国 2005—2007 年的工业企业数据，研究表明企业通过创新活动提高了产出绩效。李冬琴（2013）选取工业总产值衡量产出绩效，对中国制造业不同行业 R&D 投资与产出绩效的关系进行了研究，认为在不同类型的行业中两者之间呈现倒"U"形曲线的弧度不同。马艳艳（2015）采用总资产回报率衡量企业绩效，基于 2005—2007 年的中国工业企业数据，研究了通信设备、计算机及其他电子设备制造业，医药制造业和日用化学产品制造业的研发支出、广告支出对企业绩效的影响，发现三个行业的研发支出与企业绩效均呈"U"形关系。张继良和赵崇生（2015）以增加值率作为衡量绩效的指标，研究表明研发投入、研究人员数量、新产品销售占比与增加值率具有十分显著的相关关系，但专利数对增加值率的影响不显著。

刘和东（2010）用 TFP 衡量工业企业创新绩效，基于 1997—2007 年中国 29 个省份大中型工业企业的面板数据，实证研究发现研发人员、研发投入强度和政府资金支持对 TFP 有不同程度的影响。冯锋（2012）基于 2005—2007 年中国区域大中型工业企业数据，以创新效率作为工业创新绩效指标，运用 SFA 就国内技术购买、国外技术引进和"三资"企业科技活动溢出三种外部技术来源对工业创新绩效的影响进行了研究。吴佐（2013）选取新产品销售收入作为创新绩效的衡量指标，基于 2001—2010 年中国 33 个两位码工业行业面板数据研究了政府 R&D 投入对产业创新绩效的影响，结果发现政府研发投入的贡献在不同行业存在差异。吴玉鸣（2015）选用专利申请数和新产品销售收入作为创新绩效变量，基于中国省域工业面板数据，运用空间计量方法实证分析了省域企业、大学研发及产学合作研发投入对工业创新绩效的影响，研究表明省域专利和新产品创新存在明显的空间相关性，大学研发对创新绩效的影响不显著。

以上文献主要研究了 R&D 投入、研发人员投入对工业绩效的影响，有的学者进一步从研发投入细分的角度，研究了基础研发投入、企业研发投入、大学研发投入、政府 R&D 投入等对工业绩效的影响。大多数学者研究得出研发活动提高了产业绩效的结论，但也有个别学者研究得出其对产业绩效影响不显著或有负向影响的结论。有的学者认为研发投入和工业绩效是线性关系，也有的学者认为研发投入和工业绩效是非线性关系。

（二）创新投入对制造业产业绩效的影响

Hausman（1984）采用美国1968—1974年128家制造业企业的数据，研究发现研发支出和专利之间存在显著关系，且研发支出具有滞后性。Hall（1995）使用法国20世纪80年代制造业企业的数据研究了研发投入和生产率的关系，结果发现研发资本对生产率产生正向影响，影响程度与行业有关。Wakelin（2001）用1988—1992年英国制造业上市公司的数据研究发现，研发对生产率有显著的正向影响，有创新历史的公司比没有创新历史的公司的R&D绩效高。Cassiman（2006）利用比利时制造业公司的数据进行研究，发现将内部研发活动和外部知识获取结合可以更大程度提升企业创新绩效，且两种类型的创新活动都依赖于基础研发。Hussinger（2008）基于德国制造业公司层面的数据，运用参数和半参数选择模型分析了公共研发补贴对研发和创新绩效的影响，发现政府资助对制造业企业研发的诱导效应为正，且R&D补贴诱导的研发支出与公司本身R&D投资均对创新绩效有显著影响。Sueyoshiabc（2009）研究了研发投入对日本机械行业和电气设备行业财务绩效的影响，结果表明研发支出对机械行业的财务绩效有正向影响，但对电气设备行业的财务绩效有负向影响，并分析了原因。

余典范（2009）用TFP指数衡量产业绩效，研究发现技术选择与TFP、技术进步和技术效率之间存在单向因果关系，同时发现中国的技术选择是由制度因素决定的。孙早（2012）以人均专利产出作为反映创新绩效的指标，利用中国制造业行业数据，研究了企业R&D投入对产业创新绩效的影响，研究表明与国有企业相比，民营企业R&D投入与产业创新绩效的正相关关系更为显著。赫永达（2015）用利润率表示市场绩效，基于制造业行业数据，运用面板门槛模型，对研发行为和行业绩效的关系进行了实证研究，发现中国制造业市场结构存在两个Kalerki指数门槛值。李强（2016）以劳动生产率的变化反映制造业追赶绩效，利用中国24个制造业行业2002—2009年的数据，实证分析了技术创新和行业特征对制造业追赶绩效的作用，认为模仿创新对相对自身制造业追赶绩效影响不显著，对相对跨国公司制造业追赶绩效影响显著，而技术消化吸收的影响效应正好相反。

关于研发投入对制造业绩效的影响的研究，虽然使用的模型不同，样本和方法不同，但研究结论大多认为研发支出对制造业绩效有正向影响，且对不同的条件影响程度有一定差异。大部分学者认为研发投入对制造业绩效具有线性影响，也有学者认为研发投入与制造业绩效之间是非线性关系。有的学者进一步从研发投入细分的角度，研究了企业自主研发投入、政府研发补贴、技术引进费用、消化吸收费用、基础研究研发支出等对制造业绩效的影响。

（三）创新投入对高技术产业绩效的影响

Brown（2005）采用美国高技术产业部门的数据研究了风险资本与公司长期业绩的关系，发现风险投资公司的生存时间更长、增长更快、研发力度更大，经营业绩更好。Ortega-Argilés（2010）基于 OECD 的数据研究了欧洲工业和服务业部门的 R&D 投资和生产率之间的关系，研究认为 R&D 投资对劳动生产率有显著正向影响，R&D 投资的系数在高技术部门中更大，资本是影响低技术部门劳动生产率的一个重要因素。Colombo（2011）研究了不同 R&D 补贴对初创型高技术产业绩效的影响问题，结果表明竞争性 R&D 补贴能够使接受企业的 TFP 增加，而自动分配的 R&D 补贴的影响则不显著。Pantagakis（2012）使用 2006—2010 年 39 个欧洲公司的财务数据研究了 R&D 投资、资产的市场价值和年度回报率之间的关系，结果表明 R&D 投资与市场价值正相关，与年度回报率负相关，此外，还验证了 R&D 投资与市场价值的非线性关系。Venturini（2014）使用意大利和西班牙 1980—2006 年 12 个高技术制造业的数据，用动态面板模型估计了 R&D 资本相对于 TFP 的弹性，结果发现西班牙高技术产业的 R&D 投资弹性比意大利略高，原因是 20 世纪 90 年代中期以后，西班牙不断提高研发效率。

张国强（2007）采用中国高新技术产业 28 个行业的面板数据，以增加值率表示产业绩效，研究了 R&D 投资、市场结构与高新技术产业绩效的关系，结果发现 R&D 投资对大多数行业绩效的影响不显著。李中（2012）基于中国高技术产业细分行业的样本，选取总产值和利润率作为衡量产业绩效的指标，研究发现研发投入和研发效率显著正相关，研发效率对产业绩效有正的贡献。俞立平（2013）运用高技术产业分省份的面板数据,选取高技术产业销售收入作为绩效变量,研究了不同地区研发经费的投入对高技术产业产出的贡献,结果显示中西部地区科研经费对产出的影响大于东部地区。刘锋(2016)选取主营业务收入作为衡量产业绩效的指标,基于中国2008—2013年各省份的高技术产业数据进行研究,发现研发经费投入能够有效提升产业绩效,而研发人员投入却不能提升产业绩效。

孙玮(2009)利用中国高技术行业面板数据,选用DEA-Tobit两步法实证研究了高技术产业创新绩效及其影响因素,结果认为外资对创新绩效有负向影响,金融机构投入对创新绩效有正向影响,政府投入推动了技术进步,但限制了技术效率的提高。曹勇(2012)采用发明专利数和新产品销售率来衡量创新绩效,实证研究发现创新投入对创新绩效的影响显著,但在各行业之间存在明显差异。刘焕鹏(2014)选取高技术产业专利申请数作为衡量创新绩效的指标,实证研究结果表明R&D投资能力和技术引进对创新绩效都有正向影响,但R&D投资能力的影响程度强于技术引进。余泳(2015)运用结构方程模型研究了高技术产业创新绩效的影响因素,研究认为R&D投入是中国高技术产业创新绩效的主要动力,非R&D投资对提升高技术产业创新绩效具有显著的调节作用。陈恒(2016)用高技术产业新产品销售收入衡量科技绩效,采用省级面板数据,研究发现随着知识积累门槛水平的提高,自主研发创新驱动效应逐渐增强。

有关高技术产业绩效的研究,针对生产绩效的较少,更多的学者研究的是创新绩效及其影响因素。对于影响生产绩效的技术创新方面的因素,学者们重点关注研发投入对高技术产业生产绩效的影响,也有个别学者考虑了研发效率的影响。对高技术产业创新绩效的影响因素,学者们讨论较多,考虑研发经费的不同来源、R&D投资和技术引进等对创新绩效的不同影响。陈恒(2016)认为研发资本对创新绩效的影响是非线性的。这些研究成果为本书的研究思路奠定了基础。

二、创新环境对技术创新能力的影响

(一)创新环境的含义及构成要素

1985年,欧洲创新小组最早提出区域创新环境的概念,认为创新环境是指一定区域内各创新主体通过相互之间的协同合作而建立的一种关系网络。此后,创新环境受到了学界的关注,但不同的学者对创新环境的理解有一定差异,因而在创新环境的要素构成上,学者们的观点也有所不同。Camagni（1991）认为区域创新环境是区域内企业、高校、研发机构等创新主体结成的网络关系以及一些有利于创新主体创新的环境因素,如合作关系、市场关系、人文环境等。OECD 在 1997 年出版的《国家创新系统》中定义和阐释了创新环境,认为创新环境指那些能够为创新活动提供要素资源和政策支持的基础设施、国民教育、金融发展和产业政策等国家相关配套体系。Maillat（1998）从企业的视角定义了创新环境,认为创新环境是企业围绕创新活动而产生的各种组织,是企业内外部结合而产生的组织集合体,包括企业文化、技术和劳动力市场等。

国内学者王缉慈（1999）提出创新环境是创新主体在长期的交流合作中所形成的稳定的关系网络,这种创新环境实际上是一种社会文化环境。贾亚男（2001）认为创新环境是由信息、文化、基础、组织四个层次构成的网络系统。盖文启（2002）认为区域创新环境包括社会文化环境、制度环境和劳动力市场环境,并将创新环境分为静态环境和动态环境两种类型,认为"静态环境是能促进区域内创新主体不断创新的区域环境,动态环境是环境自身不断变化以提高创新绩效的区域创新系统"。① 李婷（2005）认为国家的科技创新环境包括人文环境、政策法制环境、基础设施环境、市场环境和科技管理机制环境。中国科技发展战略研究小组在 2001 年发布的《中国区域创新能力报告》中,将创新环境作为评价区域创新能力的一部分,认为区域创新环境包括创新基础设施、市场环境、劳动者素质、金融环境和创业水平五个方面。

虽然学者们对创新环境的理解有所不同,但基本认为创新环境是创新系统的构成要素,是创新行为主体所处空间范围内各种要素相互结合形成的关系总和以及一些有利于创新的环境要素,包括社会关系、文化氛围、政策支持、教育水平、基础设施、市场环境、金融环境等。

---

① 盖文启. 论区域经济发展与区域创新环境［J］. 学术研究, 2002（1）：60-63.

(二) 创新环境对技术创新活动的影响

Todtling (1992) 比较了创新要素资源类似地区的创新绩效,发现创新环境的作用比要素投入的作用更大,良好的创新环境更能有效激励区域创新主体的创新活动。Erickson (1996) 认为不同的国家有不同的创新环境,国家应该致力于培育有利于进行科技创新的创新环境。Cooke (1996) 从区域创新系统的视角,强调文化因素和政策因素在创新中的重要性,认为区域创新能力与非正式协调、创新政策、教育制度等因素有关。Ali (2010) 认为研发机构、教育机构、金融机构、基础设施和创业水平等环境因素是影响发展中国家自主创新的主要因素。Yam (2011) 利用香港制造业企业的调查数据,研究表明大学、研发机构、中介机构等企业外部组织对制造业中小企业的创新能力有重要作用。Alvarez (2011) 基于西班牙2006—2009年19个区域的创业监测数据,考察了区域创新环境对企业家创业活动的影响,发现文化氛围、社会规范、创业机会、知识产权保护制度等创新环境因素对企业家创业活动有重要影响。

章立军 (2006) 研究了创新环境对区域创新能力的影响,发现基础设施水平、劳动力素质、市场需求、金融环境对区域创新能力有显著的正向作用,但创业水平的影响不太显著。张媛媛 (2009) 的研究得到了类似的结论。李习保 (2007) 利用中国各省份的面板数据,采用SFA法实证研究了创新环境对创新效率的影响,发现政府支持和教育投入是影响创新效率的两个重要因素。岳鹄 (2008) 选取经济发展水平、教育水平、知识流动能力和制度因素四个方面的指标反映创新环境,实证研究了创新环境对区域创新能力的影响,结果表明创新环境对区域创新能力的提升影响显著。侯鹏 (2014) 从制度环境、需求环境、产业环境和要素条件四个方面选取11项指标,分别检验这些创新环境指标对区域创新能力的影响效果,结果显示创新环境的多项指标对区域创新能力有正向影响。薛捷 (2015) 基于珠三角地区253家科技型小微企业的调查数据,采用结构模型法研究了区域要素环境、文化环境和政策环境对科技型小微企业的学习能力及产品竞争力的影响。

戴魁早 (2013) 选取中国高技术产业细分行业的数据,构建行业市场化指数,实证研究了市场化程度对高技术产业创新绩效的影响,结果发现市场化程度的提升对高技术产业创新绩效有重要影响,在不同行业影响效果有所不同。石盛林(2015)用市场化指数代表制度环境,实证研究了制度环境对高技术产业创新绩效的影响,结果发现制度环境对高技术产业创新绩效的影响程度大于研发投入。罗鹏庭(2017)采用《中国区域创新能力报告》中公布的创新环境数据,研究了创新环境及与其相关五个方面对高技术产业创新绩效的影响,得出了类似结论。

由以上文献可以看出,学者们就创新环境对技术创新能力的影响进行了比较充分的研究,但有关创新环境对产业绩效影响的研究较少。事实上,创新环境影响技术创新活动,再进一步影响产业绩效。因此,本书在研究研发投入对高技术产业绩效影响的同时考虑创新环境的作用,能够更好地揭示研发投入对高技术产业绩效的影响规律。

三、技术溢出对产业绩效的影响

(一)技术溢出的内涵和特征

最早提出技术溢出理论的是 Macdougall(1960),他在分析对外直接投资的一般福利效应时,发现技术溢出是伴随对外直接投资的一个重要现象。Arrow(1962)、Romer(1986)和 Lucas(1988)在经济增长模型中提出知识和人力资本具有溢出效应,并认为其对经济增长具有重要作用。Kokko(1994)指出技术溢出是对外直接投资活动产生的一种外部性,即一国在东道国进行投资,带动了东道国技术水平的提升,但该国却无法获得全部收益。Kultti(1998)认为技术溢出是某一企业的技术创新活动产生外部性,从而使其他企业的技术水平得以提高的情形。Branstetter(2006)也从企业的角度定义了技术溢出,认为技术溢出是企业研发具有外部性的一种表现。一家企业通过使用其他企业的研究成果,带来自身技术水平的提高,但在这个过程中并没有向其他企业支付相应的补偿。王诗才(2005)给出了一个比较综合的定义,认为技术溢出是指某一机构(企业、地区或行业)的技术创新成果会通过产品或人员流动等溢出到别的机构,但本机构却没有得到任何补偿。黄贤凯(2011)认为技术溢出是一家企业进行研发获得的新技术通过知识共享、产品贸易和人才流动等方式扩散到其他企业,而受益企业却没有给予该企业补偿或补偿小于知识创造的成本的现象。

综上所述,不同的学者对技术溢出有着不同的解释,但实质是一样的,都认为技术溢出是经济发展中的一种现象,是经济外部性的一种表现。根据研究目的,本书对技术溢出的界定是:高技术产业技术溢出指由于技术、知识等存在跨区域流动,使不同区域的高技术研发成果在不同区域间相互流动而溢出的现象。这样,不同区域均会有知识和技术溢出到其他区域,同时也会无偿享用其他区域的技术溢出。

根据技术溢出的内涵,技术溢出具有以下重要特征:①局部外部性。技术溢出产生的根本原因是技术具有非竞争性和部分排他性。技术不会因为多人的反复使用而损耗,因而具有非竞争性。技术在不断应用的过程中,一部分知识将逐步转化为公共知识,但受知识产权制度的限制,一项技术并不会全部转化为公共知识,因而技术不具有完全的排他性,即技术溢出具有局部外部性。②隐含性。技术溢出隐含在技术传播的过程中,并非通过市场交易进行,不会有任何交易记录,因而很难直接用经济学中的指标进行测量。在已有的研究中,主要采用一些替代指标,如以 R&D 投资与地理距离或技术距离的乘积等衡量技术溢出(赵勇,2009),研究技术溢出的存在性及各种影响因素。③不确定性。技术溢出效果具有不确定性。原因如下:第一,相对于在技术市场上交易的技术,技术溢出的那部分技术不够全面,不利于其他企业模仿。同时企业为保持利润,会采取各种措施抑制技术外溢。第二,技术溢出的效果与接受方的吸收能力有很大关系。由于接受方的研发能力、人力资本水平有一定差别,所以,技术溢出效果也有一定差别。

(二)技术溢出对产业绩效的影响

外国直接投资是产生国际技术溢出的重要途径,许多学者对外国直接投资技术溢出的机制、作用效果进行了大量的研究。目前,关于外国直接投资技术溢出已经形成比较成熟的理论,基本认为发达国家的外国直接投资技术溢出对发展中国家和地区的技术进步和经济增长有积极作用,而外国直接投资技术溢出的效果与东道国的吸收能力有关(Caves,1974;Findlay,1978;Borensztein,1998;赵奇伟,2007;傅元海,2010;朱承亮,2013)。

与外国直接投资技术溢出类似，一个国家内不同区域的研发资本也会对其他区域的技术进步产生溢出效应。近年来，有不少学者开始关注区域或产业间研发的技术溢出。产业层次上对研发溢出效应的研究通常采用投入产出法和成本函数法进行测度（Hiroyuki，1997；潘文卿，2011），对区域层面上的研发溢出效应的研究则集中于内生增长理论框架内，采用普通计量模型或空间计量模型进行研究（Moreno，2005；张同斌，2014；叶静怡，2016）。

Hiroyuki（1997）采用投入产出系数计算 R&D 流量测量中间产品渠道溢出效应，采用 R&D 接近度衡量产业之间的 R&D 相似性溢出，研究了日本通用机械、电气机械、运输机械和化工四个高技术产业的 R&D 溢出效应，结果表明不同行业 R&D 溢出的贡献和渠道是不同的。Los（2000）利用 1974—1993 年美国制造业企业层面的面板数据，研究了技术溢出对企业生产率的影响，发现技术溢出对生产率有显著的积极影响，但在高技术、中技术和低技术的企业间是不同的。Moreno（2005）研究了欧洲 17 个国家 138 个地区知识创造中的溢出效应，证实了创新活动的空间关联性，发现研发支出对经济绩效有显著促进作用，且本地区经济绩效受其他地区创新活动的溢出影响。Fischer（2005）研究了欧洲高科技公司之间进行专利引用所获得的知识溢出效应，发现地理距离对知识溢出有显著影响，但技术相似性也很重要，知识在欧洲国家内的流动比国家间更容易，区域间的知识流动一般出现在特定行业间，且经常发生在技术彼此接近的区域之间。

国内亦有不少学者对区域或产业间研发的技术溢出效应进行了研究。吕忠伟（2008）采用区域间地理距离以及技术距离的复合权重加权计算 R&D 溢出指标，研究了 R&D 溢出对区域 TFP 变化的影响。潘文卿（2011）采用投入产出表计算出工业部门的产业相似度矩阵并以此构建产业间技术溢出指标，研究发现产业间技术溢出对工业部门劳动生产率有显著正向影响，且超出了 R&D 投资的直接影响。叶静怡（2016）用地理距离和经济距离加权方式构建知识溢出变量，研究结果显示地理距离和经济距离越邻近的城市，高校知识溢出对城市创新的正向影响越大。白俊红（2017）采用空间计量方法研究发现，知识的空间溢出对经济增长具有明显的正向作用。

根据内生增长理论，技术创新活动溢出对经济增长非常重要。高技术产业是创新活动最为密集的产业部门，但研究技术溢出对高技术产业绩效影响的文献并不多。魏守华（2009）采用一致性指数计算 R&D 技术溢出，研究了长三角高技术产业技术溢出对创新绩效的影响，发现在区域维度上不同省份之间的技术溢出效应差异较大。张同斌（2014）基于中心—外围理论，构造地理相邻权重矩阵，建立空间计量模型，研究了高技术产业研发存量、知识溢出对产出的影响，发现各地区高技术产业中心省份向外围的知识溢出对产出具有差异化影响。姚丽（2015）构造地理距离权重矩阵，采用空间计量方法研究了区域技术创新、技术溢出对高技术产业发展水平的影响，结果显示技术溢出对高技术产业产出有显著影响，且随地区间距离增大而减小。

现有关于研发技术溢出的文献较多，大多认为研发技术溢出对经济增长或产业绩效具有重要作用，在不同行业、不同区域存在一定的差异。关于高技术产业技术溢出的文献并不多，已有文献主要研究了高技术产业 R&D 技术溢出对创新绩效和产出的影响，有很多问题需要进一步深入研究。

第五节 现有研究评述

综上所述，关于研发投入和技术溢出对产业绩效的影响、创新环境对技术创新活动的影响，国内外学者进行了比较充分的研究，但关于中国高技术产业的相关研究较少。因此，以中国高技术产业为研究对象，深入探讨研发投入、创新环境和技术溢出对产业绩效的影响有重要意义。已有研究存在以下不足：

第一，已有文献较多关注高技术产业创新绩效，而对生产绩效研究较少。前文对国内外研究现状的分析表明，已有文献较多研究了研发投入对高技术产业创新绩效的影响。创新活动是生产活动的中间环节，企业生产的最终目的是获取最大化利润，实现高的生产绩效，因此，本书从生产过程的整体考虑，研究技术创新过程的各因素对生产绩效的影响，以此发现高技术产业技术创新方面存在的问题。

第二，现有研究很少关注创新效率对高技术产业绩效的影响。已有的基本都是研究总体研发投入或者研发投入的不同来源对高技术产业绩效的影响，很少有文献考虑创新效率对高技术产业绩效的影响，而创新效率是影响高技术产业绩效的重要因素，因此，目前有关高技术产业技术创新对产业绩效的影响因素的研究还不够全面。

第三，现有文献忽视了创新环境对创新投入的制约作用。现有文献只是单独考虑创新投入对高技术产业绩效的影响以及创新环境对技术创新活动的影响，忽视了创新投入在影响高技术产业绩效时创新环境对创新投入的约束作用。事实上，创新投入对高技术产业绩效的影响在很大程度上依赖于创新环境。本书在研究创新投入对高技术产业绩效的影响的同时考虑了创新环境的制约作用。

第四，从现有的文献来看，在研究高技术产业技术创新对产业绩效的影响时，较少有文献考虑技术溢出的作用。仅有张同斌（2014）、姚丽（2015）等采用空间计量方法考察了技术创新的空间溢出效应。但是，仍有很多问题需要进行深入研究，例如除地理距离外，社会经济距离是否也是影响高技术产业研发溢出的重要因素？研发技术溢出对高技术产业利润和劳动生产率等绩效指标的影响如何？

针对上述不足，本书将在已有研究的基础上进行拓展。首先，结合已有的研究成果，选择一些合适的反映高技术产业绩效的指标对其绩效现状进行研究，同时计算高技术产业创新过程的两阶段效率及生产效率，考察高技术产业创新效率和生产效率的现状。其次，研究高技术产业研发投入对产业绩效的影响时，考虑到因其受创新环境制约而可能是非线性关系，用面板门限回归模型研究研发投入对高技术产业绩效影响的非线性机制，同时用 Tobit 模型研究研发投入和创新效率对高技术产业生产效率的影响。最后，构建地理权重矩阵和人力资本权重矩阵研究研发技术溢出对高技术产业绩效的影响，分析技术溢出在不同空间权重矩阵下的差异。

第六节　本章小结

　　高技术产业是国民经济行业中比较重要的领域，对其他行业有很强的带动作用，因此世界各国都非常重视高技术产业的发展。中国高技术产业的绩效不高，为了提升高技术产业绩效，本书主要从技术创新方面寻找原因。为此，需要对技术创新和产业绩效的相关文献进行梳理和总结。首先，对高技术产业、技术创新和产业绩效等相关概念进行界定。其次，综述了技术创新和产业绩效的测度方式。最后，从技术创新的过程出发，梳理了研发投入和技术溢出对产业绩效的影响以及创新环境对技术创新活动影响的相关文献，特别是高技术产业方面的文献。已有关于技术创新和产业绩效的研究成果为本书的研究提供了借鉴，但在高技术产业的研究方面还存在一些不足，特别是关于创新环境和技术溢出对高技术产业绩效的影响的研究还不够深入，对这些问题的进一步研究有助于我们更清楚地把握中国高技术产业的发展状况和问题，从而为促进高技术产业良性发展提供指导。

第三章

创新驱动因素对高技术产业绩效影响的理论基础

第一节 技术创新理论

一、熊彼特的技术创新理论

创新的概念最早是熊彼特提出的。熊彼特认为创新是在生产活动中改变生产要素和生产条件的组合,建立一种新的"生产函数",以获得潜在的利润,这种"新组合"就是生产过程的"创新"。熊彼特所说的"新组合"包括五种情况:采用新产品、采用新方法、开辟新市场、控制原材料的供应、实现新的工业组织。在熊彼特的创新理论中,创新既包括技术上的创新,也包括管理方法上的创新。熊彼特的重大贡献之一是区分了技术创新和发明。他强调创新要把技术和经济结合起来,他所说的创新是一种"新"东西最终在经济上得到了价值实现。技术上的发明不能等同于创新,只有当发明转化为商业价值时才能称为创新。

熊彼特论述了技术创新推动经济增长的过程,当出现一种新的创新模式,经济会随之增长,随着时间的推移,这种创新模式被更多的企业所采用,那么它带来的经济价值就会很快减少,于是企业就会进一步创新,只有不断进行创新,企业才会持续经营下去,否则将会被淘汰掉。只有生产要素的优化组合在创新的企业中不断被应用,这些企业的创新能力不断增强,经济才会不断发展。熊彼特把实现创新的单位称为"企业",把能够实现创新的人们称为"企业家",认为企业家是创新的承担者。为了实现利润,企业家不断进行创新活动,从而推动了经济的发展。熊彼特的创新理论不仅包括创新的概念,还涉及创新引起的经济增长和经济周期。该理论将科学技术和经济发展联系起来,认为创新在经济发展中占有重要地位，明确提出创新活动是经济发展的动力。熊彼特的创新理论对许多西方经济学流派产生了重大影响。

二、内生经济增长理论关于技术创新的论述

虽然自熊彼特以来经济学家们都认识到技术创新对经济发展有重要作用，但此后很长一段时间内经济学家对于技术创新是经济增长的内因还是外因并不明确。古典经济学家虽然倾向于技术创新内生于经济系统，但没有正式表达出来。从20世纪50年代开始，以Solow、Arrow和Romer等为代表的一些经济学家将研究和开发资源加入经济增长模型，将研发资源作为经济增长的一种基本要素，考虑加入研发活动后厂商的利润最大化行为，并提出了许多有关技术创新对经济增长有重要作用的观点。

Solow（1957）侧重于测算技术进步对经济增长的贡献。Solow模型假设：生产只有资本和劳动两种投入；技术进步是希克斯中性的，即资本劳动比不变；生产过程具有规模报酬不变性。在此假定下，推导出技术进步率（TFP）等于产出增长率减去劳动增长率乘以劳动产出弹性以及资本增长率乘以资本产出弹性。

Arrow（1962）将技术进步看作经济增长的内因，认为劳动者在生产过程中积累的知识具有外溢效应，能提高生产效率、促进经济增长。Arrow认为在生产中积累的知识不是有意努力的结果，而是发生在物质资本投资的过程中，知识是作为资本生产的一种副产品出现的。每一个企业都可以利用其投资活动中积累的知识和经验提高产量，由于溢出效应，其他企业也可以采用，这样整个社会的生产都会从中受益，从而产生规模收益递增效应。

Romer（1986，1990）将技术创新内生化，建立了内生技术进步经济增长模型，研究了技术创新推动经济增长的机理。Romer在分析时假设了三个前提：第一，技术创新是经济增长的核心。技术创新刺激资本不断积累，人均产出的变化与技术创新和资本积累有关。第二，由于市场需求的刺激，创新者会积极主动进行创新，市场需求的刺激对企业的创新活动起着重要作用。第三，知识与商品在本质上是不同的，知识具有外部性。Romer认为，一般商品具有竞争性和排他性，但知识作为一种特殊的商品

具有非竞争性和部分排他性。由于这两种特殊性,知识可以无界限地累积增长,产生溢出效应,最终使经济可以保持长期持续增长。在 Romer 的经济增长模型中,增长率为折现率、投入品之间的替代性、研发部门的生产力和总人口数量的函数。当折现率较高时,从事研发的人员就较少,从而经济增长会变慢。投入品之间的替代性增加会减缓经济增长,这主要是因为当包含不同思想的投入品能更好地相互替代时,专利持有人的市场势力会被削弱,从而新增的每个思想对产出的贡献会减小,这两种效应都会使研发的吸引力下降,导致经济增长变慢。研发部门的生产力提高会促进经济增长,这是因为研发生产力的提高会吸引更多的人进入研发部门。人口数量的上升也能促进经济增长,这一方面是由于人口数量的增长使得从事研发的人数增加,另一方面是由于经济规模的扩大拓宽了发明者可触及的市场,从而增加了研发的回报。Romer 模型的一个重要意义在于找出了影响经济长期增长的决定因素——技术创新,这对政府制定经济政策非常重要。

Lucas(1988)建立了包含人力资本的内生经济增长模型,分析了人力资本对促进技术进步以及经济增长的重要作用。他认为通过对人力资本进行投资,使得劳动者的技术得以提升,企业因人力资本的溢出效应而增加产出。人力资本增长越快,经济产出增长也越快,人力资本积累是促进经济持续增长的重要因素。Grossman(1991)认为产品质量升级也是行为主体为追求利润最大化而不断进行技术创新的结果,因此技术进步表现为产品质量的提高。在某一时期,每个产品都有其最先进的技术,随着时间的推移,产品的质量会呈阶梯形增长。某一时期内拥有最先进技术的企业在市场上具有垄断优势,从而可以获得垄断利润。技术领先企业的垄断地位是暂时的,随时可以被其他企业打破,其他企业可能开发出质量更高的产品,并取代技术领先企业的垄断地位,之后又出现质量阶梯更高的产品,不断取代老产品。如此这样,随着技术创新的不断进行,产品的质量不断提高,从而使经济持续不断增长。

内生经济增长理论认为知识和专业化人力资本积累可以产生规模报酬递增效应,从而促进经济长期持续增长,这对于政府制定促进经济增长的政策具有重要意义,要求政府必须重视科技投入和教育发展,注重技术创新。

三、新熊彼特主义的技术创新理论

新熊彼特主义的代表人物有 Edwin Mansfield、Nancy Schwartz、Morton Kamien 等，他们在继承熊彼特创新理论的基础上，揭示了技术创新过程的相互作用和运作机制。新熊彼特主义者主要研究了新技术的推广和扩散问题、技术创新与市场结构的关系等。

Mansfield（1977）深入研究了新技术的推广和扩散问题，建立了新技术的推广模式，分析了新技术在同一部门内推广和扩散的速度及其各种影响因素。Mansfield 的技术推广理论有四个假定前提：①市场是完全竞争市场，企业开发的新技术不具有垄断性，可以被其他企业自由选择模仿；②专利权制度即知识产权制度不严格，因而新技术出现后任何企业都可以模仿；③在新技术的扩散过程中，新技术没有变化，因而模仿率也不会受到影响；④假定采用新技术不受企业规模的影响。在这些假定下，Mansfield 指出影响新技术推广速度的基本因素包括模仿企业所占的比例、模仿企业所占的盈利率和采用新技术进行生产要求的投资额。模仿企业所占的比例越高、模仿企业所占的盈利率越高、采用新技术进行生产要求的投资额越小，采用新技术的速度就越快，从而新技术的推广速度就越快。Mansfield 进一步提出了影响新技术推广速度的补充因素，包括旧设备可以使用的年限、一定时期内企业销售量的增长情况、新技术首次使用和被模仿使用的时间间隔以及新技术首次采用的时间在经济周期中所处的阶段。旧设备可以使用的年限越短、一定时期内企业销售量的增长越快、首次使用和模仿使用新技术的时间间隔越短，新技术的推广速度就越快。此外，新技术首次被采用的时间在经济周期中所处的阶段不同，推广速度也不同。Mansfield 的技术推广与扩散理论比较详细地解释了新技术推广和扩散的影响因素，但假定前提过于严格，解释现实经济的能力有限。

Kamien（1975）研究了市场结构和技术创新的关系，探讨了不同市场结构对技术创新的影响，提出了最适合技术创新的市场结构类型。在完全竞争的市场条件下，市场上的企业个数较多，市场竞争比较激烈，企业对市场需求的变化比较敏感，有较强的动力进行技术创新。但由于企业规模一般较小，很难筹集到技术创新所需的大量资金，因而研发能力较弱，一般出现的是较小的技术创新,很难产生较大的技术创新。在完全垄断的市场条件下,企业规模很大,拥有技术创新所需的大量资金,再加上企业对垄断利润的追求以及拥有的垄断特权,使企业会进行大量的研发活动。但是垄断条件下,企业缺乏竞争对手的威胁,且能较长时间保持垄断利润,因而垄断企业进行技术创新的动力不足,所以完全垄断条件也不利于产生技术创新。综合来看,最适合进行技术创新的是介于完全竞争和垄断之间的一种市场结构,即垄断竞争市场类型。这表明,技术创新与市场竞争程度、企业规模和垄断程度有关。市场竞争程度越高,创新动力越强。企业规模越大,资金越雄厚,市场占有份额越大,越有利于创新。垄断程度越高,越有能力控制市场,进行技术创新后持续时间就越久,从而不利于进行创新。Kamien 的研究成果解释了技术创新的原因和动力,揭示了技术创新和市场结构之间关系的本质。

四、国家创新系统理论关于技术创新的观点

随着科学技术的不断发展,单靠一个企业已经很难完成技术创新,开始出现企业间合作创新的情况,后来逐渐发展到企业与供应商的合作以及企业与大学、研究机构等组织的合作,学者们注意到了这一点,并开始使用国家创新系统来描述。英国经济学家 Freeman 于 1987 年首次提出"国家创新系统"的概念。后来经过 Porter(1990)、Lundvall(1992)、Nelson(1993)等的研究,进一步发展和完善了国家创新系统理论体系,使得国家创新系统理论被国际社会普遍接受,在技术创新研究中得到了广泛应用。

国家创新系统的主要内容包括:第一,技术创新的实质是知识的创造性应用。技术创新是知识的学习、创造、应用和转移的过程。知识是进行技术创新的主要原料。技术创新一方面受到创新主体知识存量的影响,另一方面也受制于知识流动的速度。要想促进技术创新,不仅要增加知识存量,还要提高知识流动速度。OECD 将知识在创新主体间的流动分为四类:一是知识在企业之间流动,指企业在进行研发活动时的相互交流与合作;二是知识在公私部门间的流动,主要指企业、大学与研究机构之间的合作;三是知识通过新设备流动,指知识和技术通过采用新技术和新设备等

途径扩散;四是知识通过人员流动而流动,主要指研发人员在不同部门间的流动使知识扩散。第二,技术创新的载体是各种组织,包括企业、大学、研究机构、中介服务机构和政府等行为主体。这些行为主体在创新活动中有不同功能,相对独立又相互作用,形成一个关系网络,共同完成创新活动。企业是技术创新的主体,在国家创新系统中处于核心地位。大学主要进行基础性研究,提供和传播新知识,培养创新型人才。科研机构既从事基础研究,也从事应用研究,主要承担政府投资和设立的项目,为社会和企业提供科学知识和共性技术知识。中介服务机构是为了将企业、大学、科研机构等行为主体联系起来而设立的,主要有技术交易市场、技术培训中心、风险投资机构等。政府部门在国家创新系统中起宏观调控作用,主要负责制定相关创新政策、提供创新资金支持等。第三,国家创新系统实质上是促进技术创新的制度。进行技术创新需要促进知识和技术在创新主体之间流动,国家创新系统的功能就是研究知识和技术在不同行为主体之间流动的机制。技术创新过程是一个知识、学习、生产和政策相互作用和反馈的复杂过程,在这个过程中必然出现新知识并将它转移到新产品中去。技术创新过程受多种因素影响,其中创新过程中各创新主体通过相互作用而建立起来的关系对技术创新是非常重要的,但在不同的制度环境中各种主体之间的相互作用是有区别的,因此,必须根据国家不同的特点和不同的经济发展阶段,构造有效率的国家创新系统。

  国家创新系统的主要活动包括新知识、新技能和新技术的创造、存储和转移,其中知识在经济中的扩散和应用是系统的主要功能,而各创新主体之间的联系对于促进技术创新非常重要,尤其是政府在系统活动中的协调和组织作用。国家创新系统注重各创新主体之间的关系网络和运行机制是否得当,以制定有效的制度支撑。

  熊彼特的技术创新理论以及内生经济增长理论论述了技术创新对经济增长具有重要作用。新熊彼特主义技术创新理论揭示了技术创新过程的相互作用和运作机制,主要研究企业的技术创新扩散问题及影响因素。国家创新系统理论是从系统论的角度论述技术创新过程,认为技术创新的实质是知识的创造性应用,在技术创新过程中各创新主体之间的联系非常重要,且在不同的制度环境中各组织之间的相互作用是不同的。这些理论为研究中国高技术产业技术创新对产业绩效的影响提供了理论基础。

第二节 创新价值链与区域创新系统理论

一、创新链的概念和结构

Porter（1985）提出了价值链的概念，认为企业的各项活动包括产品的设计、生产、销售、供应等不同环节，所有环节的价值创造构成一个价值链，企业通过各价值创造单元的分工协作实现整体增值。Porter认为这种价值链的价值创造存在于任何有联系的经济活动中。Kogut（1985）则从区域和国家层面提出了价值链的概念，认为不同国家和地区在资源禀赋方面有不同的比较优势，因而在价值链的不同环节上也有相应的比较优势，并在比较优势环节专业化，从而形成全球生产价值链的垂直联系和资源配置。之后，许多学者仿照价值链的思想在创新领域提出了创新链的概念。Hage（2000）提出了"观念—创新链"，认为创新链由基础研究、应用和发展研究、新产品的生产和市场化等环节构成。蔡翔（2001）认为创新链是以市场需求为导向，围绕企业这一核心创新主体，通过技术创新活动使各创新参与主体相互作用并建立联系，以实现知识的经济化过程的链节网络结构模式。代明（2009）认为创新链是从创新源头开始，围绕一个核心主体，运用多种要素，经过多个环节，涉及多个部门，通过分工协作与协同互动，最终开发出新技术并实现其价值创造的全过程。汪虎山（2012）认为创新链是各创新行为主体为了实现既定目标，通过合理的分工与协作，优化配置知识、技术、政策、资金等创新资源，最终形成集创新理念、研发活动、成果转化、批量生产到市场销售为一体的链式结构。

虽然学者们对创新链的描述不同，但实质上是一样的。创新链是一项科技成果从创意产生到实现商业化的全过程，主要揭示了技术创新的详细过程，同时也反映了各创新主体在整个技术创新过程中的衔接、合作关系。根据创新链的概念，可建立如图3-1所示的创新链示意图。

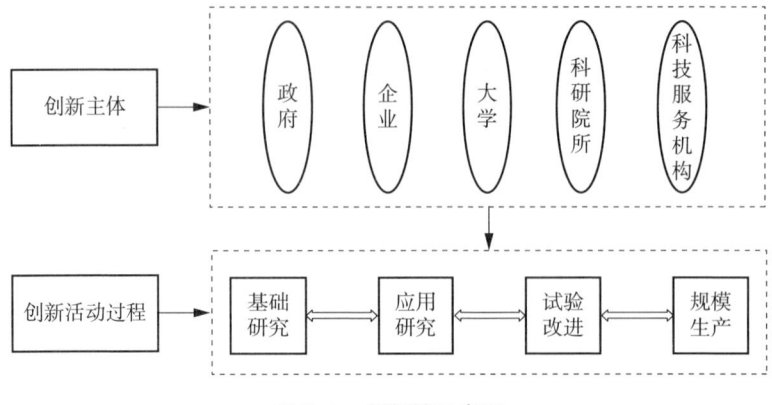

图 3-1　创新链示意图

创新链的构成要素可以分为两大类：一类是创新主体，另一类是创新活动过程。创新主体包括政府、企业、大学、科研院所和科技服务机构，其中，政府是政策支撑主体，一般通过制定法律法规、调整资源配置、建立公共技术平台、健全公共服务体系等措施，构造宏观政策环境，对创新活动进行扶持和推动。企业是技术创新的实施主体，一般根据市场需求确定研发意图，然后将创新思想和研发意图结合形成研究项目，通过对项目的研究，形成专利技术或新产品，最后进行批量生产满足社会需求。大学和科研院所是进行基础知识研发的机构，为企业的创新活动提供基础知识和应用知识，有时还可以与企业形成产学研联盟，为企业开发新产品。科技服务机构是面向社会开展技术扩散、成果转化、科技评估、创新决策和管理咨询等服务的专业化机构，为企业创新提供信息及中介服务。在创新链的不同环节，存在不同的参与主体，每一个主体都有明确的定位和作用。为了实现创新的目标，各个主体需分工协作，有效组织创新资源。

从创新活动过程看，创新链是从基础研究开始，经过应用研究、试验改进，到规模生产形成产业化的过程。基础研究是对科学知识进行探索研究的创新活动，没有特定的商业目的。应用研究是为开发出特定产品或改进特定工艺而进行的创新活动。试验改进是将研究结果应用到生产工艺中并不断对其改进优化，若试验成功，则投入资金进行大规模生产，实现产业化，满足用户的最终需求。四者之间存在较强的前后依存关系，基础知识是创新的源头，是应用研究和试验改进的基础，应用研究以基础研究的成果为基础，开发新产品、新工艺，而试验改进则是将应用研究的成果应用于实际生产，不断改进优化并最终实现产业化。同时，四者之间也存在较强的反馈关系，在应用研究和试验改进过程中，有可能对基础研究提出新的要求；在产业化过程中有可能发现新的市场需求，从而又开始新一轮的创新活动。

完整的创新活动包括创新理念的产生、研发试验和实现新产品的价值。如果没有新产品的价值实现，创新就是不完整的。创新链的价值实现需要在相关支持体系下与社会生产紧密结合。在创新链中，创新活动将相关创新主体连接起来并优化各创新资源和要素，通过社会生产将知识转化为有价值的商品和服务。创新活动的背后蕴藏着相应的价值链，反映了创新过程中的价值转移和创造。因此，创新链和价值链是融合在一起的，也可以称之为创新价值链。创新价值链是产业价值链的一部分，反映了产业价值链的创新能力，是产业价值链能否向高端攀升的关键。

创新价值链的概念同样适用于区域层面，可以将区域创新价值链看作是一种区域内部相关创新主体从事创新活动的链式结构，区域内的企业或机构专注在自己最有竞争力的创新价值链环节上。具体来说，企业首先从技术路径的角度去研究分析顾客的潜在需求，然后利用科研机构、高等院校提供的知识和技术支持，进行新技术的研发，再通过科技中介机构搭建的技术转化平台，将科技成果转化为实际生产力，产生经济和社会效益。政府负责出台相应政策制度，构造政策环境体系，既包括交通、信息及通信等硬环境，也包括合理的投资机制、健全的法律法规等软环境。政府在调控过程中，通过利益引导调节创新主体的行为，使其行为趋向以市场需求为主的创新活动。总之，区域内的各创新主体在执行自己的职能时建立了分工、合作、互动的关系，共同完成创新活动。

二、区域创新系统的概念与特征

区域创新系统的概念来源于国家创新系统理论，英国学者Cooke（1996）从主体间互动的角度提出了区域创新系统的概念，认为区域创新系统主要是在特定的地理范围内生产企业、高等教育机构和研发机构进行分工合作形成的一种以创新为目的的区域性组织体系。在随后的研究中，学者们认为制度环境也是区域创新系统中很重要的一个方面，形成了目前关于区域创新系统的概念：区域创新系统是一定的地域范围内，各创新主体交互作用构成的创新网络以及支撑创新活动的各种资源和制度安排。从构成要素看，区域创新系统由以下三种要素构成：一是主体要素，即参与创新活动的主体，包括企业、高等院校、科研机构、各类中介组织和政府。各行为主体在创新活动中结成的正式或非正式的社会关系，有利于各创新主体合作完成创新活动，增强区域的创新能力。二是资源要素，包括各种创新资金和人员投入、专利和创新项目等创新产出。三是环境要素，环境要素是创新行为主体在区域创新系统中能否发挥其职能的制约因素，包括创新基础设施、创新政策、体制机制和社会文化环境等。

区域创新系统具有以下四个特征：①区域性特征。区域创新系统是在特定的区域范围内创新主体进行的互动，因此区域性是区域创新系统最基本的特征。每个特定区域有不同的社会文化特点和资源禀赋，因而创新活动具有地域特色。区域创新系统的发展要与该区域的基本条件和经济发展相适应。②创新性特征。创新性是区域创新系统的本质特征。从区域创新系统的构成来看，创新主体在互动以及整合系统资源要素的过程中，都要以创新为导向。依靠市场需求，创新主体有效组合人才、资金、知识、信息等多种资源，以提升该区域的创新能力。③系统性特征。系统性指在一定的制度环境中，企业、科研机构、政府等创新主体相互联系、共同协作，与外部环境相互作用，形成一个复杂的网络系统，维持创新的可持续发展。④开放性特征。区域创新系统是一种开放式系统，是国家创新系统的子系统，区域创新系统的边界是开放的。随着区域经济一体化程度的加快，区域之间的经济联系日益紧密，创新资源和创新成果在区域之间的转移和扩散也会增多。

三、区域创新系统的运行机制

区域创新系统的运行包含三个方面：一是区域创新系统内部各创新主体的相互联系和密切配合；二是区域创新系统的创新活动与系统内部创新环境的相互制约、相互促进；三是区域创新系统之间相互联系与互动。区域创新系统的效率取决于区域创新系统的运行机制。

（一）创新主体的互动与协调机制

由于各创新主体在创新活动中所起的作用和具有的功能不同，因此，要想保证区域创新系统的有效运行，需要各创新主体分工协作，建立相应的组织协调机制。创新主体的有效协调机制主要有三种：一是企业、高等院校和科研院所的产学研合作机制。产学研合作能够实现科技资源和经济资源的优化配置，是实现科技成果向现实生产力转化的基本途径。二是科技服务中介机构在各个创新主体间的沟通机制。在科技成果经济化的过程中，技术的需求方和供应方对技术信息的掌握往往存在一些障碍，科技服务机构就是连接需求方和供给方的中介机构。三是政府在创新中的政策引导机制和管理调控机制。为了实现各创新主体的联系与协作，需要政府制定相应政策进行引导和干预，加强宏观调控。

（二）创新环境的调节与支撑机制

良好的创新环境能够促进区域创新系统创新活动的开展。一般可以把创新环境分为硬环境和软环境两个方面，其中硬环境主要指交通基础设施、通信基础设施、大学和科研机构的基础设施建设等；软环境包括社会文化环境、劳动者素质、制度环境和市场环境等。硬环境能够为区域创新系统提供基本的物质保障，促进创新要素快速流动，促进知识和技术在不同主体之间以及不同区域之间流动和共享。软环境为区域创新系统提供了制度和政策保障，能够鼓励创新主体积极开展各项创新活动，使创新主体加强互动合作，为创新活动提供人才、资金和法律保障，提高创新资源的配置效率。

（三）区域之间的合作与协同机制

不仅区域创新系统内部存在互动关系，区域创新系统之间也存在着互动关系。知识和技术在不同区域间的流动、扩散与溢出，将不同区域的创新活动关联起来。不同区域的创新主体之间开展的研发合作、技术交易、产业转移、资本投资等活动，能够促使知识流动，使创新主体获得更多的知识和技术，提高区域的创新能力。政府制定的协同创新政策、搭建的协同创新服务平台，也将有利于区域间的知识扩散和共享。区域创新系统是一个开放的系统，随着区域间经济联系的日益加强，区域间的创新合作变得越来越多,知识的流动和溢出也越来越多。一个区域创新系统的有效运行离不开其他区域的创新活动。

区域创新价值链是区域创新系统的一部分,是区域创新系统中直接反映技术创新活动的那一部分。从区域创新系统的角度来看,一个区域的技术创新能力主要由区域创新价值链中的技术创新活动决定,而区域创新价值链中的技术创新活动会受区域创新环境的影响和制约,此外,区域之间由于空间关联而形成的技术溢出也会影响一个区域的创新能力,它们之间的关系如图3-2所示。

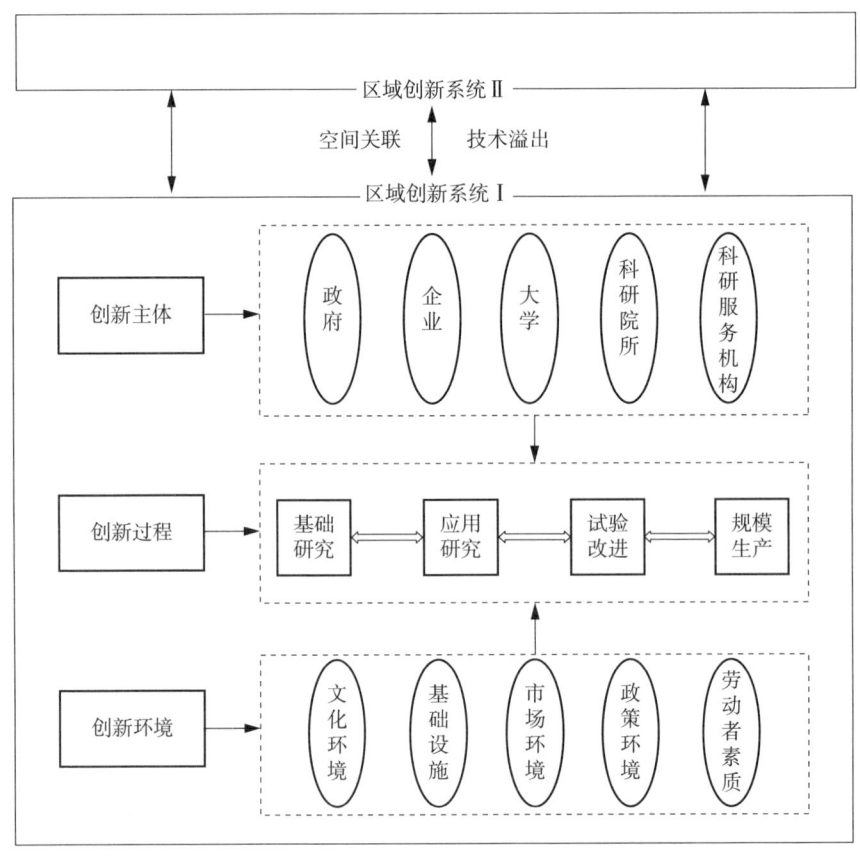

图3-2 区域创新链、创新环境与空间关联示意图

在区域创新系统Ⅰ内,各创新主体分工合作参与创新过程,同时文化环境、基础设施等创新环境要素影响着创新过程和创新绩效。对于两个不同的区域创新系统,由于有研发合作、研发资本和人员流动、贸易往来等

关联方式，区域之间会产生有意识或无意识的创新溢出，这种溢出会对经济发展产生一定的效应。因此，影响一个区域技术创新能力的因素有区域的技术创新活动、创新环境和区域之间的技术溢出。本书在研究技术创新对高技术产业绩效的影响时，从区域创新系统的视角选取三种因素：高技术产业技术创新活动、创新环境和区域高技术产业技术溢出。

第三节 技术创新对高技术产业绩效影响的相关理论

一、技术创新活动对高技术产业绩效的影响机理

技术创新影响高技术产业绩效涉及两个层面：从企业层面来看，技术创新能引起高技术产品成本降低、产品品质提升，从而提升企业绩效；从产业层面看，技术创新能引起高技术产业结构调整、经济发展方式转变，从而提升产业绩效。

（一）企业层面

1. 技术创新能够降低高技术企业生产成本

技术创新可以使高技术企业节约要素投入、使用新的原材料、优化要素组合方式，从而降低企业成本。高技术企业降低成本后能够增加企业的市场占有份额，增加利润，从而提升产业绩效。高技术企业在生产过程中采用新工艺、新设备，能够提高资本、劳动的使用效率，这样可以节约要素投入。在技术创新的作用下，一方面劳动投入量随着劳动生产率的提高而降低，另一方面很多智能化的劳动工具可以节约资本投入量。同时，生产效率的提高使得劳动者有更多的时间参加学习和培训，劳动者素质的提高又可以进一步提高劳动生产率从而节约劳动投入。采用新材料、新能源使得生产不再依赖旧的生产要素，可选择的生产要素的种类增多，高技术企业可以从成本最低的角度考虑如何选择最优的生产要素。优化要素组合是将生产过程中要素的组合方式和结合模式加以改进，在不增加要素投入

的情况下使产出增加,从而降低成本。技术创新能够使生产要素重新组合从而提高要素的配置效率和生产效率,节约成本。

2. 技术创新能够提升高技术产品品质

技术创新提升产品品质包括产品质量的提升和产品种类的增加两方面,两者都是从需求角度探讨创新促进产出增加的原因,通过提供质量更高的产品和产品品种的多样化来满足新的需求从而占有市场更大的份额,增加产出和利润。产品质量和性能因技术创新的应用而得到改善,新的高质量的产品获得了消费者的喜爱和更多的消费者需求,需求的增加扩大了企业的商业利益,从而提高了企业绩效。由于消费者有多种多样的需求,高技术企业为满足消费者需求需要更新产品的功能、增加产品的种类,这样企业的市场份额也将扩大。创新产品由于具有较高的质量、性能和种类甚至良好的售后服务,能够更好地满足消费者的需求,从而对传统产品产生替代效应,其结果是必然挤掉传统产品的市场,例如,目前智能手机基本上取代了传统手机和相机。高技术企业只有投入足够的资金进行研发,不断提高产品质量、增加产品种类,才能扩大市场,提高企业绩效。

(二)产业层面

1. 技术创新促进高技术产业结构调整

产业结构指各产业部门之间以及各产业部门内部的构成方式。企业是市场中的创新主体,众多的企业汇聚成行业。当高技术企业通过技术创新获得一项新技术并将其用于生产过程获得商业利益后,同行业中的企业便会模仿,这样某个高技术企业的创新成果会使整个行业受益,行业效率的提高进一步带动该行业的发展,最终使得经济中该行业的产值占比提升,进而拉动产业结构的调整和优化。技术创新之所以能够改变产业结构,一方面是技术创新使得生产过程中工人生产的熟练程度、做工的专业性有所提高,进而使得分工进一步细化,新的分工产生新的产业部门是导致产业结构变化的直接原因。另一方面是技术创新使得旧产品被淘汰,对新产品的需求增大,旧产业部门有可能因此消失,新兴产业部门出现并成长,由此改变各行业在高技术产业中的地位,引发主导产业的更替。

2. 技术创新促进高技术产业增长方式集约化

经济增长方式主要有粗放型增长和集约型增长两种,粗放型增长主要依靠扩大生产要素的投入量实现，对各生产要素的质量和使用效率并未做出本质改变；相应地，依托生产要素的改良、生产要素质量和使用效率的提高来实现经济增长即为集约型增长方式。技术创新能够使高技术产业经济增长方式由粗放型转变为集约型，原因如下：第一，技术创新能够促进劳动者素质的提高和资本的扩大，优化各生产要素的运作模式，提高生产要素的利用效率，减少资源与能源的消耗，降低生产成本，使产业具有较高的经济效益。第二，创新型企业产品的技术含量较高，其他企业会竞相模仿，随着市场中采用新技术的企业越来越多，整个产业的技术水平也会提高。企业为了保持技术上的领先，就会不断进行技术创新，于是又引发新一轮的技术模仿和整个产业的技术提升。第三，技术水平高的高技术企业具有较高的经济效益和竞争力，因而有更多的资金进行技术创新，拉动技术创新进一步提升，形成"经济效益好—研发投入高"的良性循环，即企业的技术水平越高，经济效益越好，从而越重视技术创新，研发投入越高。

以上论述的是技术创新活动对高技术产业绩效的影响，从区域创新系统的角度考虑，影响高技术产业创新能力的因素还有创新环境和区域之间的技术溢出，这些因素也将影响高技术产业绩效。

二、创新环境对高技术产业技术创新活动的影响

关于创新环境对创新活动的作用，学者们主要从创新环境的不同方面即社会文化环境、组织网络、基础设施、市场环境、劳动者素质、政策支持、融资环境等方面进行论述（王缉慈，1999；贾亚男，2001；盖文启等，2002）。影响高技术产业技术创新活动的创新环境要素也基本包括这些。

（一）社会文化环境

社会文化环境包括区域内居民的风俗习惯、道德规范、文化素质、心理素质、价值观念等内容。社会文化环境是影响创新活动的一个潜在的、深层次的因素。科学创新是一个标新立异的过程，所以具有创新思维、竞争意识、冒险精神、宽容失败和合作精神的文化是有利于创新的社会文化。良好的社会文化环境应该对外界文化持批判吸收态度，使自己的文化

具有更强的适应力，能够促进创新的产生。良好的创新文化环境应该是尊重个人兴趣和专长，正确对待民族、信仰、风俗习惯的差异，破除各种思想束缚，宽松、民主、开放的文化环境，这样的环境有利于培育优秀的创新人才，产生有竞争力的科研成果。西方一些发达国家如美国、德国之所以具有很强的科技实力，就是因为这些国家具有有利于创新的社会文化氛围。具有良好社会文化环境的国家和地区能够吸引各类人才在该国家或地区集聚，从而更加有利于创新。统计显示，全世界科技移民的40%被吸引到了美国，在美国的创新专利申请者中，约50%为外国人，在美国硅谷从事科学研究的中国青年科学家占20%。在美国从事科学和工程项目的人员中有72%来自发展中国家，仅在硅谷地区工作的中国科技人才已超过10万人[①]。构建有利于创新的社会文化环境，中国应该加强制度建设，建立积极有效的激励机制；尊重人才，培育冒险精神，鼓励大胆探索；改变教育观念，建立新型人文素质教育模式；扩大开放，加强与世界交流，不断发展自己的创新文化。

（二）组织网络

广义的组织网络是指区域创新的行为参与者（政府、企业、中介机构、高校和科研院所）在长期正式或非正式的合作和交流中所形成的动态联系网络。狭义的组织网络是指企业在创新过程中与其他企业或机构所结成持久稳定关系，如战略联盟、生产商和供应商之间的供需链、企业外包等。创新是各行为主体通过相互协同作用产生的，创新必然依赖于各行为主体所建立的组织网络。美国硅谷成功的一部分原因在于各企业之间形成了广泛的正式和非正式的关系和组织。组织网络是创新产生和扩散的载体。在组织网络中，各行为主体不断进行合作、交流和学习，从而产生创新。当一种新思想或新技术产生后，就会在组织网络内部迅速传播，这种创新因子在各行为主体交流中频繁反馈、反复碰撞，会再次产生创新。因此，培育组织网络是创新产生的关键环节。知识经济时代的知识创新需要良好的创新网络来活化资源和信息，增加灵活性，减少不确定性，提高企业创新能力。组织网络的构建可以更好地发挥区域内各行为主体的协同作

---

① 王琪. 从构建创新文化环境做起 [J]. 学习月刊, 2006 (1): 24-25.

用，有利于创新主体相互学习、进行产学研协同创新以及知识的扩散和传播，有利于培育企业家的创新精神，加强企业在文化、技术、制度等方面的交流，减少企业间的交易费用。

（三）基础设施

区域基础设施主要包括交通和信息基础设施，是进行创新的基本物质保障。完善的交通基础设施可以促进人力资本和研发要素的顺畅流动，提高要素配置效率。现代发达的交通和通信技术，不仅使高技术产业的生产原料和产品可以跨区域快速流动，而且使有关联的高技术产业可以跨区域发展，大大降低了产业的交易成本，促进产业分工和提高专业化，从而提高产业经济的运行效率。随着现代社会进入知识经济时代，知识信息成为经济发展的基础资源，因而信息网络成为经济发展的最重要的凭借手段。创新也依赖于信息网络，通过信息交流迸发创新思想，再通过信息网络扩散。信息基础设施对创新有很大的支撑作用。以智能制造、"互联网+"等为代表的信息技术能够使企业的技术创新更加智能化和多样化，其成果和应用更加有效，技术创新的协作和扩散更加广泛；同时还能够使企业在产品数据管理、资源管理等方面得到优化和提高，从而提升企业管理效率。若区域内的信息基础设施良好，信息交流比较畅通，则能大大降低信息获取成本，促进知识流通和共享，增强创新者的创新能力。在信息技术迅速发展的时代，创新者的知识获取渠道呈现多元化的趋势，很多的想法、创新点在思想的碰撞中转变为新技术、新发明。这些均有利于提高高技术产业的创新能力，从而有利于提升产业绩效。

（四）市场环境

技术创新与市场有直接的关系，技术创新的动力来自市场需求，技术创新是否成功要看是否实现了市场价值。市场机制作为一种最有效的资源配置方式，对技术创新非常重要。原因有三点：第一，市场机制是激励企业进行技术创新的重要手段。市场经济条件下企业是技术创新的核心主体，对物质利益的追求激发企业进行技术创新，以便在市场上获得更多的收益。市场竞争中的优胜劣汰机制也会促使企业不断进行技术创新。第二，市场会引导技术创新的方向，减少技术创新的不确定性。企业对市场中消费者的需求变化比较敏感，一旦市场中消费者的需求发生变化，企业就能捕捉这些市场信号，从而确定技术创新的方向。有明确市场需求的技术创新风险一般都比较小，从而大大减小技术创新的不确定性，提高技术创新的成功率。第三，技术创新是否成功要靠市场来检验。技术创新不仅是新技术、新产品的发明，更重要的是要将发明的成果应用到经济活动中并取得市场价值。一项发明能否发展成为技术创新，取决于这项发明是否投入生产、投入市场并取得经济效益。由此可见，市场是推动技术创新的决定性力量，在技术创新中发挥着重要作用，因此，必须加快完善市场经济体制，破除制约创新主体进行自主创新的体制束缚，有效激发其创新的积极性，推动中国高技术产业技术进步。

（五）劳动者素质

劳动者素质是创新环境的重要组成部分，它主要反映了创新环境中的人才资源状况。劳动者素质对于创新非常重要。首先，高素质的劳动者是技术创新的主体和源泉。技术创新的主体虽然是企业、政府、大学、科研院所和中介机构等，但技术创新最终是由人完成的，高素质的劳动者是技术创新的实施者。技术创新的各个环节都离不开人才资源，企业家根据市场需求做出技术创新的决策，研发人员实际研究开发新技术，技术人才进行科研成果试验转化，技术工人则在生产中进行规模化生产，营销人员将新产品推向市场，实现产品的经济价值。可见，人才资源是技术创新活动中最具有能动性的核心要素，一切创新活动都离不开拥有一定知识和技能的劳动者。其次，人才资源是技术扩散的必要条件。大量研究表明，新技术扩散的范围和速度与一个国家的人力资本存量有密切关系。在其他条件一定的情况下，人力资本存量越大、质量越高，技术扩散的范围就越广，扩散的速度就越快。此外，许多研究证实发展中国家要想从跨国公司的技术溢出效应中获益，人力资本水平是关键，它影响对技术的吸收能力。人才资源在不同企业间或不同地区间流动，能加快技术扩散的速度。由于人才资源是技术创新的源泉和技术扩散的必要条件，因此，一国或地区的人才资源和结构将直接影响其技术创新能力，进而影响其经济发展。

高素质的劳动者一般通过教育获得，因此一国的人才资源取决于教育体系的完善。好的教育模式有利于培养学生的创新能力，激发学生的好奇心和兴趣，鼓励学生质疑权威；培养学生对科学的直觉和洞察力，让学生在实践中和浓厚的研究氛围中学会领悟；培养学生的专注力和勤奋刻苦的精神；要求学生具备基本的人文素质，如抗挫折能力、协作精神等。中国长期的应试教育制度对国民的创新能力产生了较大的负面影响，片面重视考试成绩，轻视人文素质教育。近年来，中国不断进行教育改革，探索和尝试素质教育，培养学生的创新意识和实践能力，已取得了一定的成效，但还未从根本上改变以往教育观念带来的弊端。

（六）政策支持

健全的、有利于技术创新的制度和政策体系包括知识产权制度、奖励制度、税收优惠制度、科技中介服务机制等。知识资产具有一定程度的外溢性和可模仿性，如果不对知识资产加以保护，会大大抑制创新活动的进行。完善的知识产权制度，能够使企业研究开发的技术成果得到保护。激励企业开发具有自主知识产权的核心技术和名牌产品，对有重要创新成果和突出贡献的科技人员实行重奖，允许科技人员入股和参与分配，有利于调动科技人员和企业技术创新的积极性。技术创新具有公共物品属性，需要政府的扶持和介入，通过政府的直接投资和在项目以及财政、税收方面的优惠，引导带动社会各方面对技术创新的投入，给企业技术创新提供资金支持。在中国的科技创新中，存在明显的科技和经济脱节现象，需要加强产学研合作。根据国外的经验，科技中介组织在产学研合作中发挥着重要作用。完善的中介服务机构可以为创新主体提供技术扩散、成果转化、科技评估、管理咨询等专业化服务，能够有效促进各创新主体之间的合作，降低高技术产业成长初期的风险。因此，建立和完善科技中介服务机构也是中国在制定创新政策方面关注的重点。

（七）融资环境

创新活动是一项高投入、高风险的活动，这一特点决定了技术创新过程必然存在较为严重的资金约束问题，特别是技术创新初期，技术创新的市场前景不明确，资金约束往往尤为严重。国外利用金融手段支持技术创新的形式主要有银行信贷支持、风险资本支持、政府特设机构支持、社会基金支持等。其中风险投资和资本市场融资是发达国家驱动高新技术产业化普遍采用的方式，即通过风险资本为成长期的新生高技术企业提供融资，对企业进行一段时间的运作和扶持后，再通过资本市场实现风险投资回收。这种方式能有效地促进科技成果转化和产业化，加快技术创新产业化的进程。中国大部分高技术企业的融资渠道单一，融资来源主要是政府资金和企业资金，金融机构贷款所占的比例很小。中国风险投资业起步晚，存在政府主导较多、资金来源不足、风险投资机制不健全等问题。因此，迫切需要完善技术创新的投融资体系。根据发达国家在技术创新融资方面的经验，中国应建立多元化的科技投融资机制，加大技术创新资金规模。大力发展风险投资，建立健全风险投资法律体系，引导政策性和商业性金融资金流入风险投资市场，多渠道开辟风险资本的来源。加快建设创业板市场，为中小型高技术企业开辟新的融资渠道，为风险投资的变现提供退出通道，从而完善风险投资机制。

三、技术溢出对高技术产业绩效的影响渠道

技术溢出指企业进行研发活动获取的技术会通过各种渠道溢出到别的企业，而本企业却不能为此收取任何费用，是技术产生外部经济的一种现象。技术溢出产生的根本原因在于技术具有非竞争性和部分非排他性。技术溢出会使其他企业无偿或以较低的成本使用创新成果，造成创新的边际社会收益大于边际私人收益，因而从整个社会来看，技术溢出对社会的影响是积极的。对一个区域来说，技术溢出能够提升与其邻近区域的技术创新能力，从而提升该邻近区域的经济绩效。

（一）高技术产业技术溢出渠道

许多学者对技术溢出的渠道进行了研究，技术溢出渠道主要包括资本流动、产品与技术贸易、人才流动、研发合作等。高技术产业技术溢出渠道也主要包括上述几个方面。

1. 资本流动

大量研究表明，外商直接投资是投资方国家的技术向东道国溢出的主要渠道。外商直接投资主要通过示范效应、竞争效应、人才流动效应和关联效应实现对东道国的技术溢出。第一，示范效应，跨国公司在东道国投资设立子公司，子公司一般具有先进技术和管理经验，东道国的企业学习

先进技术和管理经验,提升了东道国企业的技术创新能力。第二,竞争效应,跨国公司进入东道国市场,加剧了行业内的竞争,为了保住市场份额,东道国企业将加大对产品的研究与开发,提升产品竞争力。第三,人才流动效应,跨国公司在东道国招聘工作人员,对这些工作人员进行培训,当这些工作人员从跨国公司离职在东道国其他企业就业时,将他们掌握的技术和工作经验也带到了东道国企业,因而产生了技术溢出。第四,关联效应,跨国公司与东道国的企业是产业链上的上下游关系时,外商直接投资会通过这种联系对东道国产生技术溢出。比如,跨国公司使用东道国企业的产品作为中间产品时,跨国公司会通过管理培训、质量标准化等手段将技术转移给东道国企业,从而产生技术溢出。同样地,资本在一国不同区域间的流动也会带来技术溢出,尤其是研发资本的流动更能提升区域间的创新能力。研发资本包含技术、知识等信息,研发资本在区域间的自由流动不仅能促进本区域创新能力的提升,其产生的溢出效应还有助于其他地区技术创新能力的提升。

2. 产品与技术贸易

国际间的商品贸易或技术贸易是国际间技术溢出的又一主要渠道(Coe, 1995; Keller, 2002)。首先,从进口贸易来看,由于技术嵌入在商品中,通过从技术先进国进口中间品,技术落后国可以学习到一些先进技术,并进行模仿创新。其次,从出口贸易来看,出口产品一般都有更为严格的技术标准和技术要求,出口国为了提高产品竞争力一般会严格遵守国际技术标准并提高自身技术水平,从而促进了技术溢出。最后,从技术贸易来看,技术落后国从技术先进国购买先进设备或引进新技术,一方面提升了技术落后国的技术水平,另一方面技术落后国可以在吸收和学习新技术的基础上进行模仿、再创新。同样地,一国不同区域间的贸易也会产生技术溢出。比如,中国某一省份的企业购买了另一省份的新技术或新产品,这个企业可以在使用新技术或新产品的基础上对其进行改进和再创新。对于技术创新企业而言,只有将新产品在市场上销售,才能获得经济利益。在市场上销售时,该企业会公开产品的使用方法、主要性能指标等信息,其他同类企业通过搜集会获得新产品的相关信息,并利用这些信息进行模仿和再创新,由此产生技术溢出。

3. 人才流动

技术和知识无法完全物化在产品上，一些隐性知识会固化在劳动者身上，尤其是固化在拥有较高技术能力的技术人员身上，因此人才的流动会产生技术溢出。人才流动主要是指人力资源在不同企业间、不同行业间和不同区域间的再配置。Almeida 和 Kogut（1999）指出，高技术人才在区域间的自由流动能够加快知识在不同群体和区域之间的传播和扩散，促进知识的空间溢出。高级技术人员或者管理人员在不同企业或区域间流动，会使其拥有的技术、知识、经验、技巧等显性知识和隐性知识发生转移，使得新知识和新技术溢出到其他行业或地区。马歇尔曾指出，产业集群中的员工流动性相当强，因而人员流动带来的技术溢出效应在产业集群内部更显著。中国高技术产业的集聚特征比较明显，各省均设有高新技术开发区，这为知识和技术的溢出创造了条件。当前由于中国户籍制度改革的深入和经济一体化进程的加快，高技术人才在不同区域和不同行业间的流动也较多，从而有利于高技术产业的新技术在各区域之间溢出和扩散。

4. 研发合作

研发合作是指不同企业之间及企业与高等院校、科研机构和行业协会之间合作进行研发。企业熟悉市场需求，高等院校和科研机构在科研、人才方面有明显优势，三者结合的创新模式有利于挖掘市场潜力、降低技术创新风险、实现优势互补、促进科技成果转化。各创新主体在合作的同时也促进了技术和知识在不同创新主体间的溢出。产学研合作创新网络的组织模式和运行机制可以为知识溢出创造有利的条件。各创新主体在产学研合作过程中结成社会关系网络，并累积形成社会资本。在研发合作过程中，创新主体可通过基于契约安排的正式关系进行交流合作，也可通过非契约安排下的非正式关系进行技术交流和学习，促进新思想、新技术和新知识在不同创新主体之间扩散，从而产生知识溢出效应。研发合作过程中创新主体的面对面交流，特别利于隐性知识的溢出，各创新主体的知识存量和结构的差异决定了知识溢出的方向和大小。在研发合作过程中，各创新主体结成的社会资本推动创新知识在创新主体之间相互溢出。高校和科研机构会对其开发的技术进行阐释和说明，企业则理解吸收高校和科研机构的先进技术，并通过模仿创新提高其创新能力。企业的生产技术和市场信息也可反向溢出到高校和科研机构，使其科技成果更符合市场需求。

(二) 高技术产业技术溢出的影响因素

高技术产业技术溢出能够推动一个地区的技术进步并提高其技术创新能力，促进高技术产业发展，但是，先进技术在不同地区间的溢出受到诸多因素的限制，这些因素主要有技术水平差距、溢出接受方的吸收能力、产业关联、地理距离和社会经济距离等。

1. 技术水平差距

技术差距理论最早用来解释国际贸易和外商直接投资，认为具有先进技术的国家在技术上有比较优势，从而出口技术密集型产品或者在技术落后国家进行投资。国际贸易和外商直接投资伴随着技术溢出，也即技术差距影响国际技术溢出。但学术界关于技术差距与国际间技术溢出关系的观点并不一致，主要有三种观点：第一种观点认为双方技术差距越大，越有利于技术溢出；技术差距越大，技术先进国可以向技术落后国溢出的技术就越多。第二种观点认为双方技术差距越小，越有利于技术溢出；技术差距越小，双方的技术水平越接近，越有利于双方的交流和学习。第三种观点认为两者之间并不存在线性关系，技术差距过大或过小都不利于技术溢出，适度的技术差距才有利于技术溢出。第三种观点在解释现实情况时更具说服力。同样，不同地区高技术产业之间的技术差距也影响技术溢出，技术溢出的大小存在一定条件。地区间高技术产业的技术差距过小，技术溢出可能不大。地区间的技术差距过大，地区间的技术交流与合作会受到吸收能力的限制，技术溢出的可能也不会太大。只有存在适宜的技术差距时，才会增进双方的互动交流，提高接受方的学习效率，才会有显著的技术溢出。

2. 溢出接受方的吸收能力

技术溢出效应的大小不仅与溢出双方的技术差距有关，还与溢出接受方的吸收能力有关。吸收能力指一个地区对地区外知识和技术的获取、吸收、转化和运用的能力。通常认为溢出接受方的知识资本存量和人力资本存量是影响其吸收能力的两个重要因素。创新者对知识和技术的获取和吸收都是以一定的知识存量为基础的。溢出接受方吸收和运用新技术和知识的能力受原有技术水平和研发能力的影响。原有技术水平越高，研发能力越强，对前沿技术创新成果变化的感知与学习能力就越强，吸取和运用新技术和知识的能力也越强，越有利于溢出接受方对外来技术进行消化吸收然后进行模仿创新。除了知识资本存量，影响一个地区吸收能力的更为重要的因素是该地区拥有的人力资本存量。知识和技术是附着在人身上的，吸收、学习和转化新技术和知识是创新人才完成的。一个地区的人力资本存量越高，则该地区对新技术和知识的吸纳能力就越强。Borensztein (1998) 研究发现，对外直接投资对东道国技术进步的影响受东道国人力资本存量的制约，只有东道国人力资本存量达到一定程度时，才能充分吸收对外直接投资的技术溢出。人才的流动会引起人力资本存量的变化进而影响一个地区的吸收能力。人才的流失必然削弱该地区对创新知识的吸收能力；相反，人才的增加则可以提升该地区对创新知识的吸收能力，使该地区能获得更大的技术溢出效应。

3. 产业关联

国民经济各产业部门之间存在一系列的技术经济联系，因此，各产业部门之间会产生一定的技术溢出。从投入产出的角度看，产业之间的关联关系主要有两种：前向产业关联和后向产业关联。前向产业关联是指某一产业在生产、技术等方面的变化引起产业链上的上游产业产生相应的关联反应，例如，某一产业进行技术革新后对上游产业的要求更高，导致上游产业需要提高产品质量、完善管理、加快技术创新等。后向产业关联是指某一产业在生产、技术等方面的变化引起产业链上的下游产业产生相应的关联反应，例如，某一产业进行技术革新后，其下游产业也会做出相应的技术调整或产品更新。在产业间相互影响、相互联系的过程中，某一产业的技术变革会波及和渗透到其他产业，产生技术溢出。有关研究发现，同类或相似行业由于具有相似技术而更容易产生技术创新溢出（Jaffe，1986）。所谓技术相似性，主要指具有共同的知识基础和技术经验。研发人员更容易学习、掌握和模仿相似技术，因而技术相似产业间的知识溢出更多。例如，技术领先企业研制成功一种新产品，投入市场获得较好的经济效益，具有相似技术的企业就会跟进模仿，并在消化吸收的基础上进行再创新，推出性能更好、功能更强大的类似产品。

4. 地理距离和社会经济距离

随着空间经济学的发展，空间因素对经济的影响越来越受到关注，学者们在研究区域经济、城市经济问题时开始考虑空间因素。在技术溢出的影响因素中，很多学者都认为地理距离是一个重要的影响因素，并认为技术溢出随着地理距离的增加呈现递减趋势。地区间的地理距离相近可以减少交通成本，提高研发人员见面沟通和交流的机会，有利于技术的溢出。但是，随着社会进入信息时代，知识的传播可以通过互联网进行，传播的时间变短，速度变快，地理因素的影响相对变小。除地理距离外，许多学者也关注了社会经济距离对技术溢出的影响，认为社会资本和经济特征也是影响区域间技术溢出的重要因素，且与地理距离相比，社会经济距离对技术溢出的影响更大（Agrawal，2003；李婧，2010；马茹，2017）。其主要原因有两点：一是建立在共同信任和相互理解基础上的社会资本，将不同的个体、机构等创新主体紧密联系在一起，增强了创新主体的沟通联系，有效促进了知识和技术在区域间的持续交流和传播；二是随着区域经济一体化的快速发展，许多地区的经济联系变得更为紧密，区域经济合作呈现多样化的趋势，因而在技术创新方面也会有较多的合作，有利于创新资源的流动，从而促进知识和技术在不同区域间的溢出。

5. 制度环境

除上述影响因素外，技术溢出还受外部环境的制约，特别是市场竞争和知识产权制度对其的影响。竞争性的市场结构比垄断性的市场结构更有利于知识和技术溢出。首先，竞争的市场环境促使企业加快创新以增加市场占有份额，在此过程中会产生更多的知识溢出。其次，在激烈的竞争环境中，加快了技术创新人才在不同的企业间、行业间的流动，进而带动技术创新溢出。知识产权保护制度也是影响技术溢出的因素之一，知识产权保护制度对技术溢出的影响具有不确定性。加大知识产权保护力度有利于增强技术创新方的创新动力，但是增加了同类企业的模仿成本，进而减少了技术溢出。减小知识产权保护力度会削弱技术创新方的创新动力，但是降低了同类企业的模仿成本，进而增加了技术溢出。技术溢出的大小取决于技术创新方的技术创新程度与其他企业的模仿结果。对技术创新方来说，需要加大知识产权的保护力度以调动其创新的积极性，对于技术模仿方来说，知识产权保护力度越低越有利于技术溢出。既要调动技术创新方的积极性，又要促进技术的广泛交流与传播，应当制定适度的知识产权制度，同时要通过相应的税收政策、财政补贴等对技术创新方进行补偿。

第四节 本章小结

创新驱动是影响高技术产业绩效的关键因素，那么创新驱动是如何影响高技术产业绩效的？其影响的理论机制是什么？本章通过梳理技术创新理论、创新价值链理论以及创新环境和技术溢出等相关理论知识，对这一问题做出了解答。

本章首先梳理了技术创新理论的形成和发展过程，包括熊彼特的技术创新理论、内生经济增长理论中关于技术创新的论述、新熊彼特主义的技术创新理论和国家创新系统理论。其次对创新价值链与区域创新系统的概念和特征以及区域创新系统的运行机制进行阐述，以便对高技术产业技术创新过程有一个全面的把握。最后从理论上阐述了技术创新活动对高技术产业绩效的影响、创新环境对高技术产业技术创新能力的影响以及高技术产业技术溢出的渠道和影响因素。高技术产业技术创新能力的提升能够降低高技术产品成本、提升产品质量，引起产业结构调整，从而提升产业绩效。社会文化环境、组织网络、基础设施、市场环境、劳动者素质、政策支持、融资环境等创新环境要素影响高技术产业创新能力进而影响其绩效。区域间可以通过资本流动、产品与技术贸易、人才流动、研发合作等渠道产生技术溢出，从而影响高技术产业绩效。这些理论为后文进行实证研究奠定了理论基础。

第四章

区域高技术产业技术创新的时空演变趋势

作为技术创新水平较高的部门，高技术产业在国民经济中占有重要地位。2000年以来，中国高技术产业发展迅速，规模不断壮大，产业结构进一步优化。但由于发展起步晚，高技术产业一直处于产业链的低端环节，产品的附加值低，技术创新能力不强。那么，中国高技术产业的技术创新能力到底如何呢？本章将从区域视角详细分析中国高技术产业技术创新的区域差异及演变趋势。

以往研究通常用创新投入或创新产出衡量高技术产业的技术创新能力，本章除了从创新投入和创新产出方面进行说明，还讨论了技术创新效率状况。

第一节　区域高技术产业创新投入和产出的时空演变

一、指标选择与数据说明

（一）指标选择

本章首先从创新投入和创新产出两个方面分析区域高技术产业的技术创新能力。创新投入用研发经费内部支出和研发活动人员折合全时当量两个指标来衡量，分别反映高技术产业技术创新活动的研发经费投入和研发人力投入。在学术界，衡量创新产出的指标一般采用专利申请数和新产品销售收入这两个指标。专利申请数表示技术创新中产生的新知识和新技术，新产品销售收入反映了新知识和新技术在市场化过程中转化为商业价值的结果，同时用这两个指标可以全面反映创新产出的状况，因此本章选取专利申请数和新产品销售比重作为创新产出指标。其中新产品销售比重的计算公式为：

$$新产品销售比重 = 新产品销售收入 / 主营业务收入 \times 100\% \quad (4-1)$$

（二）数据说明

本节使用的数据是2000—2016年全国31个省份的面板数据，统计数据主要来自历年的《中国高技术产业统计年鉴》和《中国统计年鉴》。为消除价格变动影响，借鉴朱平芳和徐伟民（2003）的做法，用研发支出价格指数把高技术产业研发经费投入转化为2000年不变价。① 对样本中的个别缺失数据用平滑法进行处理。在研究时，沿袭传统的分析方法，将全国划分为东、中、西部三个地区。东部地区包括北京、天津、河北、辽宁、上海、江苏、浙江、福建、山东、广东、海南共11个省份；中部地区包括山西、吉林、黑龙江、安徽、江西、河南、湖北、湖南共8个省份；西部地区包括广西、内蒙古、重庆、四川、贵州、云南、陕西、甘肃、青海、宁夏、西藏、新疆共12个省份。

二、区域高技术产业创新投入的时空演变

（一）中国高技术产业创新投入的总体状况

中国高技术产业研发经费内部支出由2000年的111.04亿元增加到2016年的2120.60亿元，增长了18.09倍，年均增长20.24%。高技术产业研发活动人员折合全时当量由2000年的91573人年增加到2016年的730681人年，增长了6.98倍，年均增长13.86%。图4-1显示了2000—2016年中国高技术产业研发经费投入和研发人力投入的变化趋势。从图4-1中可以看出，在此期间高技术产业研发经费投入和研发人力投入均呈增长趋势，尤其是2008年国际金融危机之后增速更快，研发人力投入在2012年之后增速变缓。

---

① 研发支出价格指数是将居民消费价格指数和固定资产价格指数按0.55和0.45的比例加总形成。

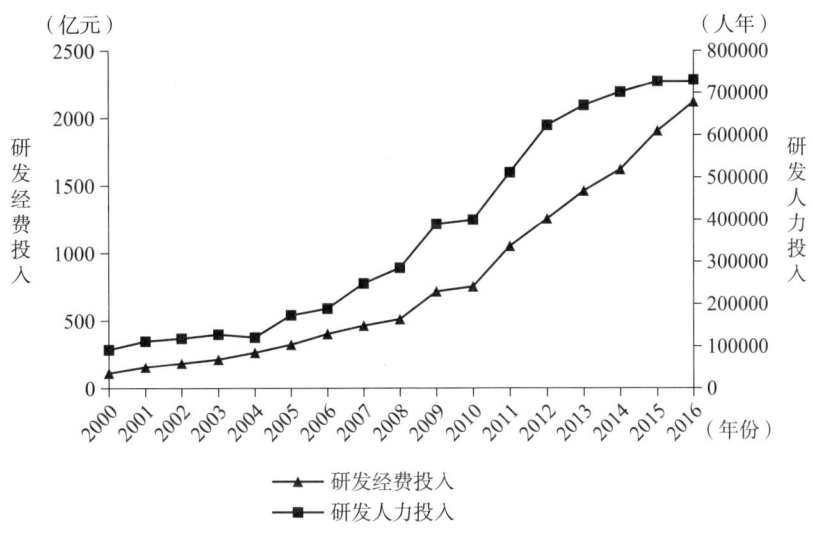

图 4-1　2000—2016 年中国高技术产业研发经费投入和研发人力投入

(二) 东、中、西部地区高技术产业创新投入状况

东部地区的高技术产业研发经费投入和研发人力投入分别由 2000 年的 83.29 亿元和 48630 人年增加到 2016 年的 1678.83 亿元和 559220 人年，分别增长了 19.16 倍和 10.50 倍。中部地区的高技术产业研发经费投入和研发人力投入分别由 2000 年的 11.30 亿元和 17294 人年增加到 2016 年的 249.25 亿元和 104075 人年，分别增长了 21.06 倍和 5.02 倍。西部地区的高技术产业研发经费投入和研发人力投入分别由 2000 年的 16.45 亿元和 25649 人年增加到 2016 年的 192.52 亿元和 67386 人年，分别增长了 10.70 倍和 1.63 倍。东、中、西部地区的研发经费投入都有了很大增长，中部地区的研发经费投入增长最快，东部地区与中部地区相差不大，西部地区增长最慢；东、中、西部地区的研发人力投入也有了一定增长，东部地区增长最快，中部地区次之，西部地区最慢。由于中、西部地区的经济基础和政策条件的限制，创新人才被吸引到了东部地区，使中、西部地区的创新人力投入增长缓慢。

图 4-2 和图 4-3 显示了 2000—2016 年中国东、中、西部地区高技术产业研发经费投入和研发人力投入的差异。从图 4-2、图 4-3 中可以看出，东部地区的高技术产业研发经费投入和研发人力投入一直远大于中、西部地

区。2000年东部地区的高技术产业研发经费投入分别是中、西部地区的7.37倍和5.06倍，2016年分别为6.74倍和8.72倍，说明中部地区的研发经费投入与东部地区的差距没有缩小太多，西部地区的研发经费投入与东部地区的差距扩大了。2000年东部地区的研发人力投入分别是中、西部地区的2.81倍和1.89倍，2016年分别为5.37倍和8.30倍，说明中、西部地区的研发人力投入与东部地区的差距扩大了很多。由于东部地区的创新资源基数大，增长速度又快于中、西部地区，因此中、西部地区的创新资源与东部地区的差距在扩大，这将严重影响中、西部地区的高技术产业技术创新。

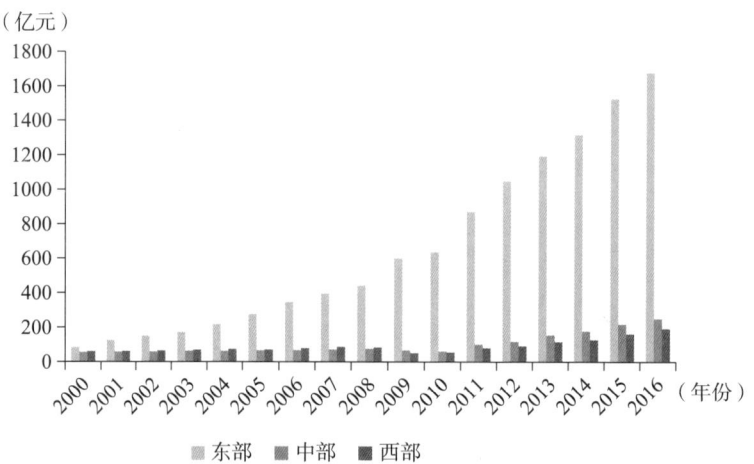

图4-2 2000—2016年中国东、中、西部地区高技术产业研发经费投入

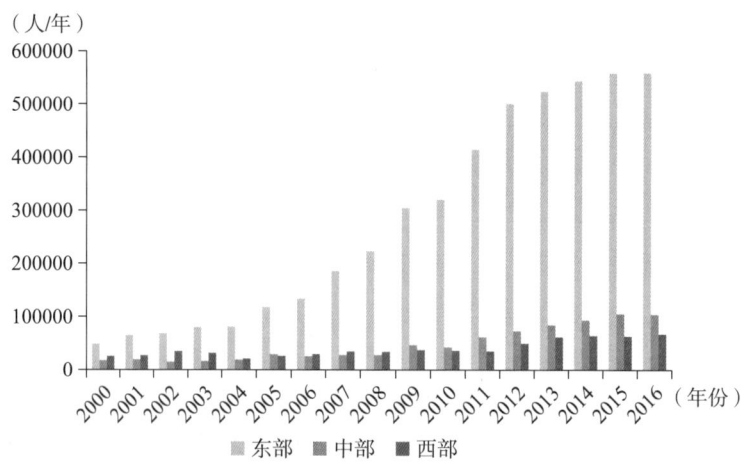

图4-3 2000—2016年中国东、中、西部地区高技术产业研发人力投入

(三) 各省份高技术产业创新投入的时空演变特征

2000年中国高技术产业研发经费投入比重按空间分布，在第一梯度的省份是北京、天津、山东、江苏、上海、广东和陕西，除陕西外，其余6个省份均位于东部地区，这7个省份的高技术产业研发经费投入比重占全国的比重为75.77%。在第二梯度的省份是黑龙江、辽宁、河北、浙江、福建、湖北、江西和四川，其中4个东部省份、3个中部省份和1个西部省份，这8个省份的高技术产业研发经费投入占全国的比重为18.75%。其余省份属于第三和第四梯度，其余16个省份的高技术产业研发经费投入占全国的比重仅为5.48%。由此可见，2000年中国高技术产业研发经费投入的空间差异特征非常明显，即高技术产业的研发经费绝大部分集中在东部地区，而中、西部地区除个别省份外大部分省份的研发经费很少。

2016年与2000年相比，高技术产业研发经费投入的空间格局发生了一些变化，即天津、陕西由第一梯度下降到第二梯度，浙江和福建由第二梯度上升为第一梯度，属于第一梯度的省份全部位于东部地区；黑龙江、辽宁、江西由第二梯度下降为第三梯度，河南、安徽、湖南由第三梯度上升为第二梯度，属于第二梯度的省份东部地区2个、中部地区4个、西部地区2个。空间格局总体变化不大，中、西部地区部分省份的研发经费投入有了明显增加，但研发经费投入在东、中、西部地区之间存在的空间差异没有本质改变。

2000年各省高技术产业研发人力投入的空间分布与研发经费投入的空间分布有少许差异，辽宁、江西的研发人力投入在第一梯度，研发经费投入在第二梯度；天津、山东的研发人力投入在第二梯度，研发经费投入在第一梯度。2016年各省份高技术产业研发人力投入的空间分布与研发经费投入的空间分布完全相同。与研发经费投入类似，东、中、西部省份的高技术产业研发人力投入存在较大差异，且随时间没有根本改变。

三、区域高技术产业创新产出的时空演变

(一) 中国高技术产业创新产出总体状况

随着高技术产业创新投入的不断增加，中国高技术产业的创新能力也不断增强。高技术产业专利申请数从 2000 年的 2245 件增加到 2016 年的 185913 件,增长了近 82 倍。高技术产业新产品销售收入比重由 2000 年的 24.71%增长到 2016 年的 31.16%,增长了 6.45%。图 4-4 显示了 2000—2016 年中国高技术产业专利申请数和新产品销售收入比重的变化趋势。从图 4-4 中可以看出,专利申请数在 2000—2008 年增长缓慢,国际金融危机过后,大部分高技术企业积极吸取金融危机教训,更加重视技术创新,研发投入增加更多,专利申请数急剧增加。高技术产业新产品销售收入比重在 2000—2006 年呈下降趋势,2006 年之后缓慢上升。说明 2000—2006 年中国高技术产业的创新能力在下降,高技术产业的发展主要靠规模优势和低成本优势,2006 年之后创新能力有所增强。中国高技术产业专利申请数增长很多,但新产品销售收入比重并没有很大提高,表明高技术产业的科技转化率较低。

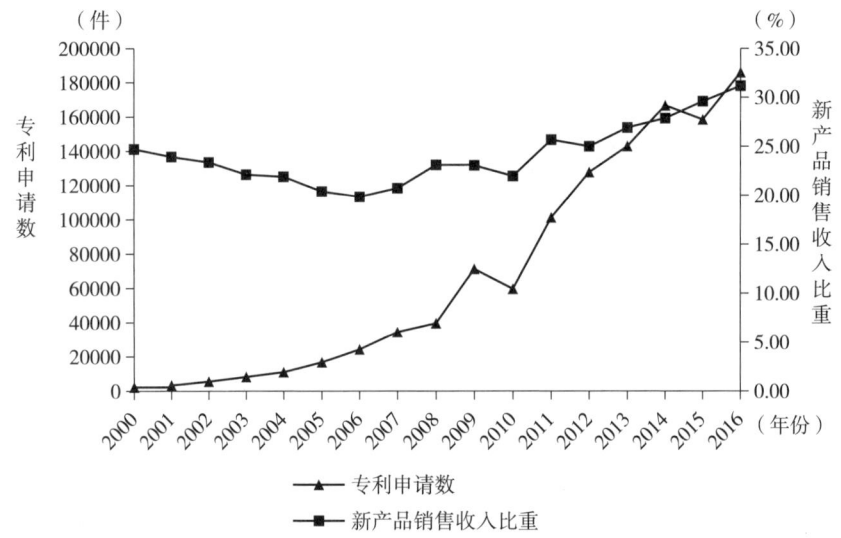

图 4-4 2000—2016 年中国高技术产业专利申请数和新产品销售收入比重

(二) 东、中、西部地区高技术产业创新产出状况

从专利申请数看,东部地区的专利申请数由 2000 年的 1569 件增加到 2016 年的 146403 件,增长了 92.31 倍;中部地区的专利申请数由 2000 年的 254 件增加到 2016 年的 23909 件,增长了 93.13 倍;西部地区的专利申请数由 2000 年的 422 件增长到 2016 年的 15601 件,增长了 35.97 倍。说

明样本期间，东、中、西部地区的高技术产业专利申请数都有了较大增长，东部地区和中部地区增速较快，且相差不大，西部地区增速较慢，表明东部和中部地区的技术创新能力有了极大提高。图4-5显示了2000—2016年中国东、中、西部地区高技术产业专利申请数的差异。从图4-5中可以看出，东部地区的高技术产业专利申请数一直远大于中、西部地区，说明东部地区的创新能力远高于中、西部地区。2000年东部地区的高技术产业专利申请数分别是中、西部地区的6.18倍和3.72倍，2016年分别为6.12倍和9.38倍。这表明，随着时间的推移，中部地区的高技术产业创新能力与东部地区的差距基本没变，而西部地区与东部地区的差距在扩大。三大地区高技术产业专利申请数的情况与研发经费投入的情况是一致的。

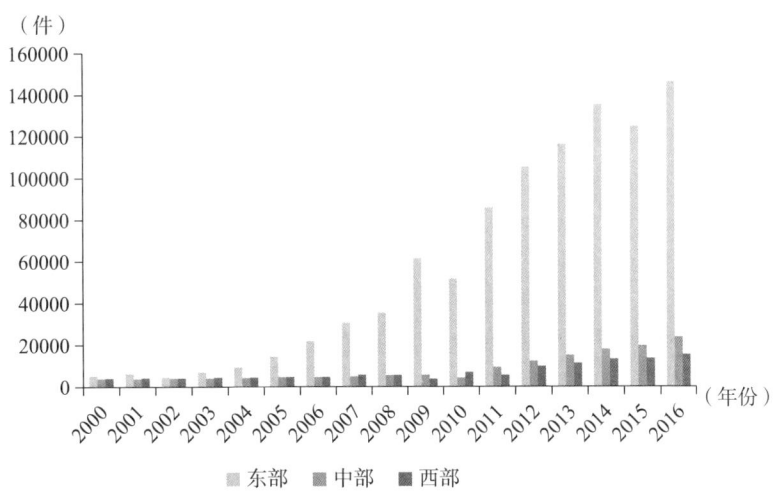

图4-5 2000—2016年中国东、中、西部地区高技术产业专利申请数

从新产品销售收入比重来看，东部地区高技术产业新产品销售收入比重在2000—2016年的均值为25.45%，中部地区的均值为17.01%，西部地区的均值为21.09%，表明东部地区的创新能力最强，西部地区次之，中部地区最低。中部地区的专利申请数高于西部地区，但新产品销售收入比重却低于西部地区，说明中部地区高技术产业的快速发展主要依赖规模扩张方式，创新意识不足，成果转化率低。图4-6显示了2000—2016年东、中、西部地区高技术产业新产品销售收入比重的变化趋势。从图4-6中可以看出，东部地区新产品销售收入比重的变化与全国新产品销售收入比重的变动趋势相似。中部地区和西部地区的新产品销售收入比重的变动趋势与东部地区有很大不同，波动较大。中部地区与西部地区相比，2013年之前中部地区的新产品销售收入比重低于西部地区，但2013年之后高于西部地区，说明2013年之前中部地区的创新能力低于西部地区，2013年之后加强了创新，创新能力高于西部地区。

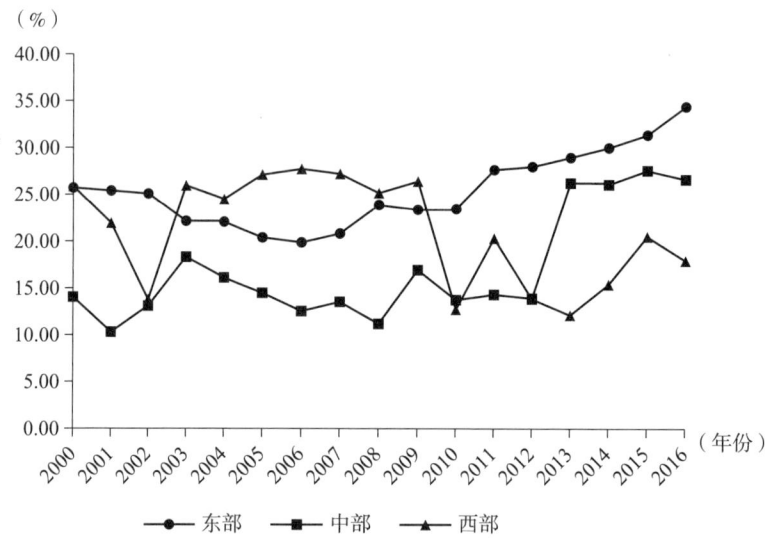

图4-6 2000—2016年中国东、中、西部地区高技术产业新产品销售收入比重

（三）各省份高技术产业创新产出的时空演变特征

2000年高技术产业专利申请数按空间分布，在第一梯度的省份是天津、山东、江苏、上海、广东、湖北和四川，除湖北和四川外，其余5个省份位于东部地区，这7个省份的高技术产业专利申请数占全国的比重为72.34%，说明2000年高技术产业创新的集聚特征比较明显，主要集聚在东部地区，但中部地区的湖北和西部地区的四川也是高技术产业的主要创新极。属于第二梯度的省份是黑龙江、浙江、福建、陕西、重庆、湖南、云南和宁夏，其中浙江和福建位于东部地区，黑龙江和湖南位于中部地区，陕西、重庆、云南和宁夏位于西部地区，这8个省份的高技术产业专利申请数占全国的比重为18.22%。其余省份属于第三和第四梯度，其余省份的高技术产业专利申请数占全国的比重仅为9.44%。由此可见，2000

年中国高技术产业创新能力的空间差异特征非常明显，即创新能力强的省份大部分集中在东部地区，中、西部地区除个别省份具有较强的创新能力外，大部分省份的创新能力都很低。

2016年与2000年相比，中国高技术产业专利申请数的空间格局发生了一些变化。天津和湖北由第一梯度下降为第二梯度，北京由第四梯度上升为第一梯度，浙江由第二梯度上升为第一梯度；黑龙江由第二梯度下降为第三梯度，陕西、云南由第二梯度下降为第三梯度，宁夏由第二梯度下降为第四梯度，辽宁、江西由第三梯度上升为第二梯度，安徽由第四梯度上升为第二梯度。由此可见，随着时间的推移，中部地区一些省份的创新能力有了一定提高，但高技术产业创新能力强的地区依然是东部地区，高技术产业的创新能力在东、中、西部之间存在的空间差异没有根本变化。

2000年高技术产业新产品销售收入比重按空间分布，在第一梯度的省份是北京、天津、山东、福建、宁夏、甘肃和四川，其中北京、天津、山东和福建位于东部地区，宁夏、甘肃和四川位于西部地区，这些省份具有较强的创新能力。属于第二梯度的省份有东部地区的江苏、上海、浙江、广东和河北，中部地区的黑龙江和河南，以及西部地区的陕西，这些省份的创新能力次之。其余省份属于第三和第四梯度，创新能力较差。说明从新产品销售收入比重看，2000年各省高技术产业的创新能力具有比较明显的空间差异，创新能力强的省份大部分集中在东部地区，中、西部地区除个别省份外，大部分省份的创新能力都很低。

2016年与2000年相比，高技术产业新产品销售收入比重的空间格局发生了一些变化。2016年高技术产业新产品销售收入比重在第一梯度的省份是北京、天津、浙江、广东、河南、湖南和宁夏，其中北京、天津、浙江和广东位于东部地区，河南和湖南位于中部地区，宁夏位于西部地区。属于第二梯度的省份有东部的辽宁、山东、江苏和福建，中部的安徽和湖北，以及西部的重庆和甘肃。由此可见，随着时间的推移，西部地区一些省份的新产品销售收入比重有所降低，中部地区一些省份的新产品销售收入比重有所提高，各个省份的新产品销售收入比重发生了一定变化，但总体而言，高技术产业创新能力强的地区还是东部地区，中、西部地区与东部地区的差距依然存在。

第二节　区域高技术产业技术创新效率的时空演变

2000年以来，中国高技术产业的创新投入增加了很多，专利申请数也有了较大增长，但拥有自主知识产权的核心技术不多，新产品销售收入比重增长也不多，说明中国高技术产业创新的效率不高。仅仅用研发投入和研发产出并不能全面反映中国高技术产业的创新能力，创新效率也是反映创新能力的一个重要方面。本章除了从创新投入和创新产出方面说明中国高技术产业的创新能力外，还将从创新效率的角度进行说明。

一、高技术产业创新过程

目前，学者们对于高技术产业创新效率的研究可以归为两类：一类是单阶段评价，即将高技术产业创新过程看作一个只有初始投入和最终产出的大系统，中间过程作为"黑箱"来处理，只计算一个创新效率。如朱有为（2006）、官建成（2009）等。另一类是两阶段评价，考虑创新的具体过程，将创新过程分为技术研发和成果转化两个阶段，同时计算技术研发效率和成果转化效率。第二类方法在近年来得到了广泛的应用，如冯锋（2011）、冯志军（2014）等。高技术产业创新是从研发、生产到市场销售的一系列复杂过程。首先是利用创新投入开发出专利或新产品等科技成果，然后再利用创新成果生产出新产品，将产品推向市场并获取经济收益。高技术产业的技术创新过程是相互联系的两个阶段构成的链式结构，如图4-7所示。考虑到高技术产业创新过程的特点，计算两阶段效率能更反映其创新过程的投入产出状况，因此，本章将高技术产业的创新过程细分为技术研发和成果转化两个阶段，分别计算两个阶段的效率，以期了解中国高技术产业创新两阶段效率的状况。

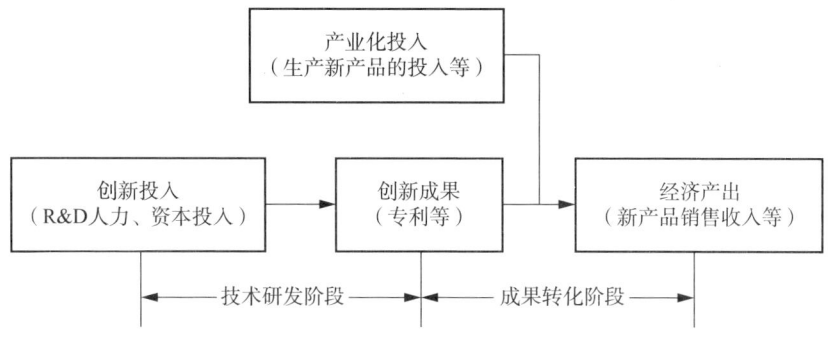

图 4-7 高技术产业技术创新过程

二、研究方法选择及模型简介

（一）研究方法选择

测算效率的常用方法有 DEA 法和 SFA 法两种。DEA 法是一种非参数方法，不需要设定生产函数，不需要估计参数，而是用线性规划技术建立生产前沿面，通过判断决策单元是否在最佳前沿面上或以与最佳前沿面的距离来测算效率。SFA 法需要设定生产函数，构造具有扰动项的随机边界作为最佳生产前沿，同样通过对比各样本点与最佳生产前沿的距离来测算效率，SFA 法是在估计生产函数的基础上测算效率，是一种参数方法。SFA 法一般适用于单输出的情况，不适用多输出的情形，而 DEA 法则可以处理多投入多输出的情形。鉴于高技术产业创新过程是一个连续、系统的复杂过程，涉及技术研发和成果转化两个阶段，投入产出指标较多，运用 DEA 法较为合适。

自 Charnes、Cooper 和 Rhodes 于 1978 年提出 DEA 法以来，先后出现了许多 DEA 模型，如 CCR 模型、BCC 模型、FG 模型等，使 DEA 法在实践中得到了广泛应用。DEA 法使用初始投入和最终产出而忽略对中间过程的"黑箱"评价，不适于人们对于系统内部中间过程效率的更精细化的了解，这就要求人们寻找新方法打开"黑箱"。网络 DEA 模型是解决这一问题的重要方法，网络 DEA 模型可以计算具有网络结构的多阶段投入产出过程子阶段的效率以及整体效率。Fare（1996）首次提出了网络 DEA 模型的概念，其后，他们对网络 DEA 法进行了一系列的研究，形成了比较完整的理论体系。随后其他一些学者进一步对网络 DEA 法进行了研究。Lewis（2004）提出了序列 DEA 模型，该模型首先采用 DEA 法确定在输入不变条件下第一阶段的产出前沿，即中间产出前沿，然后在中间产出实现前沿产出的条件下，测算第二阶段的产出前沿，从而计算整个生产系统的技术效率。Chen（2004）提出了一个纳入动态效应的网络 DEA 模型。魏权龄（2010）针对多阶段网络结构提出了链式网络 DEA 模型，给出了网络决策单元的网络 DEA 有效性和各阶段弱 DEA 有效性的关系。链式网络 DEA 法能够刻画生产过程各子阶段之间的联系及其对系统整体效率的影响。结合高技术产业创新过程的特点，本章采用链式网络 DEA 法测算高技术产业创新过程两个阶段的效率以及整体效率。

用 DEA 法测算效率时，常用的径向 DEA 模型没有考虑投入产出的松弛变量问题，这将导致径向 DEA 效率测度会高估评价对象，使用 SBM 模型（一种较为完善的 DEA 拓展模型）可以避免这一问题，因此本章在用网络 DEA 法测算高技术产业创新效率时采用网络 SBM 模型。

（二）链式网络 DEA 模型简介

高技术产业技术创新过程的两阶段链式结构如图 4-8 所示。

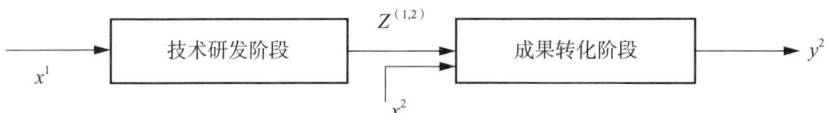

图 4-8 高技术产业技术创新过程的两阶段链式结构

假设 $DMU_j(j=1, 2, \cdots, n)$ 在技术研发阶段的投入为 $x_j^1 = (x_{1j}^1, x_{2j}^1, \cdots, x_{m_j}^1)$，技术研发发阶段的产出即中间产出变量为 $z_j^{(1,2)} = (z_{1j}^{(1,2)}, z_{2j}^{(1,2)}, \cdots, z_{pj}^{(1,2)})$，技术转化过程的中间投入为 $x_j^2 = (x_{1j}^2, x_{2j}^2, \cdots, x_{m_j}^2)$，最终产出为 $y_j^2 = (y_{1j}^2, y_{2j}^2, \cdots, y_{rj}^2)$，则技术研发阶段的生产可能集为：

$$T^1 = \left\{ (x^1, z^{(1,2)}) \mid \sum_{j=1}^n \lambda_j^1 x_{ij}^1 \leqslant x_{i0}^1, \sum_{j=1}^n \lambda_j^1 z_{tj}^{(1,2)} \geqslant z_{t0}^{(1,2)}, \right.$$
$$\left. i = 1, 2, \cdots, m_1, t = 1, 2, \cdots, p \right\} \tag{4-2}$$

技术转化阶段的生产可能集为：

$$T^2 = \left\{ (x^2, z^{(1,2)}, y^2) \mid \sum_{j=1}^n \lambda_j^2 x_{ij}^2 \leqslant x_{i0}^2, \sum_{j=1}^n \lambda_j^2 z_{tj}^{(1,2)} \leqslant z_{t0}^{(1,2)}, \sum_{j=1}^n \lambda_j^2 y_{qj}^2 \geqslant y_{q0}^2, \right.$$
$$\left. i = 1, 2, \cdots, m_2, t = 1, 2, \cdots, p, q = 1, 2, \cdots, r \right\} \tag{4-3}$$

在可变规模报酬假设下，高技术产业技术创新过程的投入导向的链式网络 SBM 模型为：

$$\rho^* = \min_{\lambda^k, s^{k-}} \sum_{k=1}^{2} w_k \left[1 - \frac{1}{m_k} \left(\sum_{i=1}^{m_k} \frac{s_i^{k-}}{x_{i0}^k} \right) \right] \tag{4-4}$$

$$s.t.\ x_{i0}^k = \sum_{j=1}^{n} \lambda_j^k x_{ij}^k + s_i^{k-} \ (i = 1, 2, \cdots, m_k)$$

$$y_{q0}^k = \sum_{j=1}^{n} \lambda_j^k y_{qj}^k - s_q^{k+} \ (q = 1, 2, \cdots, r)$$

$$\sum_{j=1}^{n} \lambda_j^1 z_{tj} = \sum_{j=1}^{n} \lambda_j^2 z_{tj},\ (t = 1, 2, \cdots, p),\ \sum_{j=1}^{n} \lambda_j^k = 1$$

$$\lambda_j^k \geq 0,\ s_i^{k-} \geq 0,\ s_q^{k+} \geq 0,\ w_k \geq 0,\ \sum_{k=1}^{2} w_k = 1$$

其中，ρ^* 表示所计算的 DMU 的总效率，即技术创新总效率；s_i^{k-} 和 s_q^{k+} 分别表示子过程 k 的投入松弛变量和产出松弛变量；w_k 为子过程 k 的相对权重，本章对两个创新子过程的效率值采用相同的权重进行加权。

若 $\lambda_j^{k*}(j=1, 2, \cdots, n)$，$s_i^{k-*}(i=1, 2, \cdots, m_k)$ 为模型的最优解，则 DMU 整体及子过程 k 的效率分别为：$\rho^* = \sum_{k=1}^{2} w_k \left[1 - \frac{1}{m_k} \left(\sum_{i=1}^{m_k} \frac{s_i^{k-*}}{x_{i0}^k} \right) \right]$，$\rho_k^* = 1 - \frac{1}{m_k} \left(\sum_{i=1}^{m_k} \frac{s_i^{k-*}}{x_{i0}^k} \right)$，$k = 1, 2$。显然，整体效率 ρ^* 等于子过程效率 ρ_k^* 的加权平均，即 $\rho^* = \sum_{k=1}^{2} w_k \rho_k^*$。

三、指标选取与数据来源

技术研发是创新过程的第一阶段，是 R&D 活动开发新知识、新技术的过程。在这一阶段 R&D 资源是最重要的投入要素，一般包括资金投入和人员投入。本章借鉴贾净雪（2012）的方法，选取 R&D 内部经费支出作为研发经费投入的衡量指标，R&D 人员折合全时当量、R&D 科学家和工程师人数作为研发人力投入的衡量指标。

专利是第一阶段的主要产出，年鉴中公布了专利申请数和有效发明专利数。有效发明专利需要通过专利审查机构审查，一般滞后专利申请 1~2 年，因此很多分析都采用专利申请数作为创新产出的衡量指标。除专利之外，新产品开发项目作为一种非专利产出，包含的创新范围更加广泛，可以作为专利产出指标的补充。本章即选取专利申请数和新产品开发项目作为创新过程第一阶段的产出指标。

科技成果转化阶段较为复杂，将技术成果转化为产品并且市场化，这一阶段既有资金和人员投入，也有技术投入，而产出则是在市场上销售的新产品。借鉴刘树林（2015）的方法，将创新过程第一阶段的产出指标——专利申请数和新产品开发项目作为技术投入指标，资金投入指标为新产品开发经费支出和新增固定资产投资，人员投入指标为非R&D科技活动人员数和高技术产业从业人员数。科技成果转化阶段的产出指标则为新产品销售收入和新产品出口额。

R&D内部经费支出、新产品开发经费支出和新增固定资产投资是流量指标，应当转化成存量指标。通常采用永续盘存法进行估算，永续盘存法的计算公式为：

$$K_{it} = I_{it} + (1-\delta) K_{it-1} \tag{4-5}$$

其中，K_{it}、I_{it}分别表示存量指标和流量指标。固定资产的折旧率采用刘志迎和叶蓁（2006）的做法，研发资本的折旧率采用武鹏等（2010）的做法，均取为15%。基期K_0由$I_0/(g+\delta)$确定，其中g为各流量指标的平均增长率。

综上所述，高技术产业技术创新效率测度投入产出指标如表4-1所示。

表4-1 高技术产业技术创新效率测度投入产出指标

第一阶段：技术研发阶段				
投入指标			产出指标	
资金投入	研发资本存量	x_1	专利申请数	y_1
人员投入	R&D人员折合全时当量	x_2	新产品开发项目	y_2
	R&D科学家和工程师人数	x_3		
第二阶段：成果转化阶段				
投入指标			产出指标	
技术投入	专利申请数	y_1	新产品销售收入	y_3
	新产品开发项目	y_2	新产品出口额	y_4
资金投入	新产品开发资本存量	x_4		
	新增固定资产资本存量	x_5		
人员投入	非R&D科技活动人员数	x_6		
	高技术产业从业人员数	x_7		

本节使用的数据是 2000—2016 年全国 28 个省份的面板数据（西藏、青海、新疆的数据缺失较多，故舍去），数据来源与上一节相同。研发资本存量、新产品开发资本存量和新增固定资产存量用永续盘存法计算，非 R&D 科技活动人员数用科技活动人员数减去 R&D 科学家和工程师人数得到，高技术产业从业人员数利用新产品销售收入占主营业务收入的比重再乘以高技术产业从业人员数进行估算，其余指标直接从年鉴中获取。对样本中的缺失数据用平滑法进行处理。

为消除价格变动影响，用研发支出价格指数将高技术产业研发经费支出和新产品开发经费支出转化为 2000 年不变价，用固定资产价格指数和工业生产者出厂价格指数将新增固定资产投资和新产品销售收入以及新产品出口额转化为 2000 年不变价。

四、高技术产业创新两阶段效率测算结果

（一）区域创新两阶段效率的测算与分析

技术创新的周期较长，当年投入不一定转化为产出，往往存在一定的时滞，因此在计算创新效率时大多数学者进行了滞后处理。本章采取同样的做法，对技术创新过程两个阶段的产出分别做出 1 年的滞后处理，即科技研发投入使用 2000—2014 年数据，中间产出与成果转化投入使用 2001—2015 年数据，最终产出则使用 2002—2016 年数据。

运用 MAXDEA 软件对中国 28 个省份高技术产业的技术创新效率（E）、技术研发效率（E1）和成果转化效率（E2）进行测算，计算结果如表 4-2 所示。

1. 高技术产业技术创新整体效率的区域差异和时空演变

从表 4-2 中可以看出，2000—2016 年中国高技术产业技术创新整体效率不高，年均值为 0.492。各省份高技术产业技术创新效率的差异比较明显，高于全国平均值的省份有 12 个，分别是广东、天津、江苏、北京、上海、福建、海南、浙江、山东、四川、重庆和山西，其中广东的技术创新效率位于生产前沿面上。海南的技术创新效率较高，说明虽然海南的高技术产业规模偏小，但创新资源投入的相对效率较高，存在较少的创新资源

浪费。技术创新效率在0.3以下的省份有5个，分别是江西、黑龙江、甘肃、宁夏和贵州。说明全国有多数省份存在着管理水平不足和研发投入浪费问题，对创新资源的利用效率较低。从三大地区来看，2000—2016年，东、中、西部地区高技术产业技术创新效率的平均值分别为0.666、0.395和0.365，东部地区的技术创新效率最高，中、西部地区与东部地区有明显差距。

表4-2 2000—2016年中国各省份高技术产业技术创新效率

地区	2000—2006年			2005—2011年			2010—2016年			2000—2016年		
	E	E1	E2	E	E1	E2	E	E1	E2	E	E1	E2
北京	0.505	0.516	0.494	1.000	1.000	1.000	0.935	0.964	0.907	0.805	0.817	0.793
天津	0.923	0.845	1.000	0.885	0.770	1.000	0.858	0.716	1.000	0.891	0.782	1.000
河北	0.320	0.336	0.303	0.340	0.393	0.287	0.427	0.461	0.393	0.357	0.392	0.323
山西	0.495	0.703	0.287	0.629	0.908	0.351	0.426	0.572	0.280	0.523	0.739	0.308
内蒙古	0.425	0.450	0.401	0.394	0.429	0.360	0.372	0.349	0.395	0.399	0.413	0.384
辽宁	0.424	0.437	0.411	0.360	0.390	0.330	0.311	0.359	0.263	0.369	0.398	0.340
吉林	0.186	0.228	0.144	0.348	0.437	0.260	0.493	0.588	0.399	0.332	0.406	0.258
黑龙江	0.300	0.301	0.300	0.212	0.247	0.190	0.254	0.293	0.216	0.258	0.279	0.237
上海	0.798	0.843	0.752	0.778	0.775	0.781	0.447	0.552	0.341	0.690	0.736	0.645
江苏	0.551	0.657	0.446	0.904	0.916	0.891	1.000	1.000	1.000	0.805	0.847	0.763
浙江	0.532	0.720	0.344	0.483	0.624	0.342	0.733	1.000	0.466	0.572	0.766	0.378
安徽	0.478	0.481	0.475	0.395	0.488	0.302	0.537	0.637	0.437	0.465	0.528	0.402
福建	0.734	0.467	1.000	0.734	0.492	0.976	0.517	0.380	0.655	0.672	0.451	0.893
江西	0.232	0.242	0.222	0.263	0.313	0.212	0.306	0.372	0.240	0.264	0.305	0.224
山东	0.582	0.867	0.297	0.584	0.686	0.483	0.529	0.571	0.488	0.568	0.718	0.418
河南	0.255	0.333	0.177	0.285	0.372	0.197	0.821	0.840	0.802	0.427	0.492	0.363
湖北	0.263	0.304	0.223	0.588	0.780	0.396	0.430	0.462	0.399	0.427	0.519	0.335
湖南	0.251	0.282	0.219	0.534	0.580	0.488	0.631	0.761	0.501	0.461	0.525	0.396
广东	1.000	1.000	1.000	1.000	1.000	1.000	1.000	1.000	1.000	1.000	1.000	1.000
广西	0.412	0.346	0.478	0.309	0.346	0.272	0.414	0.463	0.365	0.376	0.379	0.372
海南	0.507	0.664	0.349	0.710	0.727	0.694	0.567	0.586	0.549	0.597	0.664	0.529
重庆	0.498	0.412	0.583	0.534	0.525	0.542	0.594	0.596	0.592	0.538	0.505	0.571
四川	0.488	0.765	0.212	0.486	0.660	0.312	0.725	1.000	0.449	0.555	0.795	0.316
贵州	0.167	0.189	0.145	0.219	0.258	0.181	0.273	0.269	0.278	0.216	0.236	0.196
云南	0.323	0.262	0.383	0.481	0.418	0.545	0.420	0.305	0.535	0.407	0.330	0.484
陕西	0.331	0.412	0.249	0.328	0.360	0.296	0.317	0.329	0.304	0.326	0.370	0.282

续表

地区	2000—2006 年			2005—2011 年			2010—2016 年			2000—2016 年		
	E	E1	E2	E	E1	E2	E	E1	E2	E	E1	E2
甘肃	0.089	0.083	0.096	0.266	0.298	0.234	0.427	0.521	0.333	0.249	0.285	0.213
宁夏	0.220	0.211	0.230	0.223	0.312	0.134	0.208	0.251	0.165	0.218	0.258	0.177
全国	0.439	0.477	0.401	0.510	0.554	0.466	0.535	0.578	0.491	0.492	0.533	0.450
东部	0.625	0.668	0.582	0.707	0.707	0.708	0.666	0.690	0.642	0.666	0.688	0.644
中部	0.308	0.359	0.256	0.408	0.516	0.299	0.487	0.566	0.409	0.395	0.474	0.315
西部	0.328	0.348	0.309	0.360	0.401	0.320	0.417	0.454	0.379	0.365	0.397	0.333

从时空演变来看，中国高技术产业技术创新效率在 2000—2006 年、2005—2011 年以及 2010—2016 年三个时间段的平均值呈上升趋势。说明从整体上看中国高技术产业的创新资源的利用效率在提高。在三个时间段上各省份高技术产业技术创新效率的差异均比较明显。2000—2006 年，技术创新效率高于全国平均值（0.439）的省份为广东、天津、上海、福建、山东、江苏、浙江、海南、北京、重庆、山西、四川和安徽，其中广东位于生产前沿面上，技术创新效率最低的贵州和甘肃分别为 0.167 和 0.089。2005—2011 年，技术创新效率高于全国平均值（0.510）的省份为北京、广东、江苏、天津、上海、福建、海南、山西、湖北、山东、湖南和重庆，其中北京和广东位于生产前沿面上，技术创新效率最低的贵州和黑龙江分别为 0.219 和 0.212。2000—2006 年和 2005—2011 年两个时间段相比，浙江、四川和安徽的技术创新效率下降到全国平均值之下，湖北和湖南上升到全国平均值之上。2010—2016 年，技术创新效率高于全国平均值（0.535）的省份为江苏、广东、北京、天津、河南、浙江、四川、湖南、重庆、海南和安徽，其中江苏和广东位于生产前沿面上，技术创新效率最低的黑龙江和宁夏分别为 0.254 和 0.208。2005—2011 年和 2010—2016 年两个时间段相比，上海、福建、山西、湖北和山东的技术创新效率下降到全国平均值之下，河南、浙江、四川和安徽上升到全国平均值之上。

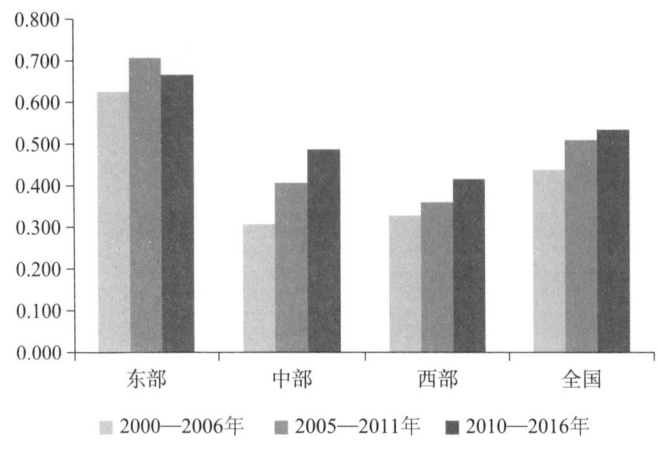

图 4-9　中国三大区域不同时间段的技术创新效率

图 4-9 显示了东、中、西部地区在 2000—2006 年、2005—2011 年以及 2010—2016 年三个时间段的高技术产业技术创新效率的差异。从图 4-9 中可以看出，在三个时间段，东部地区的技术创新效率均大于全国平均值，中、西部地区小于全国平均值，中、西部地区的技术创新效率与东部地区有明显差距。从时空演变看，东部地区的技术创新效率先上升后下降，中、西部地区的技术创新效率一直上升，且中部地区的上升幅度大于西部地区，中部地区的技术创新效率与东部地区的差距一直在缩小，西部地区与东部地区的差距先有所扩大后又缩小。

2. 高技术产业技术研发效率的区域差异和时空演变

从表 4-2 中可以看出，2000—2016 年全国高技术产业技术研发效率的平均值为 0.533，高于技术创新整体效率的平均值。各省份高技术产业技术研发效率的差异与技术创新整体效率一样，差异比较明显，高于全国平均值的省份有 10 个，分别是广东、江苏、北京、四川、天津、浙江、山西、上海、山东和海南，其中广东的技术研发效率位于生产前沿面上。技术研发效率在 0.3 以下的省份有 4 个，分别是甘肃、黑龙江、宁夏和贵州。从三大地区来看，2000—2016 年，东、中、西部地区技术研发效率的平均值分别为 0.688、0.474 和 0.397，东部地区的技术研发效率最高，中部地区次之，西部地区最低。

从时空演变来看，高技术产业技术研发效率在 2000—2006 年、2005—

2011年以及2010—2016年三个时间段的平均值呈上升趋势。说明从整体上看中国高技术产业在技术研发阶段对创新资源的利用效率在提高。在三个时间段上各省份高技术产业技术研发效率的差异均比较明显。2000—2006年，技术研发效率高于全国平均值（0.477）的省份为广东、山东、天津、上海、四川、浙江、山西、海南、江苏、北京和安徽，其中广东位于生产前沿面上，技术研发效率最低的贵州和甘肃分别为0.189和0.083。2005—2011年，技术研发效率高于全国平均值（0.554）的省份为北京、广东、江苏、山西、湖北、上海、天津、海南、山东、四川、浙江和湖南，其中北京和广东位于生产前沿面上，技术研发效率最低的贵州和黑龙江分别为0.258和0.247。2000—2006年和2005—2011年两个时间段相比，安徽下降到全国平均值之下，湖北和湖南上升到全国平均值之上。2010—2016年，技术研发效率高于全国平均值（0.578）的省份为江苏、浙江、广东、四川、北京、河南、湖南、天津、安徽、重庆、吉林和海南，其中江苏、浙江、广东和四川位于生产前沿面上，技术研发效率最低的贵州和宁夏分别为0.269和0.251。2005—2011年和2010—2016年两个时间段相比，山西、湖北、上海和山东的技术创新效率下降到全国平均值之下，河南、安徽、重庆和吉林上升到全国平均值之上。

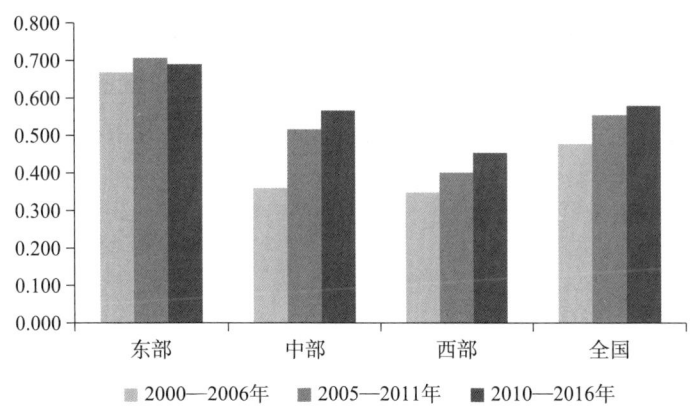

图4-10 中国三大区域不同时间段的技术研发效率

图4-10显示了东、中、西部地区在2000—2006年、2005—2011年以及2010—2016年三个时间段的高技术产业技术研发效率的差异。从图4-10中可以看出，在三个时间段，东部地区的技术研发效率均大于全国平均

值，中、西部地区均小于全国平均值，中、西部地区的技术研发效率与东部地区有明显差距。东部地区具有明显的资金和人才优势，因此具有较高的技术研发效率。从时空演变看，东部地区的技术研发效率先上升后下降，中、西部地区的技术研发效率一直上升且上升幅度较大，中、西部地区与东部地区的差距在缩小。

3. 高技术产业成果转化效率的区域差异和时空演变

从表4-2中可以看出，2000—2016年全国高技术产业成果转化效率的平均值为0.450，低于技术创新整体效率的平均值，说明中国高技术产业在成果转化阶段的效率更低，存在较大的创新资源浪费问题，科技成果并未有效转化为商业价值。各省份高技术产业成果转化效率的差异比较明显，高于全国平均值的省份有9个，分别是天津、广东、福建、北京、江苏、上海、重庆、海南和云南，其中天津和广东的成果转化效率位于生产前沿面上。成果转化效率在0.2以下的省份有7个，分别是陕西、吉林、黑龙江、江西、甘肃、贵州和宁夏。从三大地区来看，2000—2016年，东、中、西部地区高技术产业成果转化效率的平均值分别为0.644、0.315和0.333，东部地区的成果转化效率最高，中、西部地区与东部地区有明显差距，三大地区的成果转化效率亦低于技术创新整体效率。

从时空演变来看，高技术产业成果转化效率在2000—2006年、2005—2011年以及2010—2016年三个时间段的平均值呈上升趋势。说明从整体上看中国高技术产业在成果转化阶段创新资源的利用效率在提高。在三个时间段上各省份高技术产业成果转化效率的差异均比较明显。2000—2006年，成果转化效率高于全国平均值（0.401）的省份为天津、福建、广东、上海、重庆、北京、广西、安徽、江苏和辽宁，其中天津、福建和广东位于生产前沿面上，成果转化效率最低的吉林和甘肃分别为0.144和0.096。2005—2011年，成果转化效率高于全国平均值（0.466）的省份为北京、天津、广东、福建、江苏、上海、海南、云南、重庆、湖南和山东，其中北京、天津和广东位于生产前沿面上，成果转化效率最低的贵州和宁夏分别为0.181和0.134。2000—2006年和2005—2011年两个时间段相比，广西、安徽和辽宁的成果转化效率下降到全国平均值之下，海南、云南、湖南和山东上升到全国平均值之上。2010—2016年，成果转化效率高于全国平均值（0.491）的省份为天津、江苏、广东、北京、河南、福建、重庆、海南、云南和湖南，其中天津、江苏和广东位于生产前沿面上，成果转化效率最低的黑龙江和宁夏分别为 0.216 和 0.165。2005—2011 年和 2010—2016 年两个时间段相比，上海和山东的成果转化效率下降到全国平均值之下，河南上升到全国平均值之上。

图 4-11 显示了东、中、西部地区在 2000—2006 年、2005—2011 年以及 2010—2016 年三个时间段的高技术产业成果转化效率的差异。从图 4-11 中可以看出，在三个时间段，东部地区的高技术产业成果转化效率均大于全国平均值，中、西部地区均小于全国平均值，中、西部地区的成果转化效率与东部地区有明显差距。与中、西部地区相比，东部地区具有一定的优势，东部地区经济比较发达，消费者对新产品的需求旺盛，这些因素使得东部地区具有较高的成果转化效率。从时空演变看，东部地区的成果转化效率先上升后下降，中、西部地区的成果转化效率一直上升，中、西部地区与东部地区的差距先扩大后又缩小。

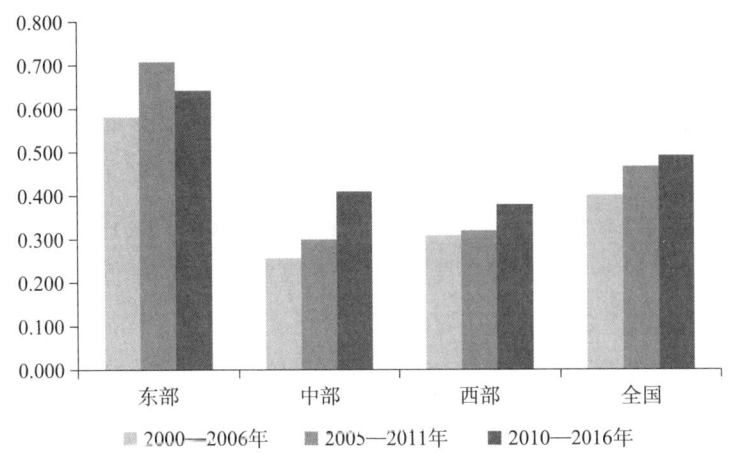

图 4-11　中国三大区域不同时间段的成果转化效率

（二）区域高技术产业创新两阶段效率的分类

将测算的 2000—2016 年各省份高技术产业技术研发效率、成果转化效率绘制成散点图（见图 4-12），然后在图中画出各省份技术研发效率和成果转化效率平均值的两条直线，将平面分成 4 个区域，依次代表高研发高转化、低研发高转化、低研发低转化和高研发低转化 4 种创新资源利用模式。

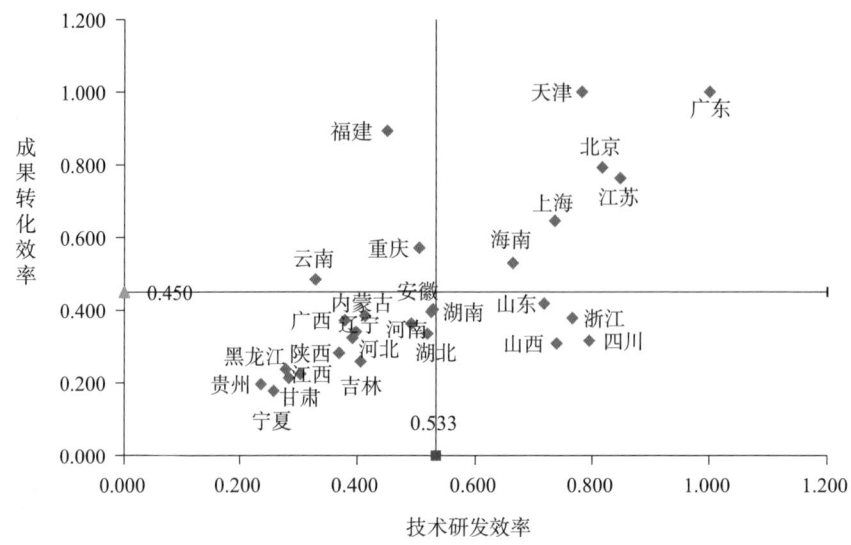

图 4-12　中国各省份高技术产业创新效率模式分类

从图 4-12 中可以看出，高研发高转化类型的省份有 6 个，分别是广东、天津、北京、江苏、上海和海南，这些省份均位于东部地区，具有资金和人才优势，在技术研发阶段和成果转化阶段均具有较高的技术水平和较强的管理能力，对创新资源的利用效率较高。低研发高转化类型的省份是福建、重庆和云南，这 3 个省份在技术研发阶段的效率较低，对科技成果的转化效率较高，意味着在技术研发阶段存在较大的资源浪费问题，在成果转化阶段具有相对有效的成果转化机制。低研发低转化类型的省份有 15 个，分别是安徽、湖南、河南、湖北、内蒙古、广西、辽宁、河北、陕西、吉林、黑龙江、江西、甘肃、贵州和宁夏，这些省份基本上位于中、西部地区，这些地区的研发投入较低，且缺乏具有核心竞争力的人才，因此不仅在技术研发阶段的效率低，在科技成果转化阶段的效率也低。高研发低转化类型的省份是山东、浙江、山西和四川，这 4 个省份的技术研发效率较高，成果转化效率较低，意味着在技术研发阶段对创新资源的利用效率较高，但在成果转化阶段可能存在经济与科技的脱节导致创新资源的利用效率不高。

总体来看，属于高研发高转化类型的省份仅有 6 个，有一半以上的省份属于低研发低转化类型，说明中国大部分省份高技术产业的技术创新效率仍很低，创新资源浪费的现象严重，有很大的提升空间。事实上，这与中国高技术产业目前的状况是一致的，高技术产业的研发投入增加较快，但申请的专利技术层次低，缺乏核心技术，科技成果转化率也很低。虽然中国的高技术产业在创新过程中存在诸多问题，但在研究中发现，随着时间的推移，高技术产业的技术创新效率呈上升趋势，说明中国高技术产业在技术创新过程中对创新资源的利用效率在提高。

第三节 区域高技术产业技术创新存在的问题

一、高技术产业技术水平不高

从 R&D 经费投入看，中国高技术产业的研发经费投入增加很快，但与国外发达国家相比仍较低。高技术产业研发经费投入占工业总产值的比重 2012 年仅为 1.68%，远低于美国 2009 年的 19.74% 和日本 2008 年的 10.50%。[①] 从 R&D 人员投入看，2016 年中国高技术产业 R&D 活动人员全时当量为 730681 人年，比 2000 年增加了 6.98 倍，但缺乏高层次的创新型人才和管理人才。从专利产出看，中国高技术产业 2016 年的专利申请量为 185913 件，比 2000 年增加了近 82 倍，但申请的专利技术层次低，缺乏核心技术，科技成果转化率低。中国高技术产业的相当一部分产品是加工形式，缺乏具有自主知识产权的产品，许多高技术产业产品生产的关键技术依赖进口，比如航空设备、集成电路芯片、关键软件、精密仪器、医疗设备等具有战略意义的产品。从新产品销售收入占比看，新产品销售收入的比重由 2000 年的 24.71% 上升到 2016 年的 31.16%，上升了 6.45%，上升幅度不大。中国高技术产业的专利申请数虽增长很多，但新产品销售收入比重并没有很大提升，说明高技术产业科技成果转化率低。

---

① 数据来自《中国高技术产业统计年鉴》（2013）。

二、高技术产业创新效率不高

中国高技术产业的技术创新整体效率、技术研发效率、成果转化效率在2000—2016年的均值分别为0.492、0.533、0.450，三者均不高，与有效前沿面的差距较大，成果转化效率尤为低下。意味着中国在高技术产业创新过程中存在着管理水平较低和研发投入浪费的问题，对创新资源的利用效率较低，尤其是成果转化阶段，缺乏有效的科技成果转化机制，科技成果与市场存在脱节现象，成果转化效率更低。本章研究的28个省份中属于高研发高转化类型的省份仅有6个，大部分省份高技术产业的技术创新效率很低。中国高技术产业在发展规模不断壮大的同时，需要注意提高技术水平和管理水平，有效利用创新资源，进而提高技术创新效率，特别需要注意科技与经济的结合，创造出有市场需求和市场价值的研发成果，并使高科技成果顺利转化为现实生产力。

三、区域高技术产业技术创新能力差异大

东、中、西部地区的高技术产业在研发投入和研发产出方面存在明显差异。东部地区的研发投入远高于中、西部地区，相应地，研发产出也高于中、西部地区。2016年东部地区的高技术产业研发经费投入分别是中、西部地区的6.74倍和8.72倍，研发人员投入分别是中、西部地区的5.37倍和8.30倍。2016年东部地区的高技术产业专利申请数分别是中、西部地区的6.12倍和9.38倍。2016年东、中、西部地区的高技术产业新产品销售收入比重分别为34.40%、26.63%和17.94%，中、西部地区与东部地区有一定差距。具体到个别省份，高技术产业发展水平低的甘肃、宁夏等省份的研发投入、研发产出与发展水平高的广东、江苏等省份的差距非常大。东、中、西部地区的高技术产业技术创新效率也存在明显差异。技术研发效率和成果转化效率较高的广东、天津、北京、江苏、上海和海南均位于东部地区，技术研发效率和成果转化效率较低的省份基本上都位于中、西部地区。

第四节　本章小结

本章从创新投入、创新产出和创新效率三个方面选取指标对中国高技术产业技术创新的区域差异和时空演变趋势进行了深入分析。2000 年以来，中国高技术产业创新投入与创新产出增长很快。东、中、西部三大地区在创新投入、创新产出两个方面均存在显著差异，且随着时间的推移，中、西部地区的创新投入、创新产出与东部地区的差距在扩大，这将严重影响中、西部地区的高技术产业技术创新水平。总体来看，中国高技术产业的技术创新效率、技术研发效率、成果转化效率均不高，成果转化效率最低。具体来讲，属于高研发高转化类型的省份仅有 6 个，有一半以上的省份属于低研发低转化类型。意味着中国高技术产业在创新过程中管理水平和技术水平不高，存在着创新资源浪费的问题，尤其是科技成果并未有效转化为商业价值。东、中、西部三大地区的技术创新整体效率、技术研发效率、成果转化效率均存在明显差异，东部地区好于中、西部地区，但随着时间的推移，中、西部地区的创新效率与东部地区的差距有所缩小，说明中、西部地区在追赶东部地区。

第五章

区域高技术产业绩效的时空演变趋势

本章主要从产业规模、盈利能力、产出效益以及生产效率四个方面分析高技术产业绩效的区域差异和时空演变。通过对中国区域高技术产业绩效的深入剖析，发现高技术产业绩效存在的问题，为进一步制定高技术产业发展政策提供参考。

第一节 区域高技术产业规模、盈利能力与产出效益的时空演变

一、指标选择与数据说明

（一）指标选择

根据已有研究，学者们常用产业总产值、增加值、利润、销售利润率、产值利税率、增加值率、劳动生产率等指标来衡量产业绩效。借鉴已有的研究成果，考虑到数据的可得性，本章从以下三个方面选取指标衡量高技术产业发展绩效：反映高技术产业发展规模的指标，包括高技术产业总产值和主营业务收入；反映高技术产业盈利能力的指标，包括利润总额和销售利润率；反映高技术产业产出效益的指标，包括劳动生产率和人均利税。

1. 规模指标

产业规模在一定程度上反映了产业的发展水平，规模越大，表明产业的发展水平越高。本章选取高技术产业总产值和主营业务收入两个指标度

量高技术产业发展规模。① 总产值反映了高技术产业的产出能力，主营业务收入反映了高技术产业产品的销售收入水平。这两个指标可以反映高技术产业规模的大小和发展水平的高低，同时也反映了高技术产业产品占有的市场份额和市场地位。因此，将高技术产业总产值和主营业务收入纳入高技术产业绩效的考核指标，用来反映高技术产业发展规模。

2. 盈利能力指标

代表盈利能力的利润是评价企业经济效益的常用指标。如果利润大于零，则说明企业在盈利，利润越多，企业盈利越多。利润为负时，说明企业经营的收入抵不上成本支出和应缴税金，企业产生了亏损。企业要维持经营和长期发展，必须保持正利润。由于利润总额是一个绝对指标，容易受企业规模大小的影响，因此常用利润率来弥补绝对指标的不足。选取利润总额和销售利润率衡量高技术产业的盈利能力，反映高技术产业生产的盈亏状况。销售利润率的计算公式为：

$$销售利润率 = 利润总额/主营业务收入 \times 100\% \qquad (5-1)$$

3. 产出效益

在评价企业经济效益时，学者们常用劳动生产率和人均利税这两个指标。劳动生产率等于企业总产值除以从业人员数，是反映生产力水平和经济效益的重要指标，是产业技术水平和经营管理水平的综合体现。劳动生产率越高，说明企业的生产效率越高，节约的劳动越多，单位劳动的产出效益越高。人均利税等于企业的利税总额除以从业人员数，反映了企业的经济效益和对国家所做的贡献。人均利税水平越高，说明企业的经营状况越好，获利能力越强。因此选取劳动生产率和人均利税这两个人均指标反映高技术产业的产出效益。其计算公式为：

$$劳动生产率 = 总产值/从业人员数 \qquad (5-2)$$

$$人均利税 = 利税总额/从业人员数 \qquad (5-3)$$

（二）数据来源与说明

本章使用的数据是 2000—2016 年全国 31 个省（市、自治区）的面板

---

① 用高技术产业增加值是更好的度量指标，但在 2007 年以后，统计部门不再公布高技术产业增加值数据，因此本章选取高技术产业总产值作为产出指标，其他地方原因同此。

数据，统计数据主要来源于历年的《中国高技术产业统计年鉴》《中国高技术产业发展年鉴》和《中国统计年鉴》。为消除价格变动的影响，将高技术产业总产值用工业生产者出厂价格指数、主营业务收入和利税总额用居民消费价格指数转化为2000年不变价。对各省份2012—2016年高技术产业总产值的数据缺失用主营业务收入的增长速度估算，对各省份2015—2016年高技术产业利税总额的缺失用利润总额的增长速度进行估算，样本中的缺失数据用平滑法进行处理。

二、区域高技术产业规模的时空演变

（一）中国高技术产业总体规模状况

2000年以来，随着经济的不断增长以及有关政策的大力支持，中国高技术产业保持快速发展。高技术产业总产值由2000年的10426.0亿元增加到2016年的138116.3亿元，增长了12.25倍，年均增长17.53%。高技术产业主营业务收入由2000年的10050.0亿元增加到2016年的138438.3亿元，增长了12.77倍，年均增长17.81%。

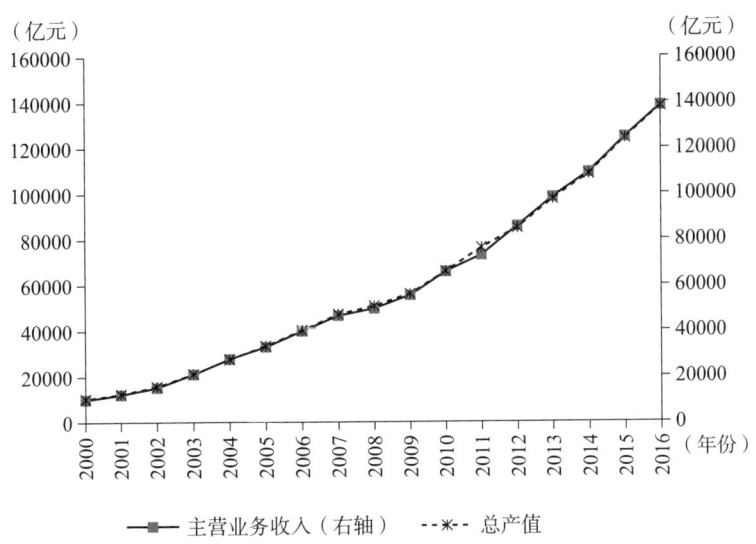

图5-1　2000—2016年中国高技术产业总产值和主营业务收入

图5-1显示了2000—2016年中国高技术产业总产值和主营业务收入的变化趋势。从图5-1中可以看出，高技术产业总产值和主营业务收入的变

动趋势非常相似。总体而言，2000—2016年中国高技术产业总产值和主营业务收入均呈快速增长趋势，由于受国际金融危机的影响，在2008年增速较低，2008年之后在国家宏观经济政策的有力调控下，又开始保持较快的增长速度。

（二）东、中、西部地区高技术产业规模状况

东部地区2000年高技术产业总产值和主营业务收入分别为8527.0亿元和8394.1亿元，2016年分别为103111.4亿元和105200.3亿元，分别增长了11.09倍和11.53倍。中部地区2000年高技术产业总产值和主营业务收入分别为985.9亿元和868.8亿元，2016年分别为20100.3亿元和19094.2亿元，分别增长了19.39倍和20.98倍。西部地区2000年高技术产业总产值和主营业务收入分别为913.1亿元和787.1亿元，2016年分别为14904.7亿元和14143.8亿元，分别增长了15.32倍和16.97倍。说明样本期间，东、中、西部地区的高技术产业规模都在不断扩大，中部地区规模增速最快，西部地区次之，东部地区增速相对较慢。事实上，中、西部地区的高技术产业投资增速大于东部地区，产业转移趋势加快，使中、西部地区高技术产业保持了较快的增长速度。

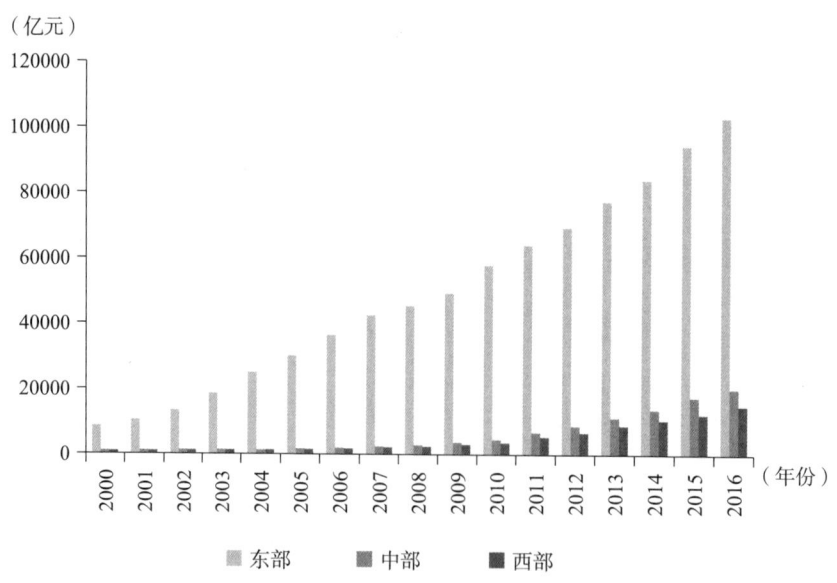

图 5-2　2000—2016年中国东、中、西部地区高技术产业总产值

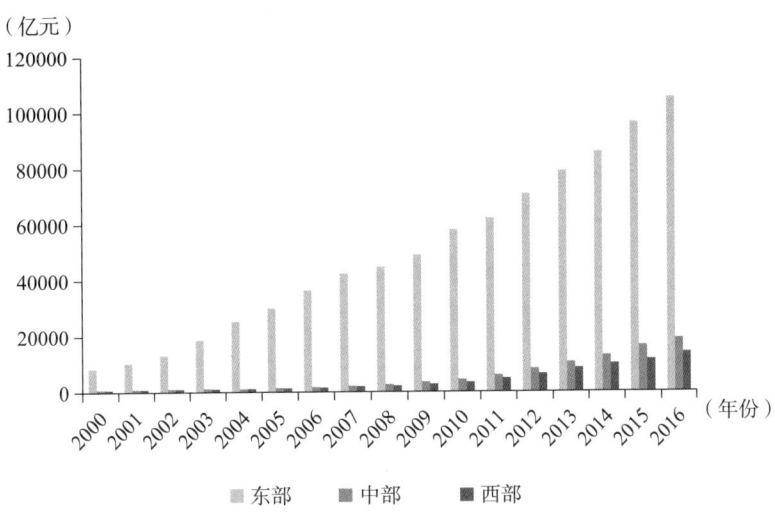

图 5-3 2000—2016 年中国东、中、西部地区高技术产业主营业务收入

图 5-2 和图 5-3 分别显示了 2000—2016 年东、中、西部地区高技术产业总产值和主营业务收入的差异。从图 5-2、图 5-3 中可以看出，东部地区的高技术产业规模一直远大于中、西部地区，中部地区的规模虽然比西部地区稍大一些，但与东部相比仍有较大差距，东部地区的高技术产业在全国占主导地位。2000 年东部地区的高技术产业总产值分别是中、西部地区的 8.65 倍和 9.34 倍，2016 年分别为 5.13 倍和 6.92 倍。2000 年东部地区的主营业务收入分别是中、西部地区的 9.66 倍和 10.66 倍，2016 年分别为 5.51 倍和 7.44 倍。这表明虽然中、西部地区的高技术产业规模远小于东部地区，但随着时间的推移，中、西部地区与东部地区的差距有缩小态势。

东、中、西部地区在高技术产业发展规模方面存在的差距与其自身条件和政策有关。东部地区有良好的自然条件和经济基础，改革开放后国家又实施了向东部倾斜的非均衡发展战略，使得东部地区在资金、技术和人才方面具有先天优势，高技术产业在东部地区集聚发展，因此东部的高技术产业发展规模远大于中、西部地区。与之相比，中、西部地区最初由于经济基础和政策条件的限制，高技术产业发展缓慢，规模很小。随后虽然国家实施了西部大开发、中部崛起等一些支持中、西部地区发展的政策措施，使中、西部地区的高技术产业得到了一定发展，但由于中、西部地区高技术产业基础差，所以虽然中、西部地区高技术产业发展与东部地区的差距随着时间的推移有缩小态势,但仍存在较大差距。

(三) 各省份高技术产业发展规模的时空特征

2000年高技术产业发展规模按空间分布,在第一梯度的省份是北京、天津、上海、江苏、浙江、福建和广东,全部位于东部地区,这7个省份的高技术产业总产值占全国的比重为73.06%,占全国高技术产业的一半以上。属于第二梯度的省份是黑龙江、辽宁、河北、山东、河南、湖北、陕西和四川,其中辽宁、河北和山东3个省份位于东部地区,黑龙江、河南和湖北3个省份位于中部地区,陕西和四川位于西部地区,这8个省份的高技术产业总产值占全国的比重为19.36%。其余省份属于第三和第四梯度,16个省份的高技术产业总产值占全国的比重仅为7.58%。由此可见,2000年中国高技术产业规模的空间差异特征非常明显,即高技术产业绝大部分集中在东部地区,而中、西部地区的高技术产业发展规模很小。

2016年与2000年相比,高技术产业发展的空间格局发生了一些变化,即北京由第一梯度下降到第二梯度,山东、河南由第二梯度上升到第一梯度;辽宁、河北和陕西由第二梯度下降为第三梯度,黑龙江由第二梯度下降为第四梯度,安徽、湖南、江西、重庆由第三梯度上升到第二梯度。这些情况说明近年来中部地区的高技术产业规模发展速度较快,在逐步追赶东部地区。虽然中部地区在追赶东部地区,但中国的高技术产业规模在东、中、西部地区之间依然存在较大的差异。

总体而言,东部地区除海南外,其余省份的高技术产业发展规模较大;中部地区各省份高技术产业的发展规模居中;西部地区只有四川、重庆和陕西的高技术产业发展规模较大,其余省份的高技术产业发展规模非常小。

2000年和2016年各省份高技术产业主营业务收入的空间分布与2000年和2016年各省份高技术产业总产值的空间分布非常相似,表现出相同的空间差异特征,即中国高技术产业规模在东、中、西部地区之间存在较大差异。

三、区域高技术产业盈利能力的时空演变

(一) 中国高技术产业盈利状况

从绝对指标看,高技术产业利润总额由2000年的673.0亿元增加到2016年的9179.6亿元,增长了12.64倍,年均增长17.74%。从图5-4可

以看出，2000—2007年中国高技术产业利润总额呈快速增长趋势，在2008年由于受国际金融危机的影响，增速放缓。2009—2010年，中国高技术产业利润总额增速开始快速回升，2011年由于受全球经济复苏缓慢、贸易保护主义抬头、国内要素价格上涨等因素的影响，中国高技术产业利润总额增速再次放缓，之后由于国家加强对经济结构的调整，加大了对高技术产业的支持力度，所以又呈现了快速增长态势。

从相对指标看，中国高技术产业销售利润率2000—2016年的均值为5.57%，而同一时期工业销售利润率的均值为6.19%，高技术产业的销售利润率低于工业的销售利润率，没有体现出高技术产业应有的高收益特征。中国高技术产业规模在不断扩大，但销售利润率却较低，其根本原因在于自主创新能力不强，增加的生产要素和资源主要用于生产能力扩张，而并未用于创新能力提升。此外，中国的高技术产业中外资企业占了很大比重，而外资企业在中国主要从事产品加工制造环节，产品的附加值低，研发投入较少，因此中国高技术产业的利润率处于一个较低的水平。从图5-4中可以看出，中国高技术产业销售利润率的变动趋势为：2000—2005年销售利润率呈下降趋势，其主要原因是电子及通信设备制造业的比重较大，但其自主创新能力较弱，产品缺乏核心竞争力；2006—2010年销售利润率总体上快速增长，但2008年由于受国际金融危机的影响增幅较小；2011年销售利润率由于受生产成本上涨的影响而下滑，2012—2016年呈缓慢增长态势。

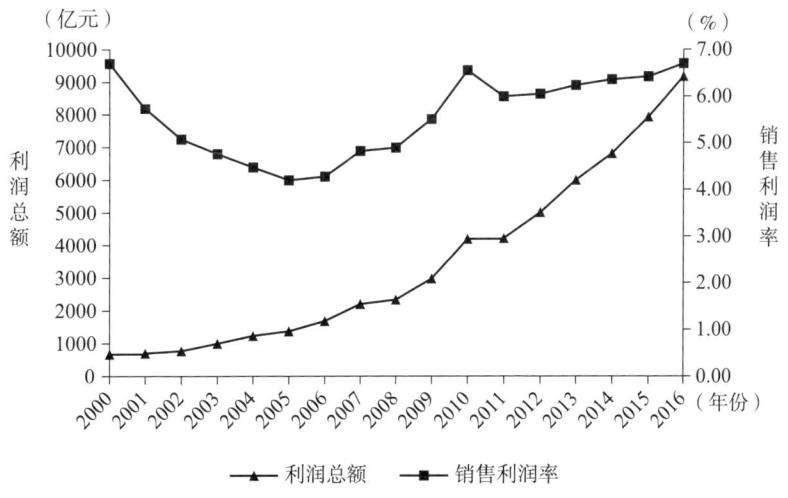

图5-4　2000—2016年中国高技术产业利润总额和销售利润率

(二) 东、中、西部地区高技术产业盈利状况

从绝对指标看,东部地区2000年和2016年高技术产业利润总额分别为569.0亿元和6975.5亿元,2016年比2000年增长了11.26倍;中部地区2000年和2016年高技术产业利润总额分别为61.40亿元和1262.3亿元,2016年比2000年增长了19.56倍;西部地区2000年和2016年高技术产业利润总额分别为42.60亿元和941.8亿元,2016年比2000年增长了21.11倍。说明样本期间,东、中、西部地区的高技术产业利润总额都有了较大增长,西部地区增速最快,中部地区次之,东部地区增速相对较慢。图5-5显示了2000—2016年东、中、西部地区高技术产业利润总额的差异。从图5-5中可以看出,东部地区的高技术产业利润总额一直远高于中、西部地区。2000年东部地区的高技术产业利润总额分别是中、西部地区的9.27倍和13.36倍,2016年分别为5.53倍和7.41倍。这表明虽然中、西部地区的高技术产业利润远小于东部地区,但随着时间的推移,中、西部地区高技术产业利润与东部地区的差距有缩小态势,这一点与高技术产业规模的情况是一致的。

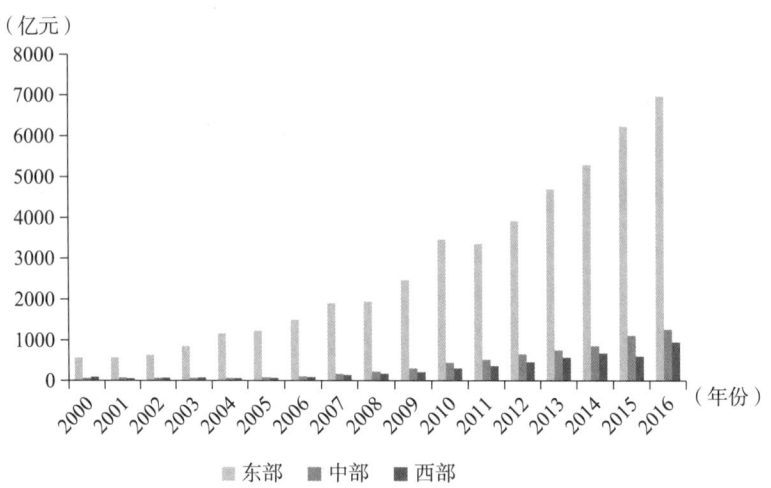

图5-5 2000—2016年中国东、中、西部地区高技术产业利润总额

从相对指标来看,东部地区高技术产业销售利润率在2000—2016年的均值为5.32%,中部地区的均值为7.05%,西部地区的均值为6.24%。中部地区最高,西部地区次之,东部地区最低,这一点从图5-6中也可以看出。中、西部地区的高技术产业尚处于快速发展阶段,可以利用东部地区

溢出的技术扩大投资,而东部地区面临加大创新力度、加快发展模式转型的压力,因此中、西部地区的销售利润率反而高于东部地区。从变化趋势看,东部地区2000—2016年销售利润率与全国销售利润率的变动趋势相似,原因是中国的高技术产业主要聚集在东部地区,东部地区的高技术产业在全国占据主导地位。中、西部地区在2011年之前和东部地区的变动趋势大体一致,但2011年后由于受生产成本大幅增加、产品价格波动较大的影响,高技术产业利润率出现下滑趋势。东部地区在国家政策的大力支持下,更加重视技术创新,提高产品附加值,有效地扩大了产品的利润空间,高技术产业利润率在2011年后保持了低速增长。

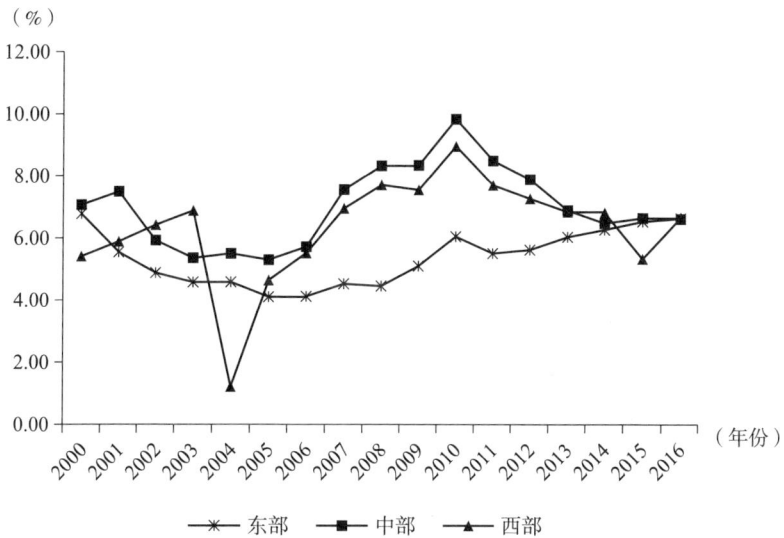

图5-6 2000—2016年中国东、中、西部地区高技术产业销售利润率

(三) 各省份高技术产业盈利能力的时空特征

2000年高技术产业利润比重按空间分布,在第一梯度的省份是北京、天津、山东、江苏、上海、浙江和广东,全部位于东部地区,这7个省份的高技术产业利润总额占全国的比重为78.11%。属于第二梯度的省份是福建、吉林、辽宁、河北、河南、湖北、陕西和四川,其中福建、辽宁和河北3个省份位于东部地区,吉林、河南和湖北3个省份位于中部地区,陕西和四川位于西部地区,这8个省份的高技术产业利润总额占全国的比重为16.85%。其余省份属于第三和第四梯度,16个省份的高技术产业利

润总额占全国的比重仅为 5.04%。由此可见，2000 年中国高技术产业利润总额的空间差异特征非常明显，即高技术产业利润高的省份绝大部分集中在东部地区，而中、西部地区的高技术产业利润较低。

2016 年与 2000 年相比，中国高技术产业利润比重的空间格局总体变化不大，只是局部区域发生了改变，即辽宁、河北、陕西由第二梯度下降为第三梯度，安徽、江西由第三梯度上升为第二梯度，重庆由第四梯度上升为第二梯度。说明在 2000—2016 年，东部地区的高技术产业利润占全国的比重一直维持较高水平，但中、西部地区一些省份的高技术产业利润占全国的比重有所上升。

2000 年高技术产业销售利润率按空间分布，在第一梯度的省份是天津、上海、吉林、河南、湖北、宁夏和云南。其中天津和上海位于东部地区，天津和上海的高技术产业不仅发展规模大，销售利润率也高，说明天津和上海的高技术产业发展势头良好。其余 5 个省份位于中部和西部地区，这几个省份的高技术产业规模虽然不大，但呈跨越式发展态势，因此利润率也较高。属于第二梯度的省份是北京、浙江、海南、山西、陕西、四川和广西，这些省份的高技术产业具有相对较高的利润率，说明高技术产业发展的盈利能力较强。其余省份属于第三和第四梯度，利润率较低，说明高技术产业发展的经济效益不好。2000 年中国高技术产业销售利润率的空间分布与利润比重的空间分布不同，并不是东、中、西部地区依次递减的态势，而是东、中、西部地区都有利润率高的省份和利润率低的省份。

2016 年与 2000 年相比，高技术产业销售利润率的空间格局发生了很大变化，各省份销售利润率极不稳定。2016 年高技术产业在第一梯度的省份是浙江、海南、黑龙江、吉林、新疆、甘肃和广西，这些省份的销售利润率较高，在第二梯度的省份是内蒙古、辽宁、河北、天津、山东、陕西和云南，这些省份的销售利润率次之，其余省份的销售利润率较低。

影响中国高技术产业销售利润率的因素比较复杂，比如医药制造业因为具有较强的创新能力而有较高的利润率，计算机及办公设备制造业因为具有较低的附加值而有较低的利润率，不同地区有不同的高技术产业结构，因而有不同的利润率。又如，利润率直接受市场需求的影响，东部地区一些省份的外向型特征明显，易受到国外市场需求的影响。此外，高技术产业发展所处的阶段也影响利润率，成长期和成熟期有不同的利润率。

在众多影响利润率的因素中，最关键的因素是自主创新能力，自主创新能力强、拥有核心技术的企业能够抵御住各种不利因素的冲击，从而能保持较高的利润率和经济效益。

四、区域高技术产业产出效益的时空演变

（一）中国高技术产业总体产出效益状况

2000年以来，中国高技术产业产出效益显著提高。高技术产业劳动生产率[①]由2000年的26.58万元/人增加到2016年的102.92万元/人，增长了2.87倍。高技术产业人均利税由2000年的2.63万元/人增加到2016年的11.61万元/人，增长了3.41倍。图5-7显示了2000—2016年中国高技术产业劳动生产率和人均利税的变动趋势。从图5-7中可以看出，2000—2016年中国高技术产业劳动生产率呈增长趋势，受国际金融危机的影响，2008年稍有下降，2008年之后又开始保持快速增长。这表明样本期间中国高技术产业的技术水平和管理水平在稳步提高。2000—2016年中国高技术产业人均利税也呈增长态势，2000—2008年增速较慢，2009—2016年增速较快。这表明从整体上看中国高技术产业的经济效益提高较多，特别是国际金融危机过后，在国家政策的支持下，高技术产业积极扩大内需，加强技术创新，加快了发展的步伐，使人均利税提升较多。

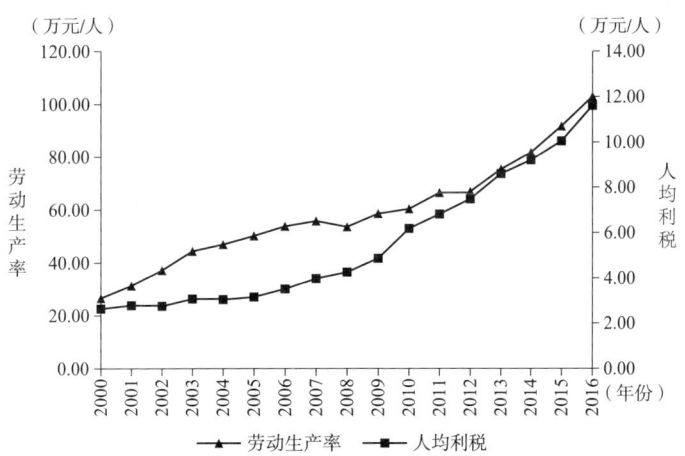

图5-7 2000—2016年中国高技术产业劳动生产率和人均利税

---

① 此处的劳动生产率采用总产值除以从业人员数。

(二) 东、中、西部地区高技术产业产出效益状况

东部地区高技术产业的劳动生产率和人均利税分别由 2000 年的 33.78 万元/人和 3.30 万元/人增加到 2016 年的 108.91 万元/人和 11.51 万元/人,分别增长了 2.22 倍和 2.49 倍;中部地区高技术产业的劳动生产率和人均利税分别由 2000 年的 14.47 万元/人和 1.70 万元/人增加到 2016 年的 80.28 万元/人和 9.22 万元/人,分别增长了 4.55 倍和 4.43 倍;西部地区高技术产业的劳动生产率和人均利税分别由 2000 年的 12.74 万元/人和 1.20 万元/人增加到 2016 年的 92.95 万元/人和 10.92 万元/人,分别增长了 6.29 倍和 8.11 倍。这表明样本期间东、中、西部地区的高技术产业产出效益都在不断提高,西部地区增速最快,中部地区次之,东部地区增速较慢,主要原因在于样本初期东部地区的高技术产业产出效益基数较大。

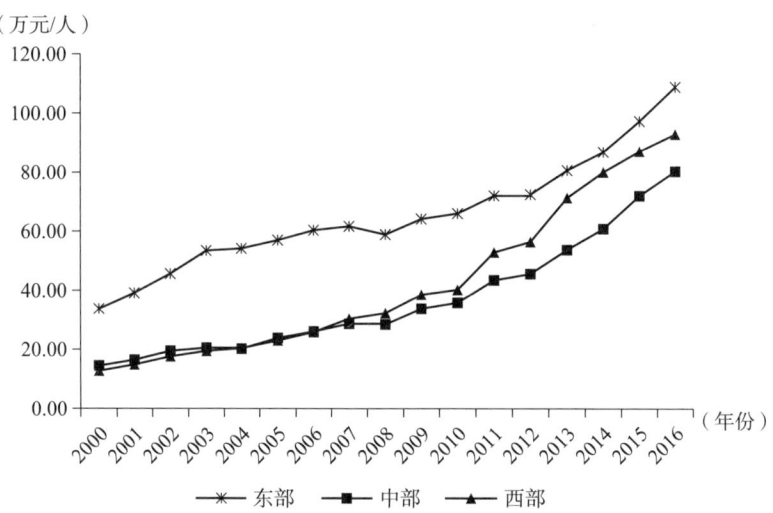

图 5-8 2000—2016 年中国东、中、西部地区高技术产业劳动生产率

图 5-8 显示了 2000—2016 年东、中、西部地区高技术产业劳动生产率的差异。从图 5-8 中可以看出,东部地区的高技术产业劳动生产率一直高于中、西部地区,由于中、西部地区的劳动生产率增速较快,所以随着时间的推移,中、西部地区的劳动生产率与东部地区的差距在缩小,即有追赶东部地区的趋势,尤其是西部地区,与东部地区的差距缩小更多。

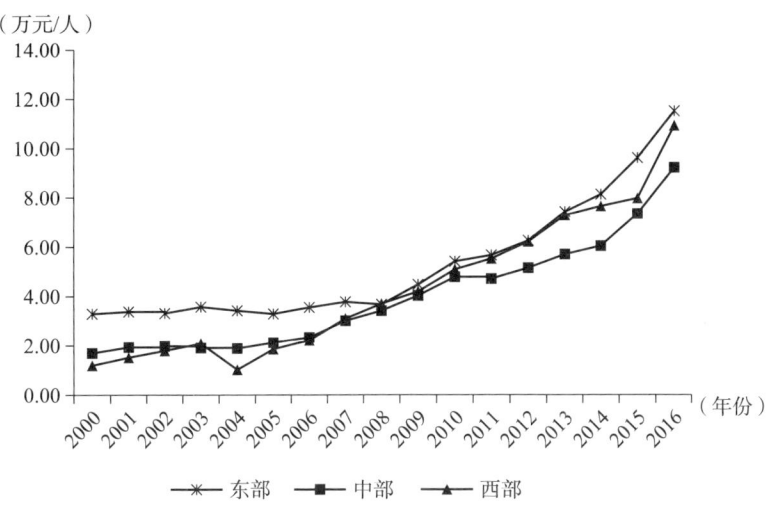

图 5-9 2000—2016 年中国东、中、西部地区高技术产业人均利税

图 5-9 显示了 2000—2016 年东、中、西部地区高技术产业人均利税的差异。从图 5-9 中可以看出，人均利税的变化趋势与劳动生产率类似：东部地区的高技术产业人均利税一直高于中、西部地区，随着时间的推移，中、西部地区的人均利税与东部地区的差距在缩小，尤其是西部地区的人均利税基本追赶上了东部地区。

（三）各省份高技术产业产出效益的时空特征

2000 年中国高技术产业劳动生产率按空间分布，在第一梯度的省份是北京、天津、江苏、上海、福建、广东和海南，这些省份全位于东部地区，东部地区是中国高技术产业的主要集聚地，高技术产业的发展水平较高，因此劳动生产率也较高。属于第二梯度的省份有东部地区的辽宁、河北、山东、浙江，中部地区的黑龙江和湖北，西部地区的四川和云南，这些地区的劳动生产率次之。其余省份属于第三和第四梯度，劳动生产率较低。说明东、中、西部地区的高技术产业劳动生产率具有明显的空间差异特征，即东部地区各省份的劳动生产率较高，而中、西部地区大多数省份的劳动生产率较低。表明东部地区高技术产业的技术水平和管理水平较高，中、西部地区大多数省份的技术水平和管理水平都较低。

2016 年与 2000 年相比，高技术产业劳动生产率的空间格局总体变化不大，只是局部区域发生了改变，即广东和海南由第一梯度下降为第二梯度，山东由第二梯度上升为第一梯度，重庆由第三梯度上升为第一梯度；辽宁、云南由第二梯度下降为第三梯度，黑龙江、河北由第二梯度下降为第四梯度，吉林、安徽、湖南由第三梯度上升为第二梯度。由此可见，随着时间的推移，中、西部地区一些省份的劳动生产率有所提高，但劳动生产率高的地区依然在东部，高技术产业劳动生产率在东、中、西部地区之间存在的空间差异没有本质改变。

2000年各省份高技术产业人均利税按空间分布，在第一梯度的省份是北京、天津、江苏、上海、浙江、福建和海南，均位于东部地区，说明东部地区的高技术产业的经济效益较好。属于第二梯度的省份是东部地区的山东和广东，中部地区的黑龙江、吉林和湖北，以及西部地区的广西、四川和云南，这些省份高技术产业的经济效益次之。其余省份属于第三和第四梯度，高技术产业的经济效益较差。说明从人均利税看，2000年中国各省份高技术产业的经济效益具有明显的空间差异特征，即东、中、西部地区的经济效益差异明显。

2016年与2000年相比，中国高技术产业人均利税的空间格局发生了较大变化。2016年高技术产业人均利税在第一梯度的省份是北京、天津、山东、海南、吉林、四川和云南，其中北京、天津、山东和海南位于东部地区，吉林位于中部地区，四川和云南位于西部地区。属于第二梯度的是东部地区的辽宁、江苏和浙江，中部地区的黑龙江和安徽，以及西部地区的甘肃、内蒙古和贵州。由此可见，随着时间的推移，东部地区一些省份的人均利税增长较慢，中、西部地区的一些省份增长较快，人均利税的空间差异并不表现为东、中、西部地区的空间差异，而是东、中、西部地区都有人均利税高的省份和人均利税低的省份。

第二节 区域高技术产业生产效率的时空演变

一、方法的选择

目前，学术界关于中国高技术产业创新效率的研究较多，而对于高技术产业生产效率的研究较少。范凌钧（2010）运用 SFA 法测算了中国高技术产业各行业的生产效率并分析了 R&D 投入对生产效率的影响。杨青峰（2014）应用三阶段 DEA 模型研究了中国高技术产业的生产效率。肖飞（2015）采用 DEA 法对中国各省份 2006—2012 年的高技术产业的生产效率进行了测算，并研究了中国高技术产业生产效率的空间收敛性。测算高技术产业生产效率的方法，主要有 SFA 法和 DEA 法两种。为了和前文计算的创新效率相对应，本节在计算高技术产业生产效率时也采用 DEA 法。

二、指标选取与数据来源

已有研究在测算高技术产业生产效率时选取总产值为产出指标，选取就业人数和资本存量为投入指标。作为研发活动较集中的部门，高技术产业除了固定资产投资外，研发投入也较多，因此在测算高技术产业生产效率时增加了研发人力投入和研发资本存量两个投入指标。使用的数据是2000—2016 年全国 28 个省份高技术产业的面板数据（不包括西藏、青海、新疆）。数据的处理办法如下：

（1）高技术产业总产值。各省份 2013—2016 年高技术产业总产值的缺失数据用主营业务收入的增长速度估算，为消除价格因素影响，以 2000 年为基期的分省份工业生产者出厂价格指数对总产值数据进行平减。

（2）高技术产业劳动投入。用各省份高技术产业从业人员平均数衡量劳动投入，数据来自《中国高技术产业统计年鉴》。

（3）高技术产业资本投入。资本投入用各省份高技术产业资本存量衡量，资本存量采用常用的永续盘存法进行估算。永续盘存法的公式为：

$$K_{it} = I_{it} + (1-\delta) K_{it-1} \quad (5-4)$$

其中，K_{it} 和 K_{it-1} 表示 i 省高技术产业在第 t 年和 $t-1$ 年的实际资本存量，I_{it} 为 i 省高技术产业在第 t 年的固定资产投资，δ 为资本折旧率。I_{it} 可以从《中国高技术产业统计年鉴》得到，计算资本存量需要确定初始资本存量 K_{i0} 和资本折旧率 δ。资本折旧率采用刘志迎和叶蓁（2006）的做法，取 15%。基期 K_{i0} 由 $I_{i0}/(g+\delta)$ 确定，其中 g 为固定资产投资的平均增长率。利用固定资产投资价格指数将固定资产投资额折算为 2000 年不变价。

（4）研发投入。研发投入包括研发人力投入和研发资本投入，分别用研发活动人员折合全时当量和研发经费内部支出两个指标来衡量。研发经费内部支出是流量指标，需要转化成存量指标，与计算资本投入的过程类似，用永续盘存法估算研发资本存量。

三、高技术产业生产效率测算结果

研发投入转化为最终产出有一定的滞后期，与计算创新效率时的滞后期一致，本章选择的滞后期为两期。采用投入导向的 SBM 模型对中国 28 个省份高技术产业的生产效率进行测算，具体测算结果如表 5-1 所示。

由表 5-1 可知，2000—2014 年中国高技术产业生产效率不高，均值为 0.526，离前沿面较远，主要原因是高技术产业在生产过程中对资源的利用效率不高、管理水平低下、技术水平较低，说明中国高技术产业的管理水平和技术水平有较大的提升空间。各省份高技术产业生产效率的差异比较明显，高于全国平均值的省份有 10 个，分别是上海、江苏、广东、北京、福建、天津、海南、山东、重庆和浙江，其中上海、江苏和广东的生产效率位于生产前沿面上。海南的高技术产业规模偏小，但生产效率较高，说明虽然海南的高技术产业资源投入较少，但投入的相对效率较高，对生产资源的浪费较少。生产效率在 0.3 以下的省份有 5 个，分别是陕西、贵州、宁夏、甘肃和黑龙江，说明全国有多数省份的高技术产业存在着管理水平低下和生产资源浪费问题。从三大地区来看，2000—2014 年，东、中、西部地区高技术产业生产效率的平均值分别为 0.754、0.331 和 0.377，东部地区的生产效率最高，中、西部地区与东部地区有较大差距。东部地区具有资金和人才优势，市场化程度较高，企业的管理、生产方式较为先进，因此东部地区的生产效率明显高于中、西部地区。

表 5-1 2000—2014 年中国各省份高技术产业生产效率

地区	2000年	2001年	2002年	2003年	2004年	2005年	2006年	2007年	2008年	2009年	2010年	2011年	2012年	2013年	2014年	平均
北京	1.000	0.509	0.495	1.000	1.000	1.000	1.000	1.000	1.000	1.000	1.000	1.000	1.000	0.828	0.906	0.916
天津	1.000	0.471	0.512	0.863	1.000	0.965	0.801	0.882	0.785	0.879	1.000	1.000	1.000	1.000	1.000	0.877
河北	0.443	0.322	0.192	0.231	0.272	0.310	0.356	0.442	0.436	0.528	0.366	0.321	0.330	0.384	0.379	0.354
山西	0.312	0.260	0.234	0.232	0.308	0.377	0.317	0.317	0.248	0.272	0.492	0.403	0.348	0.359	0.364	0.323
内蒙古	0.289	0.217	0.305	0.263	0.264	0.409	0.671	0.595	0.489	0.425	0.470	0.456	0.448	0.470	0.511	0.419
辽宁	0.504	0.362	0.276	0.331	0.374	0.439	0.453	0.499	0.486	0.404	0.315	0.288	0.288	0.226	0.318	0.371
吉林	0.273	0.215	0.180	0.223	0.279	0.385	0.503	0.650	0.613	0.696	0.851	0.539	0.519	0.581	0.574	0.472
黑龙江	0.285	0.226	0.097	0.163	0.134	0.132	0.156	0.210	0.168	0.142	0.124	0.125	0.128	0.142	0.237	0.165
上海	1.000	1.000	1.000	1.000	1.000	1.000	1.000	1.000	1.000	1.000	1.000	1.000	1.000	1.000	1.000	1.000
江苏	1.000	1.000	1.030	1.000	1.000	1.000	1.000	1.000	1.000	1.000	1.000	1.000	1.000	1.000	1.000	1.000
浙江	0.624	0.541	0.482	0.594	0.683	0.658	0.555	0.559	0.561	0.565	0.614	0.616	0.589	0.579	0.563	0.586
安徽	0.400	0.264	0.192	0.212	0.279	0.328	0.359	0.483	0.552	0.529	0.391	0.346	0.402	0.452	0.479	0.378
福建	1.000	1.000	0.775	0.831	1.000	0.929	0.940	0.914	1.000	1.000	0.898	0.833	0.714	0.673	0.528	0.869
江西	0.863	0.335	0.289	0.230	0.266	0.274	0.357	0.399	0.423	0.442	0.369	0.347	0.361	0.452	0.396	0.387
山东	0.525	0.426	0.354	0.503	0.587	0.613	0.656	0.762	0.622	0.650	0.731	0.770	0.808	1.000	0.917	0.662
河南	0.317	0.231	0.211	0.272	0.321	0.396	0.428	0.496	0.541	0.634	0.668	0.594	0.574	1.000	0.827	0.501

续表

地区	2000年	2001年	2002年	2003年	2004年	2005年	2006年	2007年	2008年	2009年	2010年	2011年	2012年	2013年	2014年	平均
湖北	0.304	0.208	0.131	0.247	0.383	0.379	0.432	0.547	0.494	0.455	0.395	0.364	0.363	0.400	0.563	0.378
湖南	0.375	0.242	0.193	0.233	0.272	0.314	0.496	0.655	0.694	0.586	0.536	0.498	0.446	0.426	0.529	0.433
广东	1.000	1.000	1.000	1.000	1.000	1.000	1.000	1.000	1.000	1.000	1.000	1.000	1.000	1.000	1.000	1.000
广西	0.492	0.344	0.219	0.277	0.315	0.319	0.397	0.461	0.565	0.521	0.553	0.495	0.511	0.609	0.543	0.441
海南	1.000	0.517	0.473	0.480	0.589	0.619	0.827	0.856	0.907	1.000	1.000	0.462	0.398	0.421	0.413	0.664
重庆	0.390	0.304	0.268	0.343	0.356	0.366	0.415	0.499	0.614	1.000	1.000	1.000	1.000	1.000	1.000	0.637
四川	0.384	0.251	0.182	0.254	0.315	0.397	0.450	0.532	0.483	0.627	0.639	0.670	0.598	0.462	0.615	0.457
贵州	0.260	0.182	0.135	0.177	0.204	0.232	0.231	0.251	0.254	0.325	0.302	0.259	0.399	0.554	0.492	0.284
云南	0.659	0.349	0.220	0.260	0.316	0.385	0.468	0.649	0.575	0.488	0.458	0.426	0.385	0.402	0.367	0.427
陕西	0.251	0.217	0.201	0.236	0.253	0.270	0.293	0.334	0.310	0.331	0.316	0.310	0.353	0.379	0.382	0.296
甘肃	0.210	0.153	0.087	0.108	0.137	0.147	0.173	0.249	0.193	0.246	0.229	0.233	0.234	0.255	0.341	0.200
宁夏	0.238	0.157	0.139	0.164	0.096	0.146	0.204	0.271	0.216	0.334	0.264	0.261	0.280	0.387	0.359	0.234
全国	0.550	0.404	0.352	0.419	0.464	0.492	0.533	0.590	0.580	0.610	0.606	0.558	0.553	0.587	0.593	0.526
东部	0.827	0.650	0.596	0.712	0.773	0.776	0.781	0.810	0.800	0.820	0.811	0.754	0.739	0.737	0.729	0.754
中部	0.283	0.206	0.155	0.198	0.247	0.289	0.336	0.420	0.414	0.414	0.432	0.359	0.347	0.420	0.447	0.331
西部	0.353	0.242	0.195	0.231	0.251	0.297	0.367	0.427	0.411	0.477	0.470	0.457	0.467	0.502	0.512	0.377

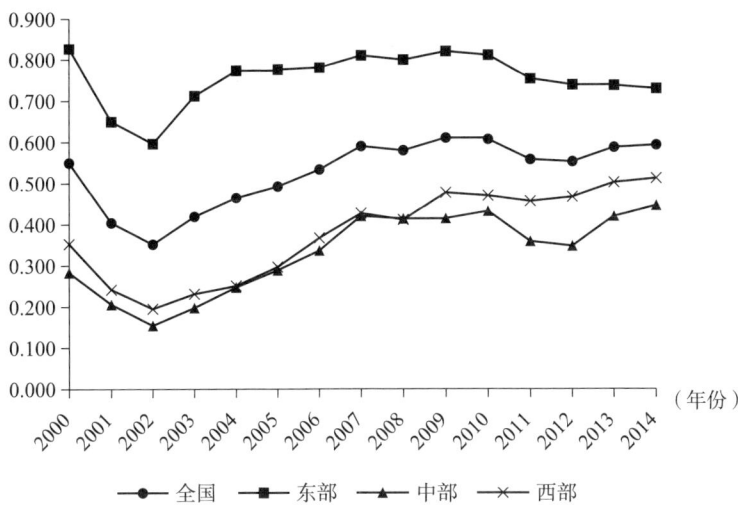

图 5-10 2000—2014 年中国各区域高技术产业生产效率

从时空演变来看（见图 5-10），中国高技术产业生产效率在 2000—2003 年呈下降趋势，之后缓慢上升并保持平稳态势，在 2011—2014 年稍有下降。说明 2000—2003 年中国高技术产业对生产资源的利用效率在下降，之后由于国家对高技术产业的支持力度加大而使利用效率逐渐提高，2011—2014 年由于整体经济形势下滑而使生产资源的利用效率又有所下降。中国高技术产业生产效率整体偏低且增长缓慢，这种情况与其粗放型发展方式有关。近年来，国家加强对经济结构的调整，加大了对高技术产业的支持力度，使高技术产业规模不断壮大，但由于在技术创新和制度管理方面存在问题，技术水平不高，具有国际先进水平的高科技成果较少，从而使高技术产业的生产效率增长缓慢。东、中、西部地区的高技术产业生产效率在 2000—2014 年的变动趋势基本一致。东部地区的生产效率明显高于中、西部地区，中、西部地区的生产效率相差不大，2008 年国际金融危机后西部地区的生产效率高于中部地区。近年来，中部地区的高技术产业发展速度较快，规模不断壮大，但在快速发展的过程中只注重规模的扩大，忽略了管理水平和技术水平的提高，导致其资源浪费严重，生产效率较低。

对于中国高技术产业生产效率的这种现状，需要不断增加高技术产业研发投入，提高技术创新能力，优化产业结构和产品结构，提高各种资源的利用效率，从而提升高技术产业的生产效率，推动其经济增长方式的转变。东部地区在高技术产业规模较大、发展水平较高的情况下，要将重点放在提高高技术产业的自主创新能力上，优化创新环境，提升管理水平。中、西部地区在扩大高技术产业发展规模的同时，要避免盲目建设，将投资放在切实需要且有效的项目上。

第三节 区域高技术产业绩效存在的问题

一、高技术产业大而不强

中国高技术产业的规模增长很快，目前已成为世界高技术产业大国，但存在的突出问题是大而不强。2015年，中国高技术产业增加值占世界的比重达到29%，超过了美国，成为世界第一大国，[①] 但中国高技术产业的核心技术很少，缺乏国际竞争力。2017年《财富》世界500强排行榜中，中国上榜的企业多数集中在金融、能源、炼油等行业，高技术产业的数量较少，说明中国的高技术企业大而不强，缺乏国际竞争力。中国的高技术企业相当一部分产品是简单的来料加工或来件装配，附加价值很低，大部分中小企业存在着创新意识不强、研发投入不足等问题。此外，中国的高技术产业虽然增长速度很快，规模很大，但利润率较低，甚至低于很多传统产业，因而盈利能力差，表明中国高技术产业大而不强。各地区都很重视高技术产业投资，但也出现一些地区不顾技术积累和自身条件，不注重核心技术突破，依靠技术引进单纯扩大投资规模的现象。中国的高技术产业需要加强创新，改变依靠规模扩张的发展模式。

二、高技术产业收益率不高

中国高技术产业销售利润率在2000—2016年的均值为5.57%，而同一

---

① 胡鞍钢，仁皓. 中国高技术产业迈入"黄金时代"[EB/OL]. http://www.gov.cn/xinwen/2017-03/02/content_5172385.htm.

时期工业的销售利润率均值为6.19%，高技术产业的销售利润率低于工业的销售利润率，没有体现出高技术产业应有的高收益特征。高技术产业规模在全国排名靠前的上海、江苏和广东2000—2016年的销售利润率的均值分别为3.54%、5.15%和4.52%，低于全国高技术产业销售利润率的平均水平。占高技术产业主营业务收入比重最大的两个产业——电子及通信设备制造业和计算机及办公设备制造业在2000—2016年的销售利润率的均值分别为5.04%和3.21%，也低于全国高技术产业销售利润率的平均水平。中国的高技术产业中外资企业占了很大比重，而外资企业在中国主要从事产品加工制造，产品的附加值低，因此中国高技术产业的利润率处于一个较低的水平。中国高技术产业利润率低的根本原因在于技术创新能力不强，缺乏核心竞争力。高技术产业的利润率低，将导致对其投资下降，从而不利于其快速发展。

三、高技术产业生产效率不高

2011年，中国制造业劳动生产率比2000年提高了4.58倍，而高技术产业只提高了1.88倍，并且2011年高技术产业的劳动生产率低于制造业整体水平，[①] 反映出中国高技术产业的生产效率提升缓慢。高技术产业的发展主要依靠规模扩张，技术水平不高，体现不出其应有的高技术特征。与其他发达国家相比，中国高技术产业的劳动生产率有较大差距。2014年中国高技术产业劳动生产率为3.7万美元/人，而美国在2014年的高技术产业劳动生产率为28.4万美元/人，美国为中国的7.67倍。[②] 中国高技术产业的生产效率在2000—2014年的均值为0.526，离生产前沿面的距离较远，意味着高技术产业在生产过程中对资源的利用效率不高，管理水平低下、技术水平较低。本章研究的28个省份中位于生产前沿面的省份仅有3个，大部分省份的生产效率很低，有很大的改善空间。从时空演变上看，中国高技术产业生产效率增长缓慢，这种情况与中国高技术产业的粗放型发展方式有关。中国的高技术产业需要不断提升技术水平，提高对各种资

---

① 数据根据《中国高技术产业统计年鉴》(2012) 计算得到。
② 石光. 中国高技术产业迎来赶超机遇 [EB/OL]. http://news.163.com/17/1215/11/D5MMT5OH00018AOR.html.

源的利用效率，从而提升其生产效率，推动其经济增长方式的转变。

四、高技术产业区域发展不平衡

中国高技术产业的总产值大约有80%集中在东部地区，中、西部地区总共占20%左右，东、中、西部地区的高技术产业规模存在较大差异。除发展规模外，东、中、西部地区的利润总额、销售利润率、劳动生产率、人均利税和生产效率也存在明显差异，东部地区的高技术产业发展水平高于中、西部地区。中国的高技术产业主要集中在东部地区的长三角、珠三角和环渤海地区，中、西部地区只有个别省份的高技术产业发展水平较高，大部分省份的发展水平都较低。随着西部大开发战略和中部崛起战略的实施，中、西部地区的发展环境不断改善，近年来，中、西部地区的高技术产业发展水平有所提升，与东部地区的发展差距有缩小态势，但东部地区的高技术产业在全国依然占据主导地位。从销售利润率指标看，高技术产业发展规模较大的东部地区并不具有较高的利润率，反而中、西部地区一些省份的利润率较高，主要原因在于，中、西部地区的高技术产业正处于跨越式发展阶段，而东部地区的高技术产业规模扩张到了一定阶段，需要加强创新，促进产业转型升级，向中高端迈进，即东、中、西部地区的高技术产业发展所处的阶段不同。

第四节 本章小结

本章选取产业规模、盈利能力、产出效益和生产效率四个方面的指标对中国高技术产业绩效的区域差异和时空演变进行了分析。2000年以来，中国高技术产业规模不断壮大，利润总额增长很快，产出效益显著提高。但高技术产业的销售利润率不高，低于同期工业的销售利润率。从三大地区来看，东部地区的高技术产业规模、利润总额和产出收益一直远大于中、西部地区，但随着时间的推移，中、西部地区与东部地区的差距有缩小态势。销售利润率并不是东部地区最高，而是东、中、西部地区都有利润率高的省份和利润率低的省份，主要原因在于东、中、西部地区的高技术产业发展所处的阶段不同，中、西部地区的高技术产业正处于跨越式发展阶段，而东部地区的高技术产业规模扩张到了一定阶段，需要加强创新，促进产业转型升级，向中高端迈进。

2000年以来，中国高技术产业的生产效率不高且增长缓慢，这是由于中国高技术产业发展方式是粗放型的，技术水平和发展质量不高。中国高技术产业需要不断提升技术水平，提高对各种资源的利用效率，从而提升其生产效率，推动其经济增长方式的转变。从三大地区来看，东部地区的生产效率最高，中、西部地区与东部地区有较大差距。

第六章

创新投入与创新环境对高技术产业绩效影响的实证分析

中国高技术产业存在的突出问题是收益率偏低和生产效率不高，出现这种问题的根本原因在于自主创新能力不强。中国高技术企业大多位于产业链的低端环节，从事产品的加工或装配，缺乏核心技术。增加创新投入可以提升自主创新能力，但创新投入的效果受创新效率、创新环境制约，较高的创新效率和良好的创新环境能够使创新投入发挥更大作用。为了提升高技术产业绩效，在增加研发投入的同时还必须提高创新效率、优化创新环境。因此，研究创新效率、创新环境对高技术产业绩效的影响有助于找出其在技术创新方面存在的问题，进而找到提升高技术产业绩效的路径。

本章在研究创新效率和创新环境对高技术产业绩效的影响时，从以下两个方面展开：第一，研究创新投入、创新环境对高技术产业规模、盈利能力和产出效益的影响；第二，研究创新投入、创新效率对生产效率的影响。

目前，已有一些学者研究了中国高技术产业创新投入对其绩效的影响，基本都认为创新投入的增加提升了高技术产业绩效（李中，2012；俞立平，2013；刘锋等，2016）。也有一些学者研究了创新环境对高技术产业创新绩效的影响，认为创新环境对高技术产业创新绩效有重要影响（戴魁早，2013；石盛林，2015；罗鹏庭，2017）。上述文献或单独研究创新投入对高技术产业绩效的影响，或单独研究创新环境对高技术产业创新绩效的影响，忽视了创新投入在影响高技术产业绩效时创新环境对创新投入的约束作用。事实上，创新投入对高技术产业绩效的影响在很大程度上依赖于创新环境，良好的创新环境能够使创新投入发挥更大的作用。由于中国各省份经济发展水平存在差异，创新环境也有很大不同，因此，不同省份的创新投入对高技术产业绩效的影响效果会随着创新环境的差别而有所不同。本章在研究创新投入和创新环境对高技术产业绩效的影响时，重点考虑创新投入如何受创新环境制约从而对高技术产业绩效产生影响。与第五章的分析保持一致，本章从三个方面衡量高技术产业绩效：产业规模、盈利能力和产出效益，分别研究创新投入和创新环境对高技术产业规模、盈利能力和产出效益的影响。

第一节 创新投入与创新环境对高技术产业规模的影响

一、计量模型、变量说明与数据来源

（一）计量模型

为研究创新投入和创新环境对高技术产业规模的影响，本节构建三种模型：第一种是创新投入和创新环境对高技术产业规模影响的线性模型；第二种是在线性模型的基础上加入创新投入和创新环境的交互项；第三种是以创新环境为门限变量的门限回归模型。构建的基本计量模型如下：

$$Y_{it} = \alpha X_{it} + \beta W_{it} + \gamma Z_{it} + \mu_i + \varepsilon_{it} \tag{6-1}$$

$$Y_{it} = \alpha X_{it} + \beta W_{it} + \theta X_{it} \cdot W_{it} + \gamma Z_{it} + \mu_i + \varepsilon_{it} \tag{6-2}$$

$$Y_{it} = \alpha_1 X_{it} \cdot I(W_{it} \leq \varphi) + \alpha_2 X_{it} \cdot I(W_{it} > \varphi) + \beta W_{it} + \gamma Z_{it} + \mu_i + \varepsilon_{it} \tag{6-3}$$

其中，Y_{it}为被解释变量，表示高技术产业发展规模；X_{it}为解释变量，表示高技术产业创新投入；W_{it}为调节变量，表示高技术产业创新环境；Z_{it}为控制变量。

模型（6-1）表明创新投入和创新环境对高技术产业规模具有简单的线性影响。模型（6-2）加入了创新投入和创新环境的交互项，表明创新投入对高技术产业规模的边际影响与创新环境有关，受创新环境制约。若交互项的系数$\theta>0$，说明创新环境在创新投入影响高技术产业规模时起促进作用，反之起阻碍作用。模型（6-3）是门限回归模型，与模型（6-2）一样，处理创新投入对高技术产业规模的影响受创新环境制约这一非线性问题，但模型（6-3）将客观确定出一个或几个门限值，反映在不同的创

新环境区间内创新投入对高技术产业规模的不同影响。在门限回归模型中，W_{it} 为门限变量，φ 为门限值，本节以创新环境作为门限变量；X_{it} 为具有门限效应的变量，此处为创新投入；$I(\cdot)$ 为示性函数，如果括号中的表达式为真，则取值为 1，反之取值为 0。模型（6-3）为单门限模型，双门限模型可在单门限模型的基础上扩展。

（二）变量选择与说明

本节选取的被解释变量为高技术产业总产值，解释变量为高技术产业研发投入。创新环境变量包括 4 个，分别是信息化水平、市场化程度、劳动者素质和金融环境。控制变量为高技术产业资本投入、从业人员数、出口交货值和技术引进费用。变量的具体说明如下：

1. 高技术产业总产值（Y）

该指标用来反映高技术产业的规模绩效。从 2012 年开始，《中国高技术产业统计年鉴》不再提供总产值数据，因此 2012—2016 年各省份的高技术产业总产值按照《中国高技术产业统计年鉴》中提供的主营业务收入的增长速度进行估算。另一个反映高技术产业规模的指标——主营业务收入用来进行稳健性检验。

2. 高技术产业研发投入（RK）

创新投入是影响高技术产业总产值的一个重要因素。高技术产业创新投入应该包括研发资本投入和研发人力投入两部分，但由于两个变量的相关性非常强（相关系数 0.95），将影响模型的估计结果，同时控制变量中的高技术产业从业人员数包括了研发人员，因此，本节只选择高技术产业研发资本投入作为解释变量。《中国高技术产业统计年鉴》中给出的 R&D 经费内部支出是流量指标，应该转化为研发资本存量。研发资本存量用永续盘存法估算，计算公式为：

$$RK_{it} = RD_{it} + (1-\delta) RK_{it-1} \qquad (6-4)$$

其中，RK_{it}、RD_{it} 分别表示高技术产业研发资本投入和 R&D 经费内部支出。研发资本折旧率 δ 按照武鹏（2010）的做法，取 15%。基期 RK_0 由 $RD_0/(g+\delta)$ 确定，其中 g 为各省高技术产业 R&D 经费内部支出的平均增长率。

3. 高技术产业创新环境（INNO）

良好的创新环境可以为创新活动提供各种有利的条件和基础，使创新活动更有效，技术水平提高更多，有助于本地区高技术产业发展和绩效提升。对创新环境的衡量，不同的学者有不同的观点。本节借鉴中国科技发展战略研究小组（2001）在《中国区域创新能力报告》中对区域创新环境的评价方法，结合数据的可得性，选取信息化水平、市场化程度、劳动者素质和金融环境四个指标，将这四个指标等权重加权综合成一个变量衡量创新环境。本节不仅分析创新环境对高技术产业总产值的影响，同时也详细分析创新环境的四个方面对高技术产业总产值的影响。

（1）信息化水平（IDI）。

信息化水平反映了创新基础设施的状况。信息化水平越高，则信息的传播速度越快，创新产品和创意信息在市场中迅速传播，有利于创新能力的提高。信息化水平采用国家统计局统计科研所"信息化统计评价"研究组计算的信息化发展指数（Informatization Development Index，IDI）。该研究组公布了两种信息化发展指数：信息化发展指数（Ⅰ）和信息化发展指数（Ⅱ）。信息化发展指数（Ⅰ）用于监测"十一五"期间全国各省份信息化发展水平和进程，其指标体系包括信息基础设施、信息使用、知识水平、环境与效果以及信息消费五个方面。信息化发展指数（Ⅱ）是在信息化发展指数（Ⅰ）的基础上，根据国家在"十二五"期间信息资源发展的实际变化，进一步优化完善相关指标计算所得。本节采用信息化发展指数（Ⅱ）进行研究。

（2）市场化程度（MAR）。

市场化程度反映了创新资源以及产品的配置效率。市场化程度越高的地区，市场机制就越完善，创新资源的配置效率就越高。激烈的市场竞争能够增强企业创新的动力，因此市场化程度越高的地区，越有利于进行创新活动。本节借鉴张建清（2014）等的做法，选取非国有工业总产值占全部工业总产值的比重、非国有固定资产投资占全部固定资产投资的比重和非国有就业人口占全部就业人口的比重，计算其平均值以反映市场化程度。

（3）劳动者素质（HUM）。

劳动者素质的提高是创新的原动力。劳动者素质越高，就越能够充分利用该地区的创新资源进行创新活动,取得创新成果。在创新活动中,创新人才是核心要素,起着关键作用,因此劳动者素质是反映区域创新环境的一个重要方面。本节用6岁及以上人口中大专及以上学历所占的比例来衡量各省份的劳动者素质。

(4) 金融环境(FIN)。

在进行创新活动时,需要金融资源的配套支持,以保障创新活动的顺利进行。良好的金融环境有利于信贷资金流向创新领域,解决创新投入不足的问题,从而有利于企业进行创新活动。本节用各省份金融机构贷款余额占各省份 GDP 的比重来衡量金融环境。

4. 控制变量

影响高技术产业总产值的因素除了技术创新方面,还有资本投入(K)和劳动投入(L)。高技术产业的资本投入与研发投入一样,采用永续盘存法计算出资本存量,劳动投入采用各省份高技术产业从业人员平均数来衡量。此外,出口(EXP)和技术引进(TI)也是影响高技术产业总产值的因素,出口用各省份高技术产业出口交货值来衡量,技术引进用各省份高技术产业技术引进费用支出来衡量。

(三) 数据来源与处理

本节所用的数据主要来源于历年的《中国高技术产业统计年鉴》《中国统计年鉴》《中国金融年鉴》和 Wind 数据库等,样本区间为2000—2016 年,对样本中的个别缺失数据用平滑法进行处理。由于西藏、青海、新疆的数据缺失较多,故舍去。为消除价格变动的影响,将高技术产业总产值、固定资产投资、R&D 经费内部支出、出口交货值和技术引进费用等变量均转化为 2000 年不变价。为了减弱变量的波动性,对模型中的绝对数变量取对数处理,各变量的描述性统计如表 6-1 所示。

表 6-1 模型中各变量的描述性统计

变量	单位	均值	标准差	最小值	最大值
总产值($\ln Y$)	亿元	2.6969	0.7469	0.8129	4.5162
研发资本投入($\ln RK$)	亿元	1.2528	0.8708	-1.7136	3.3651
创新环境(INNO)	—	0.6142	0.2955	0.0751	1.7494

续表

变量	单位	均值	标准差	最小值	最大值
信息化水平（IDI）	—	0.6423	0.1506	0.3683	1.1601
市场化程度（MAR）	—	0.5526	0.1464	0.2369	0.8453
劳动者素质（HUM）	—	0.0851	0.0627	0.0078	0.4234
金融环境（FIN）	—	1.1112	0.3801	0.5372	2.5847
资本投入（lnK）	亿元	2.3012	0.6879	0.4691	3.9042
从业人员数（lnL）	万人	1.1069	0.5754	-0.3243	2.5906
出口交货值（lnEXP）	亿元	1.8255	1.1153	-0.4553	4.2284
技术引进费用（lnTI）	亿元	3.4684	1.1224	0.6990	5.5851

二、模型估计与结果分析

（一）线性模型的估计结果与分析

表6-2是线性模型的估计结果。模型（1）考察了创新投入和创新环境对高技术产业总产值的影响，模型（2）至模型（5）分别考察了信息化水平、市场化程度、劳动者素质和金融环境对高技术产业总产值的影响。由模型（1）至模型（5）的Hausman检验的结果看，检验结果拒绝原假设，认为固定效应模型是合适的，因此，将基于固定效应模型的估计结果进行实证分析。

表6-2 创新投入和创新环境对高技术产业总产值影响的估计结果

解释变量	模型（1）	模型（2）	模型（3）	模型（4）	模型（5）
$lnRK$	0.1737*** (6.70)	0.1541*** (5.31)	0.1997*** (8.70)	0.2162*** (9.10)	0.2313*** (10.18)
lnK	0.1347*** (6.22)	0.1319*** (6.04)	0.0824*** (3.25)	0.1501*** (6.92)	0.1619*** (7.30)
lnL	0.5871*** (13.20)	0.5741*** (12.87)	0.5761*** (12.98)	0.5904*** (13.04)	0.5826*** (12.81)
$lnEXP$	0.1496*** (8.88)	0.1522*** (9.04)	0.1599*** (9.57)	0.1531*** (8.94)	0.1551*** (9.02)

续表

解释变量	模型（1）	模型（2）	模型（3）	模型（4）	模型（5）
lnTI	-0.0245***	-0.0203***	-0.0189**	-0.0278***	-0.0288***
	(-3.64)	(-2.94)	(-2.73)	(-4.09)	(-4.21)
$INNO$	0.2134***				
	(4.83)				
IDI		0.5526***			
		(4.66)			
MAR			0.6402***		
			(5.11)		
HUM				0.5344***	
				(2.99)	
FIN					0.0585**
					(2.15)
R^2	0.9533	0.9531	0.9536	0.9517	0.9512
Hausman 检验	15.18	16.28	15.02	14.12	16.93

注：括号内为 t 值；***、**分别表示变量在1%、5%的水平上显著；Hansuman 检验为 χ^2 统计量值。

表6-2的估计结果表明，高技术产业研发资本投入对总产值有显著正向影响，与周亚虹（2012）、程华（2013）的研究结论一致，说明研发投入越高，总产值也越高。影响大小超过了资本投入，表明对高技术产业来说，研发投入比固定资本投入更为重要。研发投入的增加有助于高技术产业研发活动的开展，促进工艺创新和产品创新，从而使总产值增加。虽然研发投入对高技术产业总产值的影响是积极的，但中国的研发投入强度与发达国家相比还有一定差距，且创新效率不高，成果转化效率尤为低下，因此，如果能进一步提高研发投入、创新效率和科技成果转化效率，则高技术产业总产值会提高更多。

模型（1）的估计结果显示，创新环境对高技术产业总产值有显著的正向影响。模型（2）至模型（5）的估计结果表明，信息化水平、市场化程度、劳动者素质和金融环境同样对高技术产业总产值有显著的正向影响，有助于提高高技术产业总产值。主要原因是：信息资源是推动科技创新的重要资源，创新活动的开展离不开信息资源的支撑。在信息化水平高的地区，创新资源能够被更有效利用，从而提高创新效率。市场化程度高的地区，市场机制比较完善，创新资源的配置效率较高，创新主体具有较强的创新活力，因此市场化程度越高的地区创新能力也越强。进行科技创新，离不高素质的创新型人才。一个地区的劳动者素质越高，就越能够充分利用创新资源进行创新活动，该地区的创新能力就越强。良好的金融环境有利于信贷资金流向创新领域，充足的资金是创新活动顺利开展的关键，有利于区域创新能力的可持续提高。样本期间，各省份的信息化水平、市场化程度、劳动者素质有了很大提高，金融环境有了一定的改善，这些因素有利于创新活动的开展，也有利于高技术产业的发展。

除了创新投入和创新环境对高技术产业总产值有显著影响，控制变量也具有重要作用：①资本投入的系数显著为正，表明高技术产业增加资本投入能显著提高总产值。资本投入是进行任何生产不可缺少的基本要素，高技术产业也不例外。②劳动投入的系数显著为正，表明高技术产业劳动投入的增加能显著提高总产值。高技术产业必须开展研发活动，在新产品的开发过程中，产品的发明、实用新型和外观设计都需要科技人员，因此高科技人才在高技术产业中发挥着更为重要的作用。③出口交货值的系数显著为正，表明出口增加有利于提高高技术产业总产值。2000年以来，中国高技术产业的出口交货值增长很快，在激烈的国际竞争中，出口对于企业学习先进技术和管理经验、提高产品竞争力具有重要作用。④技术引进对高技术产业总产值有显著的负向影响，主要原因是近年来中国高技术产业的技术引进费用出现了下降趋势，中国高技术产业对引进技术的依赖程度在逐渐降低。此外，在技术引进过程中存在盲目、重复引进的现象，缺乏对引进技术的消化、吸收和再创新，这些问题也将导致技术引进对高技术产业总产值产生负向影响。

（二）含有交互项模型的估计结果与分析

上述分析结果表明，创新环境对高技术产业总产值有积极的影响。那么，创新环境是如何影响高技术产业总产值的？在创新活动中，除了需要大量的R&D投资，还需要相应的创新基础设施、人力资源和金融资源，并且由市场机制对这些资源进行配置，才能保障创新活动的可持续进行。创新环境与R&D投入相互作用，将极大地优化创新过程，增加创新产出

(周密，2013)。也就是说，创新环境在影响高技术产业总产值时与研发投入相互作用，能够提升研发投入的影响效果。为了验证这一点，我们借助乘积项的方法进行研究。估计结果如表6-3所示。

表6-3 创新投入和创新环境对高技术产业总产值影响的估计结果

解释变量	模型（1）	模型（2）	模型（3）	模型（4）	模型（5）
lnRK	0.2258*** (9.26)	0.2132*** (6.92)	0.2073*** (7.10)	0.2322*** (9.91)	0.2097*** (6.58)
ln$K$	0.1536*** (7.04)	0.1534*** (7.02)	0.1426*** (6.36)	0.1546*** (7.07)	0.1620*** (7.18)
ln$L$	0.5602*** (11.84)	0.5601*** (11.62)	0.5290*** (9.95)	0.5726*** (12.41)	0.5851*** (12.83)
lnEXP	0.1604*** (9.34)	0.1609*** (9.33)	0.1661*** (9.46)	0.1589*** (9.26)	0.1554*** (9.00)
lnTI	−0.0279*** (−4.07)	−0.0273*** (−3.98)	−0.0274** (−4.01)	−0.0280*** (−4.09)	−0.0284*** (−4.14)
$INNO$×lnRK	0.0223* (1.84)				
IDI×lnRK		0.0431** (2.56)			
MAR×lnRK			0.0809** (1.99)		
HUM×lnRK				0.0978** (2.51)	
FIN×lnRK					0.0226** (2.34)
R^2	0.9511	0.9509	0.9513	0.9510	0.9506
Hausman 检验	19.09	19.98	14.21	17.98	19.65

注：①括号内为 t 值；***、**、*分别表示变量在1%、5%和10%的水平上显著；Hansuman 检验为 χ^2 统计量值。②在模型（1）至模型（5）中，变量 $INNO$、IDI、MAR、HUM、FIN 不显著，因此未报告这些变量的结果。

表6-3中的模型（1）考察了研发资本投入与创新环境的乘积项对高技术产业总产值的影响，模型（2）至模型（5）分别考察了创新投入与信息化水平、市场化程度、劳动者素质以及金融环境的乘积项对高技术产业

总产值的影响。由模型（1）至模型（5）的 Hausman 检验结果看，在5%的显著性水平下，检验结果拒绝原假设，认为模型（1）至模型（5）均为固定效应模型，因此使用固定效应模型的估计结果进行分析。

模型（1）的估计结果显示，研发资本投入与创新环境的乘积项的系数显著为正，说明在研发资本投入相同的条件下，创新环境越好的地区研发资本投入对高技术产业总产值的边际影响越大。这一结论表明，创新环境能够增强研发资本投入对高技术产业总产值的促进作用。其原因在于：创新环境较好的地区，信息化水平和市场化程度较高，知识传播速度快，创新资源配置效率高。此外，创新环境较好的地区，金融环境比较完善，资金实力雄厚，具有较高的人员素质，能够更有效地进行创新活动，因而研发投入的边际产出更高。从区域层面看，北京、上海和天津等地区的创新环境较好，而贵州、云南和广西等地区的创新环境较差。这表明，创新投入对北京等地区的高技术产业总产值的促进作用较大，而对于贵州等地区的促进作用较小。因此，改善贵州等地区的创新环境有利于提升研发投入对高技术产业总产值的促进作用。

模型（2）的估计结果显示，研发资本投入与信息化水平的乘积项的系数显著为正，说明信息化水平的提高能够增强研发投入对高技术产业总产值的影响效应。这是由于：信息化促进了知识共享，有助于企业之间进行技术、管理等方面的交流。信息化能够使知识传播速度加快，学习效率提高，有利于创新型人才的培养（唐斯斯，2014）。信息化对创新具有支撑作用，因而信息化水平高的地区，研发资本投入对高技术产业总产值的促进作用更强。区域层面的数据显示，北京、上海和浙江等地区的信息化水平较高，而云南、贵州和甘肃的信息化水平较低。这意味着，同样多的研发投入对北京等地区的高技术产业总产值的作用更大；对于云南等地区来说，采取措施提高信息化水平对高技术产业创新具有重要意义。

模型（3）的估计结果显示，研发资本投入与市场化程度乘积项的系数显著为正，这说明，在研发资本投入相同时，市场化程度越高的地区研发资本投入对高技术产业总产值的促进作用越大。其原因是：市场化程度较高的地区意味着政府行政干预较少，行政性垄断扭曲配置资源降低，从而可以将有限的 R&D 资源更好地投入市场需要的新产品中去，其结果是

R&D 资源的利用效率更高（戴魁早和刘友金，2013）。因此，市场化程度不同的地区，研发资本投入的作用也不相同。从地区层面看，江苏、广东和山东等地区的市场化程度较高，甘肃、云南和贵州等地区的市场化程度较低。可见，同样多的研发资本投入对江苏等地区高技术产业总产值的促进作用较大，而对甘肃等地区的促进作用较小。因此，对甘肃等地区来讲，完善市场化机制，促进非国有经济发展，有利于提高研发资本投入的效果。

模型（4）的估计结果显示，研发资本投入与劳动者素质的乘积项的系数显著为正，说明在研发资本投入相同时，劳动者素质越高的地区研发资本投入对高技术产业总产值的促进作用越大。原因在于：创新活动需要高素质的创新型人才，创新型人才对创新活动起着重要作用。一个地区的劳动者素质越高，越有能力进行创新。因此，创新活动受劳动者素质约束，劳动者素质不同的地区，研发资本投入的作用效果也不相同。从地区层面看，北京、上海和天津等地区的 6 岁及以上人口中大专及以上学历占比较高，而宁夏、贵州和云南等地区的 6 岁及以上人口中大专及以上学历占比较低。这表明，同样多的研发资本投入对北京等劳动者素质高的地区的高技术产业总产值的促进作用较大，而对宁夏等地区的促进作用较小。因此，对宁夏等地区来讲，提高劳动者素质，采取措施培养和引进高素质的创新型人才对高技术产业发展具有重要意义。

模型（5）的估计结果显示，研发资本投入与金融环境的乘积项的系数显著为正，意味着在研发资本投入相同时，金融环境能够增强研发资本投入对高技术产业总产值的促进作用。对此的合理解释是：技术创新需要大量的资金支持，金融机构能够通过各种方式为企业技术创新提供大量资金，促进技术创新。金融环境较好的地区比较容易获得资金进行技术创新，因而同样多的研发资本投入在金融环境较好的地区对高技术产业总产值的促进作用更强。地区层面的数据显示，北京、上海和浙江等地区的金融机构贷款余额占 GDP 的比重较高，而内蒙古、河南和广西等地区金融机构贷款余额占 GDP 的比重较低。可见，研发资本投入对北京等金融环境较好的地区的高技术产业总产值的促进作用较大，而对内蒙古等金融环境较差的地区的促进作用较小。因此，对内蒙古、河南等地区来讲，改善金融环境有利于高技术产业的创新和发展。

由表6-3可知，控制变量中，资本投入、劳动者素质和出口交货值对高技术产业总产值有显著正向影响，技术引进对高技术产业总产值有显著负向影响。因此，为了促进高技术产业发展，各地区除了需要增加创新投入、优化创新环境外，还应该增加对高技术产业的投资、培养高技术创新人才以及增强高技术产品的国际竞争力。与此同时，在技术引进方面，各地区要慎重选择所要引进的技术，采取各种措施确保引进技术后能够消化吸收和再创新。

（三）门限回归模型的估计结果与分析

上文用乘积项的方法分析表明，研发资本投入作用于高技术产业总产值的效果受创新环境制约，良好的创新环境会增强研发投入的作用。下面对乘积方法进行改进，采用近年来应用广泛的门限回归模型进行检验。本节将创新环境和创新环境的四个方面——信息化水平、市场化程度、劳动者素质和金融环境依次作为门限变量进行检验。

采用面板门限回归模型进行研究，首先需要检验模型是否存在门限效应以及门限值的个数。根据Hansen（1999）的方法对模型进行门限效应检验，结果如表6-4所示。结果显示，以创新环境、信息化水平、市场化程度和劳动者素质为门限变量的单门限检验结果在5%的显著性水平下显著成立，以金融环境为门限变量的单门限检验结果在10%的显著性水平下显著成立。双门限检验的结果均不显著，因此，以下将基于单门限模型进行估计分析。

表6-4 门限效应检验结果

门限变量	门限值检验	F值	p值	临界值		
				10%	5%	1%
创新环境	单门限检验	72.05	0.0067	34.7126	43.2443	68.3827
	双门限检验	13.82	0.4333	32.1730	37.2635	61.3220
信息化水平	单门限检验	48.85	0.0300	37.0595	45.2938	67.4188
	双门限检验	4.94	0.8500	26.0268	32.1359	51.4230
市场化程度	单门限检验	94.36	0.0033	31.6672	38.1759	60.8734
	双门限检验	14.57	0.4267	32.0321	38.3513	54.0966

续表

门限变量	门限值检验	F 值	p 值	临界值		
				10%	5%	1%
劳动者素质	单门限检验	64.76	0.0200	36.1373	42.1462	69.8402
	双门限检验	16.47	0.4315	35.4850	41.9089	64.3741
金融环境	单门限检验	29.70	0.0932	28.5998	34.8036	60.7244
	双门限检验	9.42	0.5201	21.4968	24.0979	29.8028

在确定模型存在单门限效应之后，分别估计出门限值及其置信水平为95%的置信区间，具体结果见表6-5。创新环境、信息化水平、市场化程度、劳动者素质和金融环境的门限值分别为0.8178、0.7100、0.5810、0.1279、1.4084，门限值均在95%的置信区间内，说明门限值的识别效果较好。

表6-5 门限值的估计及显著性检验

门限变量	门限值估计	置信区间
创新环境	0.8178	[0.7986, 0.8185]
信息化水平	0.7100	[0.6946, 0.7139]
市场化程度	0.5810	[0.5766, 0.5819]
劳动者素质	0.1279	[0.1270, 0.1301]
金融环境	1.4084	[1.3913, 1.4085]

表6-6中的模型（1）至模型（5）分别是以创新环境、信息化水平、市场化程度、劳动者素质和金融环境为门限变量的门限模型的估计结果。从估计结果来看，检验模型个体效应是否均为零的F检验均在1%显著性水平下拒绝原假设，表明模型中的个体效应存在显著差异，应该选择固定效应模型，这符合门限回归模型的要求。

表6-6 门限回归模型的参数估计结果

解释变量	模型（1） INNO	模型（2） IDI	模型（3） MAR	模型（4） HUM	模型（5） FIN
$\ln RK0$	0.1772*** (6.97)	0.1096*** (3.51)	0.2067*** (9.17)	0.1698*** (5.65)	0.2139*** (8.80)

续表

解释变量	模型（1） INNO	模型（2） IDI	模型（3） MAR	模型（4） HUM	模型（5） FIN
$\ln RK1$	0.2277*** (7.94)	0.1474*** (4.74)	0.2665*** (9.88)	0.2099*** (8.85)	0.2769*** (10.38)
$\ln K$	0.1191*** (5.53)	0.1159*** (5.27)	0.0815*** (3.28)	0.1398*** (6.37)	0.1578*** (7.11)
$\ln L$	0.5286*** (11.57)	0.6021*** (13.47)	0.4868*** (10.12)	0.5972*** (13.25)	0.5821*** (12.84)
$\ln EXP$	0.1545*** (9.34)	0.1433*** (8.54)	0.1656*** (10.10)	0.1533*** (9.01)	0.1561*** (9.11)
$\ln TI$	-0.0254*** (-3.85)	-0.0186*** (-2.72)	-0.0226*** (-3.31)	-0.0287*** (-4.23)	-0.0311*** (-4.50)
INNO	0.1583*** (3.50)				
IDI		0.7570*** (5.81)			
MAR			0.5133*** (4.07)		
HUM				0.8032*** (3.86)	
FIN					0.1411*** (3.42)
R^2	0.9553	0.9545	0.9556	0.9524	0.9516
个体效应均为零的F检验	31.01***	31.88***	34.41***	32.41***	33.99***

注：括号内为 t 值；*** 表示变量在1%的水平上显著。

模型（1）的估计结果显示，当创新环境综合指数小于0.8178时，研发资本投入每增加1%，就会使高技术产业总产值增加0.1772%；当创新环境指数高于0.8178时，研发资本投入每增加1%，高技术产业总产值将增加0.2277%。这表明，研发资本投入在不同的创新环境下对高技术产业总产值的影响效果不同。研发资本投入对高技术产业总产值的影响程度受创新环境约束，随着创新环境的改善，其影响程度进一步增强。也就是说，同样多的研发资本投入在创新环境好的地区能发挥更大的作用。研发资本投入在不同的创新环境下对高技术产业的影响存在差异，其主要表现有两点：一是在同一时间段内，由于中国区域创新环境存在很大不同，因此研发资本投入对高技术产业总产值的影响有明显的区域差异。二是对同一地区来说，随着经济的快速发展，创新环境也有了很大改善，研发资本投入对高技术产业总产值的影响在不同时间段也存在一定差异。2000年创新环境指数跨过门槛值的地区只有北京和上海，2016年创新环境指数跨过门槛值的地区较多，有北京、上海、天津、浙江、广东、江苏、辽宁、福建、山东、陕西和重庆，说明2000—2016年，有较多省份的创新环境有了很大改善。

模型（2）的估计结果显示，当信息化水平小于0.7100时，研发资本投入每增加1%，就会使高技术产业总产值增加0.1096%；当信息化水平高于0.7100时，研发资本投入每增加1%，高技术产业总产值将增加0.1474%。说明研发资本投入在信息化水平不同的区域内对高技术产业总产值的影响效果不同，同样多的研发资本投入在信息化水平高的地区能发挥更大的作用。2000年信息化水平跨过门槛值的地区只有北京和上海，2016年有北京、上海、浙江、广东、江苏、天津、福建、陕西、辽宁、重庆、安徽、山东和山西。

模型（3）的估计结果显示，当市场化程度小于0.5810时，研发资本投入每增加1%，就会使高技术产业总产值增加0.2067%；当市场化程度高于0.5810时，研发资本投入每增加1%，高技术产业总产值将增加0.2665%。这表明研发资本投入在市场化程度不同的区域内对高技术产业总产值的影响效果也存在差异，在市场化程度高的地区促进作用更强。2000年市场化程度跨过门槛值的地区只有浙江、广东和福建，2016年有江苏、广东、山东、浙江、上海、河南、福建、天津、北京、安徽、河北、重庆和湖北。可见，2000—2016年，随着中国市场化改革的不断推进，很多省份的市场化程度得到了提高。

模型（4）的估计结果显示，当6岁及以上人口中大专及以上学历占比小于0.1279时，研发资本投入每增加1%，就会使高技术产业总产值增加0.1698%；当6岁及以上人口中大专及以上学历占比高于0.1279时，研发资本投入每增加1%，高技术产业总产值将增加0.2099%。说明研发投入在劳动者素质不同的区域内对高技术产业总产值的影响效果存在差异，在劳动者素质高的地区发挥的作用更大。2000年没有省份跨过劳动者素质的门槛值，2016年劳动者素质跨过门槛值的地区有北京、上海、天津、陕西、辽宁、江苏、湖北、浙江、山西、福建。

模型（5）的估计结果显示，当金融机构贷款余额占GDP的比重小于1.4084时，研发资本投入每增加1%，就会使高技术产业总产值增加0.2139%；当金融机构贷款余额占GDP的比重高于1.4084时，研发资本投入每增加1%，高技术产业总产值将增加0.2769%。表明研发资本投入在金融环境不同的情况下对高技术产业总产值的影响效果存在差异，在金融环境较好的地区对高技术产业产出的促进作用更强。2000年金融机构贷款余额占GDP的比重跨过门槛值的地区只有北京、上海和山西，2016年有北京、上海、海南、浙江、宁夏、天津、云南、重庆、山西、广东、福建和甘肃。可见，2000—2016年，有较多省份的金融机构贷款余额不断增加，为高技术产业的创新活动提供了资金条件。

模型中其他变量对高技术产业总产值的影响与表6-2和表6-3基本一致，这里不再赘述。

（四）稳健性检验

为了确保估计结果的有效性，本节采用更换变量的方法，对上述结果进行稳健性检验。首先，将被解释变量换成高技术产业主营业务收入，对前文中的三种模型分别进行估计，结果显示，被解释变量换成高技术产业主营业务收入后，虽然解释变量的系数估计值大小有所区别，但方向和显著性水平并没有改变。此外，分别以创新环境、信息化水平、市场化程度、劳动者素质和金融环境为门限变量的门限回归模型同样存在单门限值。其次，将市场化程度换成王小鲁（2017）计算的"市场化指数"，对模型重新进行估计，可得到类似的估计结果。这表明前文估计结果是稳健可靠的。

三、结论

本节基于2000—2016年的省级面板数据，采用实证分析方法探讨了研发资本投入和创新环境对高技术产业总产值的影响。研究发现，研发资本投入和创新环境对高技术产业总产值具有显著正向影响，且研发资本投入在影响高技术产业总产值时依赖于创新环境。当创新环境较好时，研发资本投入带来的高技术产业总产值的边际效应较大；当创新环境较差时，研发投入带来的高技术产业总产值的边际效应较小。具体来讲，在信息化水平、市场化程度、劳动者素质和金融环境不同的区域内，研发资本投入对高技术产业总产值的影响存在显著差异。在信息化水平较高、市场化程度较高、劳动者素质较高以及金融环境较好的地区，研发资本投入对高技术产业总产值的影响程度更大。这意味着信息化水平、市场化程度和劳动者素质的提高以及金融环境的改善对增加高技术产业总产值具有重要意义。

第二节　创新投入与创新环境对高技术产业盈利能力的影响

一、计量方法、变量说明与数据来源

与第一节方法相似，本节旨在检验创新投入和创新环境对高技术产业盈利能力的影响。与前文一致，本节选取利润总额和销售利润率衡量高技术产业盈利能力。首先分析创新投入和创新环境对高技术产业利润总额的影响，然后用销售利润率做稳健性检验。技术创新是影响企业利润的重要因素，企业可以通过提高生产的技术水平来提高生产效率，扩大产量，从而增加利润。此外，企业规模、出口状况、产品价格水平等因素也会对企业利润产生很大的影响。本节的被解释变量为高技术产业利润总额，解释变量为高技术产业研发经费投入。创新环境变量与第一节一样，控制变量为高技术产业企业规模、价格水平、出口交货值和技术引进费用。这些变量的具体说明如下：

(1) 高技术产业利润（PRO）。

利润是评价企业经济绩效的常用指标，在此用该指标反映高技术产业的盈利能力。

(2) 高技术产业研发投入（RD）。

R&D 经费投入的多少影响高技术产业技术创新的程度，进而影响高技

术产业的利润。一般来说，研发资本投入越高，技术创新程度就越高，利润就可能越高。

（3）创新环境（INNO）。

与第一节一样，选取信息化水平、市场化程度、劳动者素质和金融环境四个指标，然后将这四个指标加权综合成一个变量衡量创新环境。

（4）控制变量。

选取企业规模（SI）、价格水平（PPI）、出口交货值（EXP）和技术引进费用（TI）作为控制变量。在高技术产业创新活动中，较大规模的企业更有可能产生创新的规模效应，因而可能具有较高的创新效率，从而具有较高的利润率（Jefferson，2006）。企业规模用高技术产业主营业务收入与企业个数之比即平均销售收入表示。价格水平直接影响产业利润水平，价格水平用不变价工业生产者出厂价格指数来衡量。出口反映了高技术产业产品的国外需求情况，增加出口有可能增加高技术产业利润，本节用高技术产业出口交货值衡量出口状况。技术引进也是提高创新能力的途径，一般来说，对技术引进的投入越多，技术水平也会越高，就越有可能提升高技术产业利润。本节用技术引进费用衡量技术引进状况。

本节的数据来源和处理与第一节类似，各变量的描述性统计如表6-7所示。

表6-7　模型中各变量的描述性统计

变量	单位	均值	标准差	最小值	最大值
利润总额（lnPRO）	亿元	1.4798	0.7417	−0.5229	3.3105
研发经费投入（lnRD）	亿元	0.8161	0.8957	−2.3768	2.9176
创新环境（INNO）	—	0.6142	0.2955	0.0751	1.7494
信息化水平（IDI）	—	0.6423	0.1506	0.3683	1.1601
市场化程度（MAR）	—	0.5526	0.1464	0.2369	0.8453
劳动者素质（HUM）	—	0.0851	0.0627	0.0078	0.4234
金融环境（FIN）	—	1.1112	0.3801	0.5372	2.5847
企业规模（SI）	亿元	1.7434	1.4706	0.2291	8.3188
价格水平（PPI）	—	1.2126	0.2524	0.8612	2.1455
出口交货值（lnEXP）	亿元	1.8255	1.1153	−0.4553	4.2284
技术引进费用（lnTI）	亿元	1.8255	1.1153	−0.4553	4.2284

二、模型估计与结果分析

(一) 线性模型的估计结果与分析

表6-8中模型（1）考察了创新投入和创新环境对高技术产业利润的影响，模型（2）至模型（5）分别考察了创新投入和信息化水平、市场化程度、劳动者素质和金融环境对高技术产业利润的影响。从5个模型的Hausman检验结果看，在5%的显著性水平下，5个模型均为固定效应模型，因此，表6-8中结果为固定效应模型的估计结果。

表6-8 创新投入和创新环境对高技术产业利润影响的估计结果

解释变量	模型（1）	模型（2）	模型（3）	模型（4）	模型（5）
$\ln RD$	0.2908***	0.2417***	0.2363***	0.3428***	0.3362***
	(6.75)	(5.19)	(5.75)	(9.11)	(8.83)
SI	0.0596***	0.0517***	0.0658***	0.0746***	0.0739***
	(3.82)	(3.35)	(4.81)	(4.75)	(5.28)
PPI	0.4290***	0.3722***	0.3357***	0.4451***	0.4616***
	(5.88)	(4.94)	(4.49)	(6.09)	(5.62)
$\ln EXP$	0.1806***	0.1760***	0.1461***	0.1877***	0.1867***
	(5.54)	(5.44)	(4.43)	(5.76)	(5.72)
$\ln TI$	-0.0258	-0.0199	-0.0137	-0.0314*	-0.0306*
	(-1.56)	(-1.20)	(-0.83)	(-1.91)	(-1.86)
$INNO$	0.2144**				
	(2.05)				
IDI		0.8554**			
		(3.25)			
MAR			1.0945***		
			(4.68)		
HUM				0.0050	
				(0.11)	
FIN					0.0319
					(0.44)
R^2	0.8096	0.8124	0.8173	0.8076	0.8077
Hausman检验	17.32	18.46	14.36	16.43	22.04

注：括号内为t值；***、**、*分别表示变量在1%、5%和10%的水平上显著；Hansuman检验为χ^2统计量值。

模型（1）至模型（5）的结果均显示研发经费投入对高技术产业利润总额有显著正向影响。这是由于研发经费投入的增加有助于高技术产业研发活动的开展，促进了高技术产业技术水平的提高，使高技术产品质量提高、种类增加或成本降低，从而带动了利润的增加。

从创新环境对高技术产业利润的影响来看，创新环境整体上对高技术产业利润的影响显著，信息化水平和市场化程度也对高技术产业利润产生了积极的影响。其原因是，样本期间，创新环境不断改善，信息化水平和市场化程度不断提高，信息化水平的提高促使创新知识加快传播和扩散，市场化程度的提升激发了创新活力，市场竞争的加强提高了创新效率，从而使高技术产业利润获得了提升。与信息化水平相比，市场化程度的影响更大，显著性更强，说明市场化程度是更为重要的因素。世界上创新能力强的国家基本上都是市场经济发达的国家，市场竞争迫使企业不断进行创新，以获得竞争优势。只有被市场接受的创新才是有效的创新，市场经济体制推动科技知识市场化并以其最具效率和活力的运行机制为其提供制度保障。

劳动者素质和金融环境对高技术产业利润的影响不显著。究其原因，可能在于：样本期间，虽然劳动者素质和金融环境也有了一定的提高和改善，但相对于高技术产业发展的需求来说还远远不够，存在一些问题，对创新活动的支撑作用较弱。中国的教育体制存在一定问题，缺乏对创新能力的培养，所以虽然各省份6岁及以上人口中大专及以上学历占比有了一定提高，但仍然缺乏具有创新意识、勇于创新的高层次人才，这与当前高技术产业发展对创新人才的需求不相适应。在高技术产业发展的资金支持方面，缺乏多元化的科技投资渠道，对高技术产业发展非常重要的风险投资比较滞后，尤其对中小型高技术企业的融资支持力度不足。虽然国有企业更容易获得金融信贷资金，但国有企业创新动力不足，创新效率低（吴延兵，2012）。因此，劳动者素质和金融环境对高技术产业利润并未产生显著影响。

控制变量中，企业规模的系数为正且在1%的显著性水平上显著成立，表明企业规模越大，高技术产业利润越多，可能的原因是规模大的企业减少了内部交易费用，降低了成本，且规模大的企业资金实力比较雄厚，能够实现创新的规模经济（戴魁早和刘友金，2016），因而提升了利润。价格水平的系数在1%的显著性水平上显著为正，说明价格水平对高技术产业利润产生了积极的影响，与经济理论相符。价格水平——工业生产者出厂价格指数呈上升趋势，则高技术产业产出将增加，因而利润也可能增加。出口交货值的系数显著为正，表明出口增加有利于提升高技术产业利润。在激烈的国际竞争中有利于企业积极创新以提高产品竞争力，因此出口增加有可能增加高技术产业利润。技术引进对高技术产业利润的影响为负且不显著，这主要是近年来中国高技术产业的技术引进费用出现了下降趋势，且缺乏对引进技术的消化吸收所导致。

（二）含有交互项模型的估计结果与分析

为了验证创新环境在影响高技术产业利润时是否提升了研发资本投入的作用，在线性模型中加入创新环境和研发资本投入的乘积项，估计结果如表6-9所示。表6-9中的模型（1）考察了研发资本投入与创新环境的乘积项对高技术产业利润的影响，模型（2）至模型（5）分别考察了创新投入与信息化水平、市场化程度、劳动者素质以及金融环境的乘积项对高技术产业利润的影响。模型的估计结果为固定效应模型估计结果。

模型（1）的估计结果显示，研发资本投入与创新环境的乘积项的系数显著为正，说明在研发资本投入相同的条件下，创新环境越好的地区研发资本投入对高技术产业利润的边际影响越大。其可能的原因是好的创新环境为高技术产业创新提供了有力的保障，使创新活动更高效，同样的研发资本投入使技术水平提高更多，生产更有效率，因而利润增加。

模型（2）至模型（5）估计的结果显示，研发资本投入与信息化水平和市场化程度的乘积项的系数显著为正，研发资本投入与劳动者素质和金融环境的乘积项的系数在统计上不显著，这一点与线性模型的估计结果一致。表明信息化水平和市场化程度的提高能够增强研发资本投入对高技术产业利润的影响效果，但劳动者素质和金融环境未起到这样的作用。其主要的原因在于：随着互联网、物联网、云计算、大数据等新一代信息技术的广泛应用，中国的信息化发展很快，有力地促进了高技术产业创新。与此同时，市场化改革也在不断推进，虽然成熟的市场机制还没有建立起来，但市场化改革取得了很大进步。政府的行政性指令大大减少，企业逐步实行产权多元化,要素市场改革在逐步推进。市场化改革为高技术产业创新扫除了体制性障碍,促进了高技术产业的创新。在劳动者素质和金融环境方面存在诸多问题:劳动者素质方面,从数量上来看,中国的科技人才队伍规模很大,但在结构上,缺乏重大科研和工程领域的领军型人才(杨柳,2017)。金融环境方面,高技术产业在创业期和成长期需要大量的资金,但中国风险投资发展滞后,中小型高技术企业得不到有效的金融支持。这些问题导致劳动者素质和金融环境不能增强研发投入的作用。

表6-9 创新投入和创新环境对高技术产业利润影响的估计结果

解释变量	模型(1)	模型(2)	模型(3)	模型(4)	模型(5)
lnRD	0.3161*** (7.58)	0.2378*** (3.87)	0.1523*** (2.65)	0.3496*** (9.19)	0.4194*** (6.71)
SI	0.0635*** (3.80)	0.0573*** (3.55)	0.0524*** (3.58)	0.0789*** (4.70)	0.0831*** (5.53)
PPI	0.4499*** (6.17)	0.3482*** (6.20)	0.4580*** (6.41)	0.4447*** (6.10)	0.4131*** (5.45)
lnEXP	0.1918*** (5.87)	0.1935*** (5.95)	0.1751*** (5.46)	0.1849*** (5.59)	0.1823*** (5.58)
lnTI	−0.0317* (−1.93)	−0.0313* (−1.91)	−0.0342** (−2.13)	−0.0311* (−1.90)	−0.0331** (−2.02)
INNO×lnRD	0.0431* (1.76)				
IDI×lnRD		0.1638** (2.07)			
MAR×lnRD			0.3513*** (4.13)		
HUM×lnRD				0.0942 (0.48)	
FIN×lnRD					0.0653 (1.48)
R^2	0.8083	0.8096	0.8153	0.8078	0.8087
Hausman检验	15.70	15.64	16.95	16.57	17.09

注:①括号内为t值;***、**、*分别表示变量在1%、5%和10%的水平上显著;Hansuman检验为χ^2统计量值。②在模型(1)至模型(5)中,变量INNO、IDI、MAR、HUM、FIN不显著,因此未报告这些变量的结果。

控制变量中,企业规模、价格水平、出口的系数显著为正,技术引进的系数为负且在统计意义上不太显著,这与线性模型的估计结果基本一致。

(三) 门限回归模型的估计结果与分析

上文用乘积项的方法分析显示,研发资本投入作用于高技术产业利润的效果依赖于创新环境,良好的创新环境会增强研发资本投入的作用效果,这一结果表明研发资本投入对高技术产业利润的影响是非线性的,可能存在门限效应,下面继续用门限回归模型分析研发资本投入对高技术产业利润的影响。

为了确定门限值的个数,首先需要对模型的门限效应进行检验。对模型进行门限效应检验的结果见表6-10。检验结果显示,在10%的显著性水平下,以创新环境、信息化水平和市场化程度为门限变量的门限回归模型存在单门限效应,以劳动者素质和金融环境为门限变量的门限回归模型不存在门限效应。

表6-10 门限效应检验结果

门限变量	门限值检验	F 值	p 值	临界值		
				10%	5%	1%
创新环境	单门限检验	24.67	0.0933	24.1696	27.9087	38.7018
	双门限检验	15.38	0.1533	18.5930	22.0627	26.1465
信息化水平	单门限检验	69.81	0.0000	22.5145	28.0676	36.9428
	双门限检验	6.34	0.7467	18.6849	25.1058	42.1489
市场化程度	单门限检验	63.27	0.0000	21.0091	25.2942	33.9616
	双门限检验	11.26	0.4465	22.8914	30.7479	37.2678
劳动者素质	单门限检验	14.88	0.1833	19.1007	23.5957	33.4348
	双门限检验	10.87	0.2800	16.9167	20.6146	34.8344
金融环境	单门限检验	8.17	0.4600	14.8252	17.8942	25.7043
	双门限检验	5.56	0.5967	13.4905	15.6616	21.5458

在确定模型是否存在门限效应之后,分别估计出门限值及其置信水平为95%的置信区间,具体结果见表6-11。如表6-11所示,创新环境、信息化水平和市场化程度的门限值分别为0.7629、0.6826、0.5704,门限值在95%的置信区间内,表明门限值通过了显著性检验。

表 6-11 门限值的估计及显著性检验

门限变量	门限值估计	置信区间
创新环境	0.7629	[0.7625, 0.7661]
信息化水平	0.6826	[0.6746, 0.6847]
市场化程度	0.5704	[0.5616, 0.5720]

表 6-12 中模型（1）至模型（3）分别是以创新环境、信息化水平和市场化程度为门限变量的门限模型的估计结果。从 F 检验结果来看，三个模型均应该选择固定效应模型，符合门限回归模型的基本要求。此外，模型的拟合优度较高，系数估计值都比较显著，说明模型的估计效果较好。

模型（1）的估计结果显示，当创新环境综合指数小于 0.7629 时，研发投入每增加 1%，就会使高技术产业利润增加 0.2409%；当创新环境指数高于 0.7629 时，研发投入每增加 1%，高技术产业利润将增加 0.3887%。这表明，研发投入在创新环境不同的区域内对高技术产业利润的影响效果不同，随着创新环境的改善，研发资本投入对高技术产业利润的影响程度进一步增强。2000 年创新环境指数跨过门槛值的地区只有北京和上海，2016 年的地区较多，有北京、上海、天津、浙江等 14 个省份，说明 2000—2016 年有较多省份的创新环境有了很大改善。

表 6-12 门限回归模型的参数估计结果

解释变量	模型（1） INNO	模型（2） IDI	模型（3） MAR
$\ln RD0$	0.2409*** (5.63)	0.2096*** (4.55)	0.2219*** (5.51)
$\ln RD1$	0.3887*** (8.50)	0.3367*** (6.70)	0.3464*** (7.36)
SI	0.0537*** (3.54)	0.0502*** (3.33)	0.0539*** (3.95)
PPI	0.3876*** (5.45)	0.3661*** (4.97)	0.3807*** (5.16)
$\ln EXP$	0.1642*** (5.18)	0.1604*** (5.04)	0.1313*** (4.05)
$\ln TI$	−0.0256 (−1.59)	−0.0216 (−1.33)	−0.0263 (−1.61)

续表

解释变量	模型（1） INNO	模型（2） IDI	模型（3） MAR
INNO	0.0801 (0.77)		
IDI		0.4876* (1.80)	
MAR			0.7063*** (2.89)
R^2	0.8216	0.8211	0.8258
个体效应均为零的F检验	22.01***	23.22***	19.79***

注：括号内为t值；***、*分别表示变量在1%和10%的水平上显著。

模型（2）的估计结果显示，当信息化水平小于0.6826时，研发投入每增加1%，就会使高技术产业利润增加0.2096%；当信息化水平高于0.6826时，研发投入每增加1%，高技术产业利润将增加0.3367%。说明研发资本投入在信息化水平不同的区域内对高技术产业利润的影响效果不同，同样多的研发资本投入在信息化水平高的地区能发挥更大的作用。2000年信息化水平跨过门槛值的地区只有北京、上海和天津，2016年有北京、上海、浙江、广东等15个省份。

模型（3）的估计结果显示，当市场化程度小于0.5704时，研发资本投入每增加1%，就会使高技术产业利润增加0.2219%；当市场化程度高于0.5704时，研发投入每增加1%，高技术产业利润将增加0.3464%。表明研发资本投入在市场化程度不同的区域内对高技术产业利润的影响效果也存在差异，在市场化程度高的地区发挥的作用更大。2000年市场化程度跨过门槛值的地区只有浙江、广东、福建和天津，2016年有江苏、广东、山东、浙江等16个省份。可见，2000—2016年，随着中国市场化改革的不断推进，很多省份的市场化程度得到了提高。与信息化水平相比，市场化程度的影响更大，显著性更强，说明市场化程度是影响研发资本投入的更为重要的环境因素。

（四）稳健性检验

本节采用更换变量的方法，对上述估计结果进行稳健性检验。将被解释变量换成高技术产业销售利润率,解释变量中的研发资本投入换成研发密度,出口交货值和技术引进费用也换成相对数,① 对前文中的三种模型分别进行估计,结果表明,更换变量后,虽然系数估计值的显著性检验效果不好,但基本符合经济实际。此外,分别以创新环境、信息化水平和市场化程度为门限变量的门限回归模型同样存在单门限值。这表明,前文估计结果是可靠的,具有较好的稳健性。

三、结论

本节关于创新投入和创新环境对高技术产业利润的影响的实证研究得到如下结论:①创新投入、创新环境、信息化水平和市场化程度对高技术产业利润具有显著的促进作用,但劳动者素质和金融环境并未显著影响高技术产业利润。②研发资本投入在影响高技术产业利润时受创新环境、信息化水平和市场化程度制约。当创新环境指数、信息化水平和市场化程度较低时,研发资本投入对高技术产业利润影响的边际效应较小;反之较大。由于劳动者素质和金融环境存在一定的问题,因而对研发资本投入的支撑作用较弱,导致劳动者素质和金融环境并未显著影响研发资本投入对高技术产业利润的边际效应。③在创新环境指数、信息化水平和市场化程度不同的区域内,研发资本投入对高技术产业利润的影响存在显著差异。在创新环境指数、信息化水平和市场化程度较高的地区,研发资本投入对高技术产业利润的促进作用更强。与信息化水平相比,市场化的影响程度更大。

第三节 创新投入与创新环境对高技术产业产出效益的影响

除了企业规模和盈利能力外,产出效益也是衡量企业绩效的重要指标。企业进行经营活动的目标之一是获得较高的产出效益,产出效益越

---

① 出口交货值和技术引进费用均除以主营业务收入。

高,说明企业经营状况越好,意味着企业可以持续经营下去。对于高技术产业来说,产出效益越高说明高技术产业发展状况越好,发展水平越高,因此,研究创新投入和创新环境对高技术产业产出效益的影响具有重要的现实意义。

一、计量方法、变量说明与数据来源

本节的目的是检验创新投入和创新环境对高技术产业产出效益的影响,采用的方法与第一节相似。首先检验创新投入和创新环境对高技术产业产出效益是否有线性影响;其次在模型中加入创新投入和创新环境的乘积项以检验创新环境对创新投入是否有促进作用;最后用门限回归模型找出具体的临界值,说明在不同的创新环境下创新投入对高技术产业产出效益的不同影响。

创新投入是影响高技术产业产出效益的重要因素。创新环境对创新投入起着支撑作用,良好的创新环境可以激发创新主体的创新热情,挖掘创新主体的创新潜能,提升创新能力(张莉,2015),进而提高产出效益。此外,人均资本、出口状况、产业集聚等因素也会对产出效益产生很大的影响。在研究创新投入和创新环境对高技术产业产出效益的影响时,本节选取高技术产业劳动生产率作为被解释变量,研发经费投入作为解释变量,创新环境作为调节变量,人均资本、产业集聚、出口状况、技术引进作为控制变量。其中研发投入和创新环境使用的指标与前两节相同。其余变量的说明如下:

(一)高技术产业劳动生产率(YP)

衡量产出收益的常用指标有劳动生产率、人均利税等。劳动生产率是指劳动者在一定时期内创造的劳动成果与劳动消耗量的比值,反映了劳动者生产某种产品的生产效率,是产业技术水平和经营管理水平的综合体现。人均利税是用企业全年利润和所交税费之和除以企业从业人员数,反映了企业的经济效益和对国家所做的贡献。本节用高技术产业劳动生产率作为被解释变量进行分析,人均利税指标用来做稳健性检验。

(二)控制变量

选取高技术产业人均资本(KL)、产业集聚(QE)、出口交货值

（EXP）和技术引进（TI）作为控制变量。高技术产业人均资本反映了高技术产业生产的技术装备水平，人均资本越高，技术装备水平也越高，因而劳动生产率也越高。用永续盘存法计算出各省份各年的资本存量，然后除以高技术产业从业人员数即得人均资本。高技术产业在同一区域集聚，会产生规模经济，企业之间能够分享技术外溢、基础设施和熟练劳动力（Ciccone，1995），因此可以提升集聚区内企业的生产效率，从而提升劳动生产率。区位熵是反映产业集聚的常用指标，用各省份高技术产业总产值占各省份工业总产值的比重与全国高技术产业总产值占全国工业总产值的比重之比构建区位熵指标。用高技术产业的出口交货值衡量出口状况，用高技术产业技术引进费用衡量技术引进状况。本节的数据来源与处理与第一节类似。

二、模型估计与结果分析

（一）线性模型的估计结果与分析

表6-13中的模型（1）考察了创新投入和创新环境对高技术产业劳动生产率的影响，模型（2）至模型（5）分别考察了创新投入和信息化水平、市场化程度、劳动者素质和金融环境对高技术产业劳动生产率的影响。5个模型的Hausman检验结果表明它们均为固定效应模型。

从表6-13中可以看出，模型（1）至模型（5）的结果均显示高技术产业研发投入对劳动生产率有显著的正向影响。这是由于劳动生产率主要受技术水平的影响，研发投入增加，会使高技术产业技术创新水平提高，采用新的生产设备，或改进工艺流程，使生产效率提高，因而劳动生产率显著提升。

表6-13　创新投入和创新环境对高技术产业劳动生产率影响的估计结果

解释变量	模型（1）	模型（2）	模型（3）	模型（4）	模型（5）
$lnRD$	0.2586*** (5.71)	0.1776*** (3.58)	0.2623*** (6.33)	0.3197*** (7.89)	0.3935*** (10.34)
$lnKL$	0.7139*** (14.22)	0.6849*** (13.70)	0.6009*** (10.55)	0.7516*** (15.16)	0.7504*** (14.97)

续表

解释变量	模型（1）	模型（2）	模型（3）	模型（4）	模型（5）
QE	0.2007*** (3.50)	0.1957*** (3.59)	0.1519*** (2.85)	0.1851*** (3.16)	0.1172** (2.15)
lnEXP	0.1528*** (4.11)	0.1411*** (3.90)	0.1534*** (4.28)	0.1749*** (4.76)	0.2129*** (6.01)
lnTI	−0.1096*** (−6.47)	−0.0966*** (−5.70)	−0.0974*** (−5.71)	−0.1159*** (−6.81)	−0.1153*** (−6.72)
INNO	0.4613*** (4.22)				
IDI		1.5152*** (5.67)			
MAR			1.5271*** (5.30)		
HUM				1.4390*** (3.07)	
FIN					0.0235 (1.44)
R^2	0.8933	0.8968	0.8958	0.8912	0.8897
Hausman 检验	14.07	12.29	30.20	18.16	32.89

注：括号内为 t 值；***表示变量在1%的水平上显著；Hansuman 检验为 χ^2 统计量值。

创新环境整体上对高技术产业劳动生产率有显著影响，具体来看，信息化水平、市场化程度和劳动者素质对高技术产业劳动生产率都产生了积极作用，但金融环境并未对其产生显著影响。原因可能是：样本期间，创新环境不断改善，信息化水平、市场化程度和劳动者素质有了很大提高，但金融环境仍存在一些问题，金融环境对高技术产业的支持力度较弱。信息化促进了知识共享，有助于企业进行知识、技术和管理方面的交流，因而信息化水平的提高有助于高技术产业进行技术创新，从而提高劳动生产率。市场化程度的提高有助于提高市场机制对创新资源的配置作用，提高创新效率和创新能力，进而提高高技术产业劳动生产率。高技术产业的发展需要知识型、技术型和创新型人才，劳动者的素质越高，越能适应高技术产业发展的需求，越能提高高技术产业的劳动生产率，因此劳动者素质的提高对高技术产业劳动生产率产生了积极作用。但在金融环境方面，中国资本市场发展不足，高技术产业融资渠道单一，对高技术产业发展非常重要的风险投资比较滞后，中小型高技术企业融资困难等问题不利于劳动生产率的提高。

控制变量中，人均资本的系数为正且在1%的显著性水平上显著成立，表明人均资本越高，高技术产业劳动生产率越高，主要原因在于人均资本反映了技术装备水平的高低，人均资本越高，说明技术装备水平也越高，劳动生产率也越高。区位熵的系数为正且在1%的显著性水平上显著成立，表明产业集聚越强，越能提高劳动生产率。原因是集聚区内的企业能共享技术外溢、基础设施和人才，由此产生规模效应，从而提高劳动生产率。出口交货值的系数显著为正，表明出口增加有利于提升高技术产业劳动生产率。技术引进对高技术产业劳动生产率的影响为负，表明技术引进并未提高高技术产业劳动生产率。

（二）含有交互项模型的估计结果与分析

周密等（2013）认为，创新环境与研发投入相互作用，能极大地优化创新过程，增加创新产出，因此有可能提高劳动生产率。与第一节一样，在模型中加入研发投入与创新环境的乘积项，以检验创新环境是否增强了创新投入对高技术产业劳动生产率的作用效果。加入乘积项后的估计结果如表6-14所示。

表6-14 创新投入和创新环境对高技术产业劳动生产率影响的估计结果

解释变量	模型（1）	模型（2）	模型（3）	模型（4）	模型（5）
$\ln RD$	0.2851*** (6.61)	0.2957*** (4.72)	0.3805*** (6.34)	0.2770*** (6.94)	0.2416*** (6.22)
$\ln KL$	0.7523*** (14.90)	0.7548*** (14.94)	0.7591*** (15.26)	0.7574*** (14.95)	0.7508** (14.85)
QE	0.1542*** (3.56)	0.1486*** (3.45)	0.1469*** (3.44)	0.1611*** (3.65)	0.1487*** (3.47)
$\ln EXP$	0.1824*** (5.45)	0.1859*** (5.57)	0.2001*** (5.91)	0.1795*** (5.39)	0.1840*** (5.59)
$\ln TI$	-0.1167*** (-6.75)	-0.1165*** (-6.74)	-0.1153*** (-6.68)	-0.1174*** (-6.81)	-0.1146*** (-6.27)

续表

解释变量	模型（1）	模型（2）	模型（3）	模型（4）	模型（5）
$INNO \times \ln RD$	0.1428*** (5.35)				
$IDI \times \ln RD$		0.2931*** (7.14)			
$MAR \times \ln RD$			0.3038*** (5.87)		
$HUM \times \ln RD$				0.5214*** (5.24)	
$FIN \times \ln RD$					0.0510 (1.38)
R^2	0.8685	0.8767	0.8725	0.8681	0.8784
Hausman 检验	34.17	33.15	38.12	28.97	30.04

注：①括号内为 t 值；***、**分别表示变量在1%、5%的水平上显著；Hansuman 检验为 χ^2 统计量值。②在模型（1）至模型（5）中，变量 $INNO$、IDI、MAR、HUM、FIN 不显著，因此未报告这些变量的结果。

表6-14中的模型（1）考察了研发投入与创新环境的乘积项对高技术产业劳动生产率的影响，模型（2）至模型（5）分别考察了创新投入与信息化水平、市场化程度、劳动者素质以及金融环境的乘积项对高技术产业劳动生产率的影响。5个模型的检验结果均为固定效应模型，因此，以下将基于固定效应模型的估计结果进行实证分析。

模型（1）的估计结果显示，研发投入与创新环境的乘积项的系数显著为正，说明研发投入对高技术产业劳动生产率的边际效应随着创新环境的改善而增大，即创新环境能够增强研发投入对高技术产业劳动生产率的作用效果。良好的创新环境对高技术产业创新活动能够起到很好的支撑和促进作用，使技术水平提高更多，因而劳动生产率也提高更多。

模型（2）的估计结果显示，研发投入与信息化水平的乘积项的系数显著为正，说明信息化水平的提高能够增强研发投入对高技术产业劳动生产率的影响效应。这是由于信息化对创新具有支撑作用，因而信息化水平高的地区，研发投入对高技术产业劳动生产率的作用效果更大。

模型（3）的估计结果显示，研发投入与市场化程度的乘积项的系数显著为正，表明在研发投入相同时，市场化程度越高的地区研发投入对高技术产业劳动生产率的边际效应越大。这是由于市场化程度越高，R&D 资源的配置效率越高，R&D 资源发挥的作用越大。

模型（4）的估计结果显示，研发投入与劳动者素质的乘积项的系数显著为正，意味着在研发投入相同时，劳动者素质越高的地区研发投入对高技术产业劳动生产率的作用越大。

模型（5）的估计结果显示，研发投入与金融环境的乘积项的系数为正，但在统计上不显著，意味着金融环境并没有提升研发投入对高技术产业劳动生产率的边际效应。对此可能的解释是：进行技术创新和科技成果转化需要大量的资金支持，但金融发展对高技术产业的支持力度较弱，因而金融环境并未增强研发投入的作用效果。

（三）门限回归模型的估计结果与分析

下面用门限回归模型分析研发投入对高技术产业劳动生产率的影响。门限效应的检验结果见表 6-15，检验结果显示，在 10% 的显著性水平下，以创新环境、信息化水平、市场化程度和劳动者素质为门限变量的门限回归模型存在单门限效应，以金融环境为门限变量的门限回归模型不存在门限效应。

表 6-15　门限效应检验结果

门限变量	门限值检验	F 值	p 值	临界值		
				10%	5%	1%
创新环境	单门限检验	33.49	0.0767	31.1629	37.1645	53.9165
	双门限检验	7.25	0.5600	20.3349	26.8119	47.4744
信息化水平	单门限检验	52.24	0.0200	29.2744	34.9270	59.9941
	双门限检验	6.65	0.6600	21.1946	30.6098	43.7020
市场化程度	单门限检验	40.21	0.0667	34.5495	45.1831	57.3765
	双门限检验	8.35	0.6033	22.4861	26.1622	35.6011
劳动者素质	单门限检验	34.77	0.0833	32.4646	39.1931	50.6284
	双门限检验	10.37	0.5367	26.3041	32.3258	45.37061
金融环境	单门限检验	12.53	0.5867	31.0607	38.3731	54.1137
	双门限检验	3.20	0.9333	21.9192	28.1145	43.5148

对门限效应进行检验之后，分别估计出门限值及其置信水平为 95% 的置信区间，具体结果见表 6-16。如表 6-16 所示，创新环境、信息化水平、

市场化程度和劳动者素质的门限值分别为 0.9117、0.7700、0.6842、0.1286，门限值均在其 95% 的置信区间内且置信区间较小，说明门限值的识别效果较好。

表 6-16 门限值的估计及显著性检验

门限变量	门限值估计	置信区间
创新环境	0.9117	[0.8957, 0.9159]
信息化水平	0.7700	[0.7577, 0.7797]
市场化程度	0.6842	[0.6733, 0.6851]
劳动者素质	0.1286	[0.1183, 0.1300]

表 6-17 门限回归模型的参数估计结果

解释变量	模型（1） INNO	模型（2） IDI	模型（3） MAR	模型（4） HUM
$\ln RD0$	0.0991*** (2.90)	0.0454* (1.80)	0.1684*** (3.95)	0.2093*** (3.88)
$\ln RD1$	0.2299*** (5.22)	0.1028** (2.13)	0.2953*** (7.36)	0.3058*** (7.57)
$\ln KL$	0.6514*** (13.11)	0.6019*** (12.31)	0.5473*** (9.88)	0.7430*** (15.11)
QE	0.2401*** (4.31)	0.2322*** (4.47)	0.2040*** (3.93)	0.2129*** (3.62)
$\ln EXP$	0.1178*** (3.24)	0.0984*** (2.82)	0.1617*** (4.69)	0.1531*** (4.13)
$\ln TI$	-0.0993*** (-6.04)	-0.0770*** (-4.72)	-0.0858*** (-5.21)	-0.1138*** (-6.74)
INNO	0.8376*** (6.71)			
IDI		1.7265*** (8.87)		
MAR			1.9589*** (6.86)	
HUM				2.5016*** (4.31)
FIN				

续表

解释变量	模型（1）	模型（2）	模型（3）	模型（4）
	INNO	*IDI*	*MAR*	*HUM*
R^2	0.9010	0.9076	0.9043	0.8937
个体效应均为零的 F 检验	16.09***	18.21***	16.71***	16.43***

注：括号内为 t 值；***、**、* 分别表示变量在 1%、5% 和 10% 的水平上显著。

表 6-17 中模型（1）至模型（4）分别是以创新环境、信息化水平、市场化程度和金融环境为门限变量的门限模型的估计结果。从估计结果来看，检验模型个体效应是否均为零的 F 统计量分别为 16.09、18.21、16.71、16.43，均在 1% 的显著性水平上拒绝原假设，表明应该选择固定效应模型。

模型（1）的估计结果显示，当创新环境综合指数小于 0.9117 时，研发投入每增加 1%，就会使高技术产业劳动生产率增加 0.0991%；当创新环境指数高于 0.9117 时，研发投入每增加 1%，高技术产业劳动生产率将增加 0.2299%。这表明，研发投入在创新环境不同的区域内对高技术产业劳动生产率的影响效果不同，随着创新环境的改善，研发投入对高技术产业劳动生产率的影响程度进一步增强。2000 年没有一个省份的创新环境指数跨过门槛值，2016 年创新环境指数跨过门槛值的有北京、上海、天津、浙江等 11 个省份，说明 2000—2016 年有较多省份的创新环境有了很大改善。

模型（2）估计结果显示，当信息化水平小于 0.7700 时，研发投入每增加 1%，就会使高技术产业劳动生产率增加 0.0454%；当信息化水平高于 0.7700 时，研发投入每增加 1%，高技术产业劳动生产率将增加 0.1028%。说明研发投入在信息化水平不同的地区对高技术产业劳动生产率的影响效果不同，同样多的研发投入在信息化水平高的地区能发挥更大的作用。2000 年信息化水平跨过门槛值的只有北京，2016 年信息化水平跨过门槛值的有北京、上海、浙江、广东等 11 个省份。

模型（3）的估计结果显示，当市场化程度小于 0.6842 时，研发投入每增加 1%，就会使高技术产业劳动生产率增加 0.1684%；当市场化程度高于 0.6842 时，研发投入每增加 1%，高技术产业劳动生产率将增加 0.2953%。表明研发投入在市场化程度不同的区域内对高技术产业劳动生产率的影响效果存在差异，市场化程度高的地区高技术产业劳动生产率也高。2000 年没有一个地区的市场化程度跨过门槛值，2016 年市场化程度跨过门槛值的有江苏、广东、山东、浙江等 13 个省份。

模型（4）的估计结果显示，当 6 岁及以上人口中大专及以上学历占比小于 0.1286 时，研发投入每增加 1%，就会使高技术产业劳动生产率增加 0.2093%；当 6 岁及以上人口中大专及以上学历占比高于 0.1286 时，研发投入每增加 1%，高技术产业劳动生产率将增加 0.3058%。说明研发投入在劳动者素质不同的区域内对高技术产业劳动生产率的影响效果不同，在劳动者素质高的地区发挥的作用更大。2000 年没有一个省份跨过劳动者素质的门槛值，2016 年劳动者素质跨过门槛值的有北京、上海、天津等 10 个省份。表明 2000—2016 年各省份的劳动者素质有了很大提高。

（四）稳健性检验

本节采用更换变量的方法检验估计结果的稳健性。将被解释变量换成高技术产业人均利税，对三种模型分别进行估计，结果显示，更换被解释变量后，虽然解释变量的系数估计值大小有所不同，但方向和显著性水平并没有改变。此外，分别以创新环境、信息化水平、市场化程度和劳动者素质为门限变量的门限回归模型同样存在单门限值，以金融环境为门限变量的门限回归模型不存在门限值。这说明，前文模型的估计结果是稳健可靠的。

三、结论

本节的实证研究结论如下：①研发投入、创新环境、信息化水平、市场化程度和劳动者素质对高技术产业劳动生产率具有显著的促进作用，但金融环境并未对高技术产业劳动生产率产生显著影响。②研发投入在影响高技术产业劳动生产率时受创新环境、信息化水平、市场化程度和劳动者素质制约。当创新环境指数、信息化水平、市场化程度和劳动者素质较低时，研发投入对高技术产业劳动生产率影响的边际效应较小；反之则较大。金融环境并未影响研发投入对高技术产业劳动生产率的边际效应。③在创新环境指数、信息化水平、市场化程度和劳动者素质不同的区域内，研发投入对高技术产业劳动生产率的影响存在显著差异。在创新环境指数、信息化水平、市场化程度和劳动者素质较高的地区，研发投入对高技术产业劳动生产率的影响更大。

第四节 创新投入与创新效率对高技术产业生产效率的影响

前文已经对中国高技术产业的生产效率进行了研究，发现中国高技术产业的生产效率不高且增长缓慢。提高高技术产业生产效率，需要先找出其影响因素。目前，已有一些学者研究了中国高技术产业生产效率及其影响因素。范凌钧（2010）研究了 R&D 投入对高技术产业生产效率的影响，结果表明 R&D 投入对高技术产业生产效率有显著的正向促进作用。彭峰（2013）研究证实国外技术引进、外商直接投资和自主研发显著促进了高技术产业生产效率的提升。范晓莉（2017）研究认为行业盈利能力、地区经济总量、人力资本水平和政府政策支持对高技术产业环境生产效率有显著的促进作用，而研发投入未对其产生促进作用。上述文献均考虑了研发投入对高技术产业生产效率的影响，但没有考虑创新效率对其的影响，事实上，创新效率也是影响高技术产业生产效率的一个非常重要的因素。本节的研究意义在于考察创新效率对高技术产业生产效率的影响状况，以期丰富对高技术产业生产效率影响因素的研究。

一、计量模型、变量选择与数据说明

（一）计量模型

由于前文计算的高技术产业生产效率值介于 0 和 1 之间，属于被解释变量受限制的一种情形，若使用普通最小二乘法估计参数，则得到的参数估计值是有偏差和不一致的，因此需要采用基于最大似然估计原理的 Tobit 模型进行参数估计。

本节构建的面板 Tobit 模型如下：

$$Y_{it}^{*} = \alpha X_{it} + \beta Z_{it} + \mu_{i} + \varepsilon_{it} \quad (6-5)$$

$$Y_{it} = \begin{cases} 1 & Y_{it}^* > 1 \\ Y_{it}^* & 0 < Y_{it}^* \leq 1 \\ 0 & Y_{it}^* \leq 0 \end{cases}$$

其中，Y_{it} 是高技术产业生产效率，Y_{it}^* 是潜变量，X_{it} 为解释变量，包括高技术产业创新投入和创新效率，Z_{it} 为控制变量，ε_{it} 为随机误差项。

（二）变量选择与说明

模型的被解释变量为高技术产业生产效率，解释变量为高技术产业研发投入和创新效率。除了技术创新方面的因素，企业规模、出口比重、产业集聚和产权结构也是影响高技术产业生产效率的因素。因此控制变量选择企业规模、出口比重、产业集聚和产权结构。这些变量的具体说明如下：

1. 高技术产业生产效率（Y）

生产效率是指给定高技术产业投入时实现产出最大化或者给定产出时实现投入最小化的能力，反映了生产过程中投入产出资源的配置状况。该指标是前文用 DEA 法计算的，取值在 0 到 1 之间，位于生产前沿面的决策单元的效率为 1。生产效率来自前文的计算。

2. 高技术产业研发投入（RD）

技术创新是影响高技术产业生产效率的重要因素，而 R&D 经费投入的多少影响高技术产业技术创新的程度，因而研发投入影响生产效率。研发投入采用高技术产业 R&D 经费内部支出指标衡量。

3. 创新效率（E）

技术水平的高低不仅取决于创新投入，还取决于创新效率。创新效率高，说明对创新资源的利用率高，同样的创新资源有更多的创新产出，技术水平也会提高更多，因而生产效率会更高。根据创新价值链，创新过程可以分为技术研发和成果转化两个阶段，创新效率相应就有技术研发效率和成果转化效率，本节不仅分析创新效率对高技术产业生产效率的影响，同时也详细分析创技术研发效率和成果转化效率对高技术产业生产效率的影响。创新效率是前文用链式网络 DEA 法计算的。

4. 控制变量

控制变量为企业规模（SI）、出口比重（EXP）、产业集聚（QE）和产权结构（PRS）。在生产过程中，较大规模的企业有较高程度的分工和专业化，可以提高资源的利用效率，因而生产效率较高。企业规模用高技术产业主营业务收入与企业个数之比即平均销售收入表示。出口一方面能够使企业通过国际分工获得国际化经验以提高生产效率，另一方面为了在激烈的国际竞争中取得优势，企业会不断提高生产效率，因而出口比重高的企业生产效率也高。出口比重为高技术产业出口交货值与主营业务收入之比。产业集聚可以使集聚区内企业共享技术、技术设施和人才，从而能提升集聚区内企业的生产效率。产业集聚用区位熵来衡量，其计算公式为各省份高技术产业总产值占各省份工业总产值的比重与全国高技术产业总产值占全国工业总产值的比重之比。由于中国的市场经济还不成熟，所以产权结构也是影响生产效率的一个特殊因素（Jefferson，2006）。产权结构一般用非国有产权比重来衡量，这里用非国有工业总产值占全部工业总产值的比重、非国有固定资产投资占全部固定资产投资的比重和非国有就业人口占全部就业人口的比重三者的平均值来衡量。

（三）数据来源与处理

本节数据来源与处理与第一节类似，样本区间为2000—2014年[①]，各变量的描述性统计如表6-18所示。

表6-18　模型中各变量的描述性统计

变量	观测值个数	均值	标准差	最小值	最大值
生产效率（Y）	420	0.5212	0.2877	0.0869	1
创新效率（E）	420	0.4916	0.2643	0.0623	1
技术研发效率（$E1$）	420	0.5334	0.2813	0.0796	1
成果转化效率（$E2$）	420	0.4499	0.3025	0.0576	1
R&D经费支出（$\ln RD$）	420	0.7159	0.8816	−2.3767	2.8204
企业规模（SI）	420	1.5032	1.2459	0.2291	7.3248
出口比重（EXP）	420	0.2294	0.2036	0.0112	0.7479
产业集聚（QE）	420	0.7342	0.6362	0.0787	3.3921
产权结构（PRS）	420	0.5349	0.1424	0.2368	0.8429

---

① 在计算创新效率时将变量滞后2期，因此样本区间为2000—2014年。

二、模型估计与结果分析

表 6-19 中的模型（1）至模型（3）分别考察了研发投入与创新效率、技术研发效率、成果转化效率对高技术产业生产效率的影响。由模型（1）至模型（3）的 LR 检验可知，检验结果强烈拒绝原假设，认为存在个体异质性，应使用随机效应的面板 Tobit 回归模型，因此，以下将使用随机效应面板 Tobit 回归模型的估计结果进行分析。

从表 6-19 中可以看出，不管是创新效率还是技术研发效率、成果转化效率，均对高技术产业生产效率产生了显著的正向影响。说明高技术产业创新效率与生产效率紧密关联，创新效率是影响生产效率的重要因素。与技术研发效率的系数估计值相比，成果转化效率的系数估计值更大，统计上更显著，表明成果转化效率是影响生产效率的更为重要的因素，这与贾净雪（2012）的相关研究结论一致。因为创新的根本目的是使科技成果转化为现实生产力，创造社会财富，科技成果只有顺利转化为商业价值，才能增加社会产出，才会表现出较高的生产效率。但由前文可知，中国高技术产业的成果转化效率仅为 0.450，说明在科技成果转化过程中存在较多的资源浪费问题。同时中国高技术产业的创新效率和技术研发效率也不高，有很大的上升空间。因此，提高高技术产业创新效率、技术研发效率和成果转化效率对于提高高技术产业生产效率意义重大。

表 6-19 研发投入和创新效率对高技术产业生产效率影响的估计结果

解释变量	模型（1）	模型（2）	模型（3）
E	0.3652*** (8.12)		
$E1$		0.2248*** (5.62)	
$E2$			0.3341*** (8.38)
$\ln RD$	0.0424*** (2.09)	0.0454** (2.14)	0.0439** (2.17)
SI	0.0337** (2.39)	0.0339** (2.30)	0.0349** (2.47)

续表

解释变量	模型（1）	模型（2）	模型（3）
EXP	0.3718*** (3.87)	0.4139*** (4.12)	0.3697*** (3.84)
QE	0.0418*** (2.83)	0.0508*** (3.13)	0.0416*** (2.84)
PRS	0.7599*** (5.27)	0.8816*** (5.97)	0.7582*** (5.29)
LR 检验	83.47***	91.72***	82.06***

注：括号内为 t 值；***、**分别表示变量在1%、5%的水平上显著。

模型（1）至模型（3）的估计结果均显示研发投入对高技术产业生产效率有促进作用，这与范凌钧等（2010）的研究结论一致。根据内生增长理论，基于 R&D 活动的技术创新是经济增长的源泉，可以促进生产效率提升。研发投入主要通过提高高技术产业的技术创新能力、优化高技术产业产业结构和产品结构以及增加高技术产业的知识存量来提升生产效率（范凌钧等，2010）。R&D 活动推动了产业结构优化升级和产品结构高级化，由此创造新的供给，在投入不变的条件下使产出增加，从而提升了生产效率。R&D 活动促进了产品创新和工艺创新，可以使生产点向生产可能性边界逼近，从而提升生产效率。R&D 形成的知识存量具有溢出效应，有利于高技术产业从业人员学习和积累知识，由此带动生产效率的提升。这意味着，加大 R&D 投入、提高 R&D 利用效率是提高高技术产业生产效率的关键。

除了研发投入和创新效率对高技术产业生产效率有显著影响外，其他一些因素对其也有显著作用：①企业规模的系数显著为正，表明较大规模的企业具有较高的生产效率。一方面较大规模的企业资金实力比较雄厚，能够实现规模经济；另一方面较大规模的企业有较高程度的分工和专业化，可以提高资源的利用效率，最终会提升高技术产业的生产效率。②出口比重的系数显著为正，说明出口比重的增加能显著提升高技术产业生产效率。一方面出口有利于企业学习先进技术和管理经验，另一方面激烈的竞争会促使企业不断提高生产效率以提高产品竞争力，因而出口比重对高技术产业生产效率有正向影响。③产业集聚的系数显著为正，表明产业集聚对高技术产业生产效率有积极影响。原因是产业集聚会通过规模经济、企业间的技术外溢对企业的生产效率产生很大的促进作用。④产权结构对高技术产业生产效率有显著影响，即非国有经济比重的增加有利于高技术产业生产效率的提高。主要原因是非国有经济产权清晰，加剧了市场竞争，使企业效率提高（姚洋，1998）。与民营企业相比，国有企业存在着生产效率和创新效率的双重损失（吴延兵，2012）。因此，非国有经济比重的提高有利于高技术产业生产效率的提升。

三、结论

本节基于2000—2014年的省级面板数据，采用面板 Tobit 回归模型研究了研发投入和创新效率对高技术产业生产效率的影响。实证研究发现：①创新效率、技术研发效率和成果转化效率均对高技术产业生产效率有显著的正向影响。与技术研发效率相比，成果转化效率是影响高技术产业生产效率更为重要的因素。②研发投入对高技术产业生产效率有促进作用。这意味着，加大 R&D 投入、提高 R&D 利用效率是提高高技术产业生产效率的关键。③企业规模、出口比重、产业集聚和产权结构均对高技术产业生产效率有正向影响，表明企业规模的扩大、出口比重的增加、产业集聚的增强以及非国有经济比重的提高均有利于高技术产业生产效率的提升。

第五节　本章小结

本章基于2000—2016年的省级面板数据，采用实证分析法探讨了创新投入、创新环境和创新效率对高技术产业绩效的影响，得出以下结论：①研发投入和创新环境对高技术产业总产值具有显著正向影响，且研发投入在影响高技术产业总产值时受创新环境约束。当创新环境较好时，研发投入带来的高技术产业总产值的边际效应较大。具体来讲，在信息化水平较高、市场化程度较高、劳动者素质较高以及金融环境较好的地区，研发投入对高技术产业总产值的影响较大；反之则较小。②创新环境对高技术产业利润和劳动生产率的影响与对高技术产业总产值的影响有所不同。劳动者素质和金融环境并未影响高技术产业利润，也并未影响研发投入对高技术产业利润的作用效果。金融环境对高技术产业劳动生产率的影响不显著，且不存在显著的门限值。③创新效率、技术研发效率和成果转化效率均对高技术产业生产效率有显著的正向影响。与技术研发效率相比，成果转化效率是影响高技术产业生产效率更为重要的因素。研发投入对高技术产业生产效率也有极大的促进作用。

第七章

技术创新与空间溢出对高技术产业绩效影响的实证分析

在中国实施创新驱动发展战略的新时期，大力发展高技术产业是创新驱动发展战略的核心抓手，将极大地促进中国制造业从中低端向中高端转变，对促进中国经济增长、优化经济结构起到积极作用（胡鞍钢，2017）。但中国高技术产业存在绩效偏低的问题，其根本原因在于技术创新能力不强，缺乏核心技术。因此，提高中国高技术产业的技术创新水平进而提升高技术产业绩效是一个值得关注的问题。

技术创新活动形成的知识存量具有非竞争性和部分非排他性，因而技术创新容易产生知识溢出效应，即某地区的科技活动成果可能惠及其他没有参与知识创造活动的地区，同时该地区也可能受惠于其他地区的知识创造活动。因此，一个地区的技术创新能力不仅取决于该地区自身的研发投入，也受周围地区技术创新溢出效应的影响。区域之间相互的技术溢出能够进一步提高技术创新能力，提升产业绩效。中国高技术产业的技术创新活动是否存在技术溢出？技术溢出是否对其他地区的产业绩效具有积极影响？回答这些问题有利于正确认识当前中国各地区高技术产业技术创新协调发展状况，对于各地区制定高技术产业发展战略具有重要意义。

国内外很多学者研究了技术创新对产业绩效的影响。Griliches（1986）研究了R&D投入对企业生产率的影响，认为R&D投入对生产率起促进作用。Lev（1996）研究认为研发投资对产出效益的影响具有明显时滞性，各行业存在异质性。Moreno（2005）考虑研发的外部性，检验了创新活动的空间关联性，证实溢出效应对经济绩效有显著影响。周亚虹（2012）、李冬琴（2013）、张继良（2015）运用中国工业的相关数据研究了R&D活动与产业绩效的关系。李中（2012）、俞立平（2013）、刘锋（2016）对中国高技术产业的研发投入与产业绩效的关系进行了研究。这些研究结果均认为研发活动对产业绩效有重要作用，但在研究过程中考虑技术创新空间溢出的文献较少。

目前，随着空间计量经济学的广泛应用，越来越多的学者开始用空间计量模型研究创新的空间溢出性，认为区域间的知识溢出有助于区域经济增长或创新能力提升（潘文卿，2012；刘和东，2013；白俊红，2015），但对于高技术产业技术创新溢出的研究较少。张同斌（2014）采用地理相邻空间权重矩阵建立空间计量模型研究了高技术产业研发存量、知识溢出对产出的影响。姚丽（2015）同样采用空间计量方法构建地理距离权重矩阵研究了区域技术创新和技术溢出对高技术产业发展水平的影响。已有关于高技术产业技术溢出的文献缺少对技术创新空间关联的探讨，且已有文献仅使用地理因素的权重矩阵进行研究，没有考虑社会经济因素对空间溢出的影响。本章试图在已有研究的基础上进行拓展：一是深入分析高技术产业技术创新的空间关联和空间集聚状况；二是分别运用地理邻接权重矩阵、地理距离权重矩阵和人力资本权重矩阵进行研究，以分析创新空间溢出在不同空间权重矩阵下的差异；三是不仅分析高技术产业技术溢出对产出的影响，也分析技术溢出对利润和劳动生产率的影响，丰富了高技术产业技术创新对绩效影响的研究内容。

第一节　区域高技术产业技术创新的空间关联

为了深入分析中国高技术产业技术创新溢出对产业绩效的影响，首先探讨一下高技术产业技术创新的空间关联状况。从理论上讲，技术创新在空间上存在关联，即具有溢出效应，那么中国高技术产业技术创新是否存在空间关联呢？本节用 ESDA（Exploratory Spatial Data Analysis）方法来测算中国各省份高技术产业技术创新的全局空间相关性和局部空间关联特征。

一、研究方法与数据说明

本节用全局 Moran's I 指数和局部 Moran's I 指数测度高技术产业技术创

新的空间关联程度和集聚特征。全局 Moran's I 指数是用来度量空间相关程度的全局指标,反映研究区域内所有单元就某一属性值的空间关联程度,其计算公式为:

$$I = \frac{n \sum_{i=1}^{n} \sum_{j=1}^{n} w_{ij}(x_i - \bar{x})(x_j - \bar{x})}{(\sum_{i=1}^{n} \sum_{j=1}^{n} w_{ij}) \sum_{i=1}^{n} (x_i - \bar{x})^2} \quad (7-1)$$

其中,x_i 和 x_j 分别为区域 i 和区域 j 的某一研究变量,w_{ij} 为空间权重矩阵的 (i, j) 元素。全局 Moran's I 指数的取值范围一般为 [-1, 1],若取值为正,则表明研究变量的空间分布存在空间正相关,即高值与高值集聚或低值与低值集聚;若取值为 0,则表明研究变量的空间分布是随机的,不存在空间相关性;若取值为负,则表明研究变量的空间分布存在空间负相关,即高值与低值相邻或低值与高值相邻的现象。

局部 Moran's I 指数也称 LISA(Local Indicators of Spatial Association)指数,用以反映研究区域内某单元就某一属性值与其相邻单元的空间相关程度,其计算公式为:

$$I_i = \frac{n(x_i - \bar{x}) \sum_{j=1}^{n} w_{ij}(x_j - \bar{x})}{\sum_{i=1}^{n} (x_i - \bar{x})^2} \quad (7-2)$$

其中 x_i、x_j、w_{ij} 同式 (7-1)。局部 Moran's I 指数的含义与全局 Moran's I 指数的含义相似。正的 I_i 值表示区域 i 的高值被周围的高值包围或者区域 i 的低值被周围的低值包围;负的 I_i 值表示区域 i 的高值被周围的低值包围或者区域 i 的低值被周围的高值包围。

常用的反映技术创新的指标有两种:一种是投入指标,如 R&D 经费投入、R&D 人力投入等;另一种是产出指标,如专利、新产品销售收入等。由于 R&D 经费投入最终并未能全部转化为技术、专利等创新产出,因此本节选择高技术产业创新产出指标——专利申请数反映技术创新。由于专利具有专利权期限,因此专利与固定资产类似,需要以一定的折旧率核算其存量来反映真实的知识资本积累。本节借鉴严成樑等(2010)的测算方法,用永续盘存法对各省份的专利存量进行测算,其计算公式为:

$$PAK_{it} = PA_{it} + (1-\delta) PAK_{it-1} \quad (7-3)$$

其中，PAK_{it}、PA_{it} 分别表示高技术产业专利存量和专利申请数，专利折旧率 δ 取 15%。基期 PAK_0 由 $PA_0/(g+\delta)$ 确定，其中 g 为各省份高技术产业专利申请数的平均增长率。

在计算全局 Moran's I 指数和局部 Moran's I 指数时，需要确定空间权重矩阵。本节采用地理邻接权重矩阵，空间相邻时 $w_{ij}=1$，空间不相邻时 $w_{ij}=0$。

本节所用的数据来自历年的《中国高技术产业统计年鉴》，样本区间为 2000—2016 年，对样本中的个别缺失数据用平滑法进行处理。由于西藏、青海、新疆的数据缺失较多，故舍去。为减弱专利存量的波动性，对专利存量取对数处理。

二、区域高技术产业技术创新的全局空间相关性分析

计算 2000—2016 年中国高技术产业专利存量的全局 Moran's I 指数，结果见表 7-1。在计算时采用地理邻接权重矩阵①，并在计算过程中对其进行行标准化处理。

表 7-1 2000—2016 年中国各省份高技术产业专利存量的全局 Moran's I 指数

年份	Moran's I	z 值	p 值	年份	Moran's I	z 值	p 值
2000	0.113	1.207	0.227	2009	0.228**	2.115	0.034
2001	0.151	1.506	0.132	2010	0.245**	2.250	0.024
2002	0.162	1.565	0.118	2011	0.254**	2.323	0.020
2003	0.190*	1.783	0.075	2012	0.263**	2.411	0.016
2004	0.199*	1.890	0.059	2013	0.274**	2.483	0.013
2005	0.210*	1.938	0.053	2014	0.305***	2.735	0.006
2006	0.234**	2.162	0.031	2015	0.300***	2.664	0.008
2007	0.227**	2.109	0.035	2016	0.312***	2.972	0.003
2008	0.231**	2.308	0.021				

注：***、**、* 分别表示变量在 1%、5% 和 10% 的水平上显著。

从表 7-1 中可以看出，2000—2016 年中国各省份高技术产业专利存量

---

① 虽然海南在地理上与广东并不邻接，但在经济上与广东联系较为紧密，因此本书假定海南与广东相邻。

的全局 Moran's I 指数均为正，从 2006 年起，Moran's I 指数通过 5%的显著性检验，说明各省份高技术产业专利存量存在空间正相关性。也就是说，中国各省份高技术产业专利存量的空间分布并不是随机的，而是存在"高—高"型或"低—低"型的集聚分布状态。从变动趋势看（见图 7-1），全局 Moran's I 指数总体上呈上升趋势，表明中国各省份高技术产业技术创新的空间相关性在增强，意味着中国各省份之间高技术产业技术创新的溢出效应越来越大。

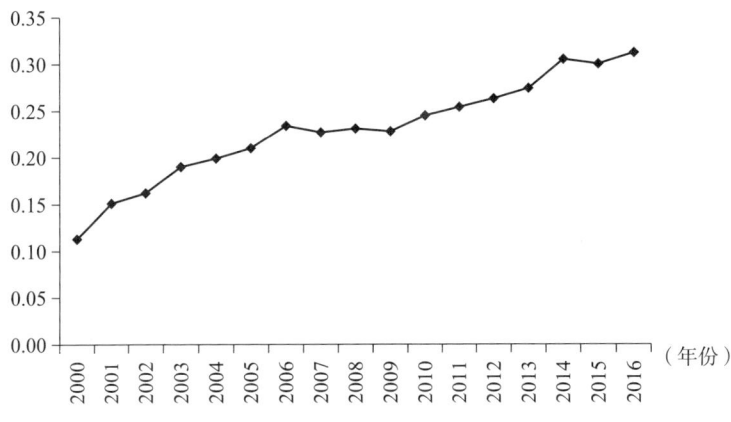

图 7-1　2000—2016 年区域高技术产业技术创新全局 Moran's I 指数

三、区域高技术产业技术创新的局部空间相关性分析

为了进一步探讨中国高技术产业技术创新的局部空间关联特征，本节采用了 Moran 散点图和 LISA 集聚图。Moran 散点图是根据观测值和其空间滞后值绘制的。2000 年和 2016 年专利存量和专利存量空间滞后值的 Moran 散点图分别见图 7-2 和图 7-3。Moran 散点图将各省份高技术产业技术创新的空间关系分为四种模式：第一象限表示技术创新高的省份被技术创新高的省份包围（HH）；第二象限表示技术创新水平低的省份被技术创新高的省份包围（LH）；第三象限表示技术创新水平低的省份被技术创新低的省份包围（LL）；第四象限表示技术创新水平高的省份被技术创新低的省份包围（HL）。

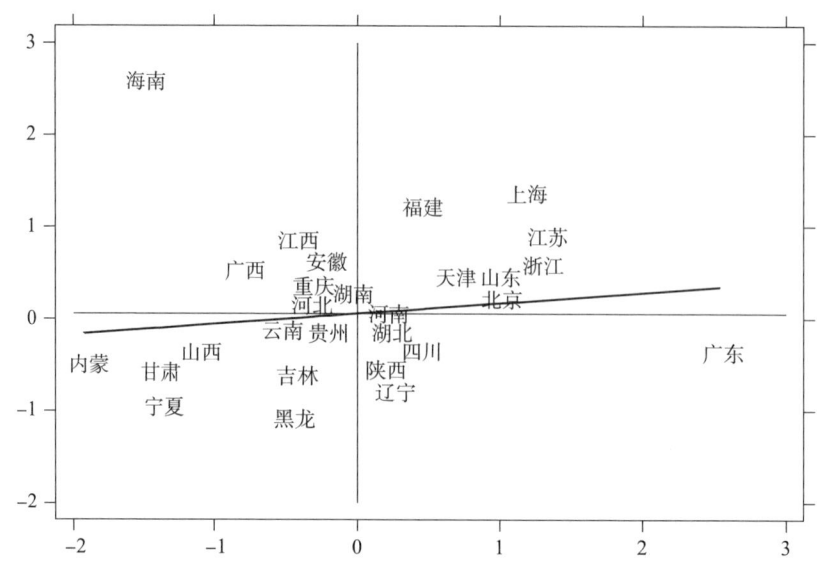

图 7-2 2000 年中国各省份高技术产业技术创新的 Moran 散点图

由图 7-2 可知，2000 年属于 HH 类型的省份为：北京、天津、上海、江苏、浙江、山东、福建，都位于东部地区，这些省份是高技术产业技术创新水平较高的地区，相互之间有明显的技术溢出，形成较强的正向相关关系。属于 LH 类型的省份为：河北、安徽、江西、湖南、广西、海南和重庆，这几个省份与其相邻的省份相比，技术创新水平较低。属于 LL 类型的省份为：山西、内蒙古、吉林、黑龙江、贵州、云南、甘肃和宁夏，大部分位于西部地区，高技术产业的技术创新水平较低，且与之相邻的省份的技术创新水平也较低，相互之间产生的技术溢出较少。属于 HL 类型的省份为：辽宁、河南、湖北、广东、四川和陕西，这些省份的高技术产业技术创新水平较高，但其相邻的省份技术创新水平较低。这种类型的省份之间产生的技术溢出效应也不大，原因是在经济增长和技术创新过程中存在"极化效应"，即人力、资金等各种资源会流向经济发展水平高或技术创新能力强的区域，造成周围省份的资源流失（王丽英，2010；张静，2017）。

由图 7-3 可知，2016 年属于 HH 类型的省份为 11 个，原来的省份不变，新增加了中部的安徽、河南、湖北、湖南 4 个省份，说明中部这 4 个省份的高技术产业技术创新水平提高较快。属于 LH 类型的省份为 5 个，

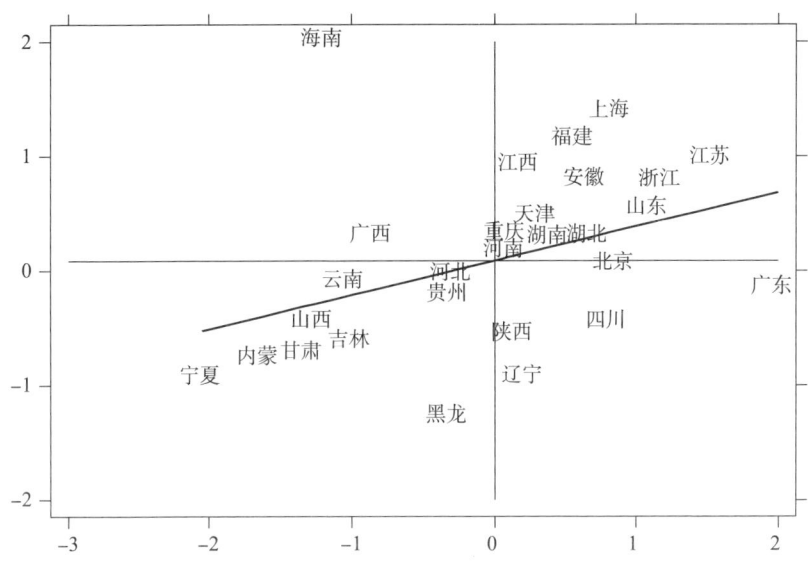

图 7-3 2016 年中国各省高技术产业技术创新的 Moran 散点图

其中河北、江西、广西、海南和重庆不变,安徽和湖南从中退出。属于 LL 类型的省份不变。属于 HL 类型的省份为 4 个,辽宁、广东、四川和陕西不变,河南和湖北从中退出。从时空演变来看,2000—2016 年,中部一些省份的高技术产业技术创新水平提高较快,从而进入 HH 类型,但是属于 LL 类型的省份没有减少,说明西部地区的高技术产业技术创新水平提高缓慢,有待进一步加强。从区域分布来看,属于 HH 类型的省份大多位于东部地区,而属于 LL 类型的省份大部分位于西部地区,这意味着东部地区基本上是"高—高"型集聚,西部地区基本上是"低—低"型集聚,因此,虽然东部地区和和西部地区省份间的高技术产业技术创新均存在正的空间依赖效应,但东部地区高技术产业技术创新的溢出效应较大,而西部地区的溢出效应较小。

由于 Moran 散点图所做的局部空间相关性分析没有考虑统计显著性,因此接下来进一步对局部空间效应进行统计检验,具体结果如表 7-2 所示。

表 7-2　2000 年和 2016 年中国各省份高技术产业技术创新局部 Moran's I 指数

序号	省份	2000 年			2016 年		
		I_i	z 值	p 值	I_i	z 值	p 值
1	北京	0.204	0.361	0.359	0.039	0.113	0.455
2	天津	0.261	0.447	0.327	0.145	0.271	0.393
3	河北	-0.01	0.083	0.467	0.022	0.183	0.427
4	山西	0.517	1.22	0.111	0.632*	1.46	0.072
5	内蒙古	1.151***	4.03	0.000	1.227***	4.939	0.000
6	辽宁	-0.234	-0.368	0.356	-0.145	-0.201	0.420
7	吉林	0.312	0.653	0.257	0.594	1.17	0.121
8	黑龙江	0.539	0.864	0.194	0.589	0.93	0.176
9	上海	1.548***	2.375	0.009	1.308**	1.999	0.023
10	江苏	1.093***	2.488	0.006	1.484***	3.323	0.000
11	浙江	0.61*	1.625	0.052	0.857**	2.229	0.013
12	安徽	-0.145	-0.304	0.380	0.379	1.16	0.123
13	福建	0.567	1.129	0.130	0.602	1.185	0.118
14	江西	-0.283	-0.691	0.245	-0.061	-0.068	0.473
15	山东	0.272	0.681	0.248	0.483	1.136	0.128
16	河南	-0.006	0.086	0.466	0.01	0.13	0.448
17	湖北	-0.025	0.035	0.486	0.058	0.266	0.395
18	湖南	-0.015	0.063	0.475	0.064	0.281	0.390
19	广东	-1.185***	-2.881	0.002	-0.594*	-1.389	0.082
20	广西	-0.372	-0.737	0.231	-0.306	-0.588	0.278
21	海南	-0.854***	-3.972	0.000	-0.551***	-2.593	0.005
22	重庆	-0.038	-0.001	0.500	-0.012	0.064	0.475
23	四川	-0.207	-0.427	0.335	-0.364*	-0.815	0.097
24	贵州	0.048	0.213	0.416	0.053	0.225	0.411
25	云南	0.092	0.242	0.405	0.167	0.379	0.352
26	陕西	-0.128	-0.307	0.379	-0.05	-0.042	0.483
27	甘肃	0.964**	2.204	0.014	0.999**	2.263	0.012
28	宁夏	1.294***	2.863	0.002	1.4932***	3.652	0.000

注：***、**、* 分别表示变量在 1%、5% 和 10% 的水平上显著。

2000 年大部分省份的空间局部关联效应在统计上不显著，在统计上显著的省份有 8 个。其中，属于 HH 类型的有上海、江苏和浙江，这三个省份相邻且都具有较高的高技术产业技术创新水平，相互之间的技术联系比较密切，技术溢出效应较大，这三个省份可被认为是高技术产业技术创新的热点区域。属于 LL 类型的是内蒙古、甘肃和宁夏，这三个省份的高技术产业技术创新水平较低，且与之相邻省份的技术创新水平也低，相互之间产生正的技术溢出效应，但技术溢出效应较小，这三个省份可被认为是高技术产业技术创新的冷点区域。属于 HL 和 LH 类型的是广东和海南，广东的高技术产业技术创新水平远高于海南，因而二者之间表现出显著的负的空间关联效应。到 2016 年，局部空间自相关显著的省份增加到 10 个，除 2000 年的 8 个省份继续保持显著外，又增加了山西和四川两个省份。其中山西属于 LL 类型，山西是能源大省，但高技术产业发展水平不高，技术创新水平较低；四川属于 HL 类型，虽然位于西部地区，但四川的高技术产业技术创新水平较高，在 2016 年的高技术产业专利申请数为 7760 件，在全国排名第五。

总体而言，中国高技术产业技术创新存在一定的空间集聚效应。东部地区的京津冀、长三角和珠三角的高技术产业技术创新水平较高，这些地区相互之间有较强的正向关联关系，对周边地区技术创新水平的提高有较大的辐射带动作用。西部地区绝大部分省份的技术创新水平较低，相互之间虽然也是正向相关关系，但相互作用的效果较差。西部地区只有少数省份的高技术产业具有较高的技术创新水平，如四川。由于较高技术创新水平的省份被较低的省份包围容易出现"极化效应"，因此使得西部地区高技术产业技术创新水平较低，技术创新能力提升缓慢。

第二节　技术创新与空间溢出对高技术产业总产出的影响

一、模型设定、变量与数据

（一）模型设定

技术创新具有外部性，区域之间通过信息交换可以相互学习研发成果，产生知识的空间溢出，从而促进区域经济增长（陈傲，2011）。上文用实证方法检验出中国高技术产业技术创新存在空间关联效应，即区域之间技术溢出明显。因此，在研究技术创新对高技术产业总产出的影响时，要考虑技术创新的空间溢出效应，否则会造成模型形式的设定偏误。基于此，本节选用考虑空间相关性的空间计量分析技术来考察技术创新对高技术产业总产值的影响，并对技术创新的空间溢出效应做出实际测度。

一般的广义嵌套空间模型为：

$$Y = \rho WY + X\beta + WX\theta + \alpha + u, \quad u = \lambda Wu + \varepsilon \quad (7-4)$$

其中，Y 为 $n \times 1$ 的因变量向量，X 为 $n \times K$ 的自变量矩阵，u 为 $n \times 1$ 的误差项向量，W 为空间权重矩阵，WY 为因变量空间滞后项，WX 为自变量空间滞后项，Wu 为误差项空间滞后项，$\varepsilon \sim IIDN(0, \sigma^2 I)$，$\rho$、$\lambda$ 为对应的回归系数，β、θ、α 为对应的回归系数向量。

在式（7-4）中，若 $\lambda = 0$，则为空间杜宾模型（SDM）。在 SDM 模型中，当 $\theta = 0$ 时，即为空间自回归模型（SAR）；当 $\theta = -\rho\beta$ 时，即为空间误差模型（SEM）。可见，SAR 模型和 SEM 模型是 SDM 模型的特例。

在式（7-4）中，若 $\theta = 0$，则为空间自相关模型（SAC）。在 SAC 模型中，当 $\lambda = 0$ 时，即为 SAR 模型；当 $\rho = 0$ 时，即为 SEM 模型。可见，SAR 模型和 SEM 模型也是 SAC 模型的特例。

不同的空间模型有不同的空间传导机制。SAR 模型只包含因变量的空间滞后项，其空间效应主要通过因变量传导。SEM 模型只包含误差项的空间滞后项，其空间效应主要通过误差项传导。SDM 模型同时包含因变量和自变量的空间滞后项，其空间效应通过因变量和自变量传导。SAC 模型同时包含空间滞后因变量和空间滞后误差项，其空间效应通过因变量和误差项传导。本节重点关注区域高技术产业技术创新的溢出效应，即因技术创新在区域之间的扩散和传播而产生的相互影响，并且由于技术创新的溢出将使得各区域的高技术产业总产出在空间上也相互关联，因此初步选择能够同时反映因变量和自变量的空间效应的 SDM 模型进行分析①。

本节设置如下的面板 SDM 模型：

---

① 对于空间杜宾模型的合适性将在后文中进行检验并说明。

$$\ln Y_{it} = \beta_1 \ln PAK_{it} + \beta_2 \ln K_{it} + \beta_3 \ln L_{it} + \beta_4 \ln EXP_{it} + \beta_5 MAR_{it} +$$
$$\rho \sum_j w_{ij} \ln Y_{it} + \delta \sum_j w_{ij} \ln PAK_{it} + u_i + \varepsilon_{it} \quad (7-5)$$

其中，Y_{it} 为各省份高技术产业总产值，反映高技术产业总产出；PAK_{it} 为高技术产业专利存量①，代表高技术产业技术创新；K_{it} 为高技术产业物质资本存量，采用永续盘存法估算；L_{it} 为高技术产业就业人员数；EXP_{it} 为高技术产业出口交货值；MAR_{it} 为市场化程度；w_{ij} 为空间权重矩阵 W 的元素，$\sum_j w_{ij} \ln Y_{it}$、$\sum_j w_{ij} \ln PAK_{it}$ 分别为高技术产业总产值和专利存量的空间滞后项；β_1，…，β_5 为待估参数；ρ 和 δ 为空间回归系数，ρ 反映了高技术产业总产出的空间关联，δ 反映了技术创新的空间溢出；ε_{it} 为服从正态分布且相互独立的随机误差项。

由于存在空间依赖性，使得因变量之间并不相互独立，而是相互影响的，从而产生内生性，因此，若用 OLS 方法对 SDM 模型进行估计，会导致估计量出现偏差和不一致的结果，通常使用最大似然法进行参数估计。

（二）空间计量模型中的直接效应、间接效应和总效应

在空间计量模型中，由于包含有空间滞后项，自变量对因变量产生影响后，因变量之间还会相互作用，因此，自变量对因变量影响的边际效应并非模型中的回归系数。对此，LeSage 和 Pace（2009）将空间计量模型中自变量对因变量的影响分为直接效应、间接效应和总效应。直接效应反映了本区域自变量 x 对本区域因变量 y 的平均影响，间接效应反映了其他区域自变量 x 对本区域因变量 y 的平均影响，总效应为直接效应和间接效应之和。具体计算过程如下：

将 SDM 模型的一般形式转化为：

$$(I-\rho W)Y = X\beta + WX\theta + \alpha + u \quad (7-6)$$

式（7-6）两端同时左乘 $(I-\rho W)^{-1}$ 得：

$$Y = (I-\rho W)^{-1}(X\beta + WX\theta) + (I-\rho W)^{-1}(\alpha + u) \quad (7-7)$$

对式（7-7）取期望后再对第 k 个自变量求偏导得：

$$\left[\frac{\partial E(Y)}{\partial X_{1k}} \cdots \frac{\partial E(Y)}{\partial X_{nk}} \right] = (I-\rho W)^{-1}(I\beta_k + W\theta_k) \quad (7-8)$$

---

① 专利存量的具体计算过程见第一节。

式（7-8）等号右端矩阵的主对角线上元素表示本区域自变量 x 对本区域因变量 y 的直接影响，非主对角线上元素表示其他区域自变量 x 对本区域因变量 y 的间接影响。

（三）空间权重矩阵的确定

在空间权重矩阵方面，本节采用地理邻接权重矩阵、地理距离权重矩阵和人力资本权重矩阵三种，以分析高技术产业创新空间溢出效应在不同空间权重矩阵下的差异。

1. 地理邻接权重矩阵

地理邻接权重矩阵 W_1 的定义为：若两地区相邻则取值为1，否则取值为0，在使用时一般都进行行标准化处理，以明确变量的经济意义。大多数文献采用地理邻接权重矩阵，因为相邻地区的经济联系非常紧密，相互之间的影响较大。

2. 地理距离权重矩阵

对于技术创新来说，相邻地区间技术传播和扩散的成本较低，技术的溢出效应更加明显。但也有学者认为经济活动并不局限于相邻的省份之间，一个省份的经济活动也能影响与之不相邻的省份，只是影响的强度随着距离的增加而减弱（白俊红，2017），因此本节同时采用地理距离权重矩阵进行分析。地理距离权重矩阵 W_2 的定义为：主对角线上的元素为0，非主对角线上的元素为 $1/d_{ij}$，其中 d_{ij} 为省份 i 和省份 j 地理中心位置之间的距离。[①] 两个地区的距离越近，权重越大，相互之间影响越大；两个地区的距离越远，权重越小，相互之间影响越小。

3. 人力资本权重矩阵

不仅地理位置会影响技术创新的空间关联，一些社会经济因素如区域经济发展水平、人力资本水平等也会影响创新的空间关联（李婧，2010），因此，本节除使用地理空间权重矩阵外，还使用社会经济空间权重矩阵进行分析。对社会经济空间权重矩阵的定义有多种，如林光平（2006）基于相邻地区间经济发展水平的差距定义空间权重矩阵，李婧（2010）采用地

---

① 本书使用 ArcGIS 软件测算两个省份中心位置之间的距离。

理距离和地区物质资本存量占总量比重以及人力资本存量占总量比重相结合的方式定义嵌套空间权重矩阵。由于人力资本是影响技术创新和技术溢出的重要因素，同时也是影响一个地区对溢出知识的吸收能力的重要因素，因此本节借鉴李靖等（2010）的做法，在地理距离空间权重矩阵的基础上加入人力资本因素，构建人力资本权重矩阵。将人力资本权重矩阵 W_3 定义为：

$$W_3 = W_2 diag\left(\frac{\overline{H}_1}{\overline{H}}, \frac{\overline{H}_2}{\overline{H}}, \cdots, \frac{\overline{H}_n}{\overline{H}}\right)$$

其中，W_2 是地理距离权重矩阵，$\overline{H}_1$，$\overline{H}_2$，$\cdots$，$\overline{H}_n$ 分别表示各省份高技术产业 R&D 活动人员折合全时当量的平均值，$\overline{H}$ 表示全国的平均值。该权重矩阵同时反映了距离因素和人力资本因素对空间关联的影响，当一个地区的人力资本占全国平均值的比重较大时，其对周边地区的影响也较大，这一点更能反映实际情况。

（四）变量选择与数据说明

本节选择的被解释变量为高技术产业总产值，解释变量为高技术产业专利存量。控制变量为高技术产业资本投入、从业人员数、出口交货值和市场化程度。变量的具体说明如下：

1. 高技术产业总产出（Y）

高技术产业总产出用高技术产业总产值来反映。从 2012 年开始，《中国高技术产业统计年鉴》不再提供总产值数据，2012—2016 年各省份的高技术产业总产值按照《中国高技术产业统计年鉴》中提供的主营业务收入的增长速度进行估算。

2. 技术创新（PAK）

与本章第一节一致，采用专利申请数存量衡量技术创新。

3. 控制变量

影响高技术产业总产值的因素除了技术创新，还有资本投入（K）、劳动投入（L）和出口（EXP）。高技术产业的资本投入采用永续盘存法估算，资本折旧率采用刘志迎（2006）的做法，取 15%。劳动投入和出口分别采用各省份高技术产业从业人员平均数和出口交货值来衡量。此外，制度环境也是影响高技术产业总产出的重要因素,本节用市场化程度反映制度因素,采用非国有工业总产值占全部工业总产值的比重、非国有固定资产投资占全部固定资产投资的比重和非国有就业人口占全部就业人口的比重的平均值衡量市场化程度。

本节所用的数据主要来源于历年的《中国高技术产业统计年鉴》和《中国统计年鉴》,样本区间为2000—2016年,对样本中的个别缺失数据用平滑法进行处理。由于西藏、青海、新疆的数据缺失较多,故舍去。为消除价格变动影响,将高技术产业总产值、固定资产投资、出口交货值转化为2000年不变价。为减弱变量的波动性,对模型中的绝对数变量取对数处理,各变量的描述性统计如表7-3所示。

表7-3 模型中各变量的描述性统计

变量	单位	均值	标准差	最小值	最大值
总产值($\ln Y$)	亿元	2.6969	0.7469	0.8129	4.5162
专利存量($\ln PAK$)	件	2.9571	0.9145	0.2759	5.3563
市场化程度(MAR)	—	7.1739	2.3570	2.7000	14.0724
资本投入($\ln K$)	亿元	2.3012	0.6879	0.4691	3.9042
从业人员数($\ln L$)	万人	1.1069	0.5754	-0.3243	2.5906
出口交货值($\ln EXP$)	亿元	1.8255	1.1153	-0.4553	4.2284

二、全国整体层面的回归结果

在建立空间面板模型进行分析之前,首先需要检验高技术产业总产值的空间相关性,利用全局Moran's I指数进行检验。采用地理邻接原则确定空间权重矩阵,并对其进行了行标准化处理。表7-4为2000—2016年中国高技术产业总产值的全局Moran's I指数和z值。

表7-4 2000—2016年中国高技术产业总产值的全局Moran's I指数和z值

年份	Moran's I	z值	p值	年份	Moran's I	z值	p值
2000	0.137	1.388	0.165	2002	0.139	1.395	0.163
2001	0.146	1.460	0.144	2003	0.150	1.482	0.138

续表

年份	Moran's I	z 值	p 值	年份	Moran's I	z 值	p 值
2004	0.193*	1.825	0.068	2011	0.231**	2.131	0.033
2005	0.190*	1.801	0.072	2012	0.248**	2.269	0.023
2006	0.209*	1.949	0.051	2013	0.209**	1.987	0.046
2007	0.200*	1.875	0.061	2014	0.212**	1.989	0.045
2008	0.207*	1.942	0.052	2015	0.217**	2.015	0.044
2009	0.204**	1.982	0.047	2016	0.231***	2.247	0.025
2010	0.244**	2.233	0.026				

注：***、**、*分别表示变量在1%、5%和10%的水平上显著；本表采用地理邻接权重矩阵计算，若采用其他两种权重矩阵可得到类似的结果，故略去。

从表7-4中可以看出，2000—2016年中国各省份高技术产业总产值的全局 Moran's I 指数均为正，从2004年起，Moran's I 指数通过了10%的显著性检验。这说明中国各省份高技术产业总产值存在空间正自相关性。从 Moran's I 指数的变化趋势看，总体上呈上升态势，表明中国各省份高技术产业总产值的空间相关性在增强。随着各省份经济合作和交流的加强，高技术产业发展的联系更加紧密，这印证了采用空间计量模型进行研究的合理性。

在空间计量模型中，空间效应存在的基本形式有两种：以被解释变量的空间滞后存在和以误差项的空间滞后存在。Anselin（1996）建议通过拉格朗日乘数检验（LM 检验）来判别。若 LM_Lag（Robust LM_Lag）在统计上显著，则说明模型中存在被解释变量的空间滞后项；若 LM_Erro（Robust LM_Erro）在统计上显著，则说明模型中存在误差项的空间滞后项。从表7-5的四个 LM 检验统计量值可以看出，三种空间权重矩阵的 LM_lag 和 R-LM_lag 的统计量值在1%的水平上显著，而 LM_Erro 和 R-LM_Erro 的统计量值即使在10%的显著性水平下也不显著，则可以断定模型中的空间效应是被解释变量的空间滞后存在。

表7-5 LM检验结果

检验项目	地理邻接权重矩阵		地理距离权重矩阵		人力资本权重矩阵	
	χ^2 统计量	p值	χ^2 统计量	p值	χ^2 统计量	p值
LM_Lag	15.8625	0.0000	32.7113	0.0000	49.4569	0.0000
R-LM_Lag	14.7104	0.0000	31.5724	0.0000	47.9427	0.0000
LM_Erro	0.5993	0.4388	1.4813	0.2236	2.6724	0.1019
R-LM_Erro	0.4089	0.5225	1.1137	0.2913	2.1632	0.1324

注：R-LM_Lag 和 R-LM_Erro 分别表示 Robust LM_Lag 和 Robust LM_Erro。

表7-6 中国高技术产业技术创新对总产值影响的估计结果

变量	地理邻接权重矩阵		地理距离权重矩阵		人力资本权重矩阵	
	固定效应	随机效应	固定效应	随机效应	固定效应	随机效应
$\ln PAK$	0.1272*** (5.64)	0.1419*** (6.44)	0.0868*** (3.38)	0.1013*** (4.51)	0.0987*** (3.84)	0.1144*** (4.85)
$\ln K$	0.0652*** (2.68)	0.0756*** (3.27)	0.0851*** (3.62)	0.0843*** (3.67)	0.0675*** (2.81)	0.0629*** (2.65)
$\ln L$	0.5568*** (13.34)	0.5537*** (14.35)	0.5375*** (13.92)	0.5478*** (15.09)	0.5549*** (13.58)	0.5597*** (14.36)
$\ln EXP$	0.1498*** (10.10)	0.1519*** (10.41)	0.1493*** (10.04)	0.1515*** (10.36)	0.1546*** (9.96)	0.1620*** (10.49)
MAR	0.5227*** (4.23)	0.4948*** (4.14)	0.4626*** (4.12)	0.4632*** (4.36)	0.4998*** (4.10)	0.5359*** (4.60)
$W \cdot \ln Y$	0.1638** (2.54)	0.1562** (2.35)	0.1816** (2.04)	0.1948** (2.31)	0.2421** (2.03)	0.2235** (1.92)
$W \cdot \ln PAK$	0.0792*** (3.56)	0.0915*** (3.39)	0.0656** (2.51)	0.0885*** (2.72)	0.1019*** (2.83)	0.0924*** (2.67)
R^2	0.9546	0.9447	0.9593	0.9571	0.9557	0.9551
LogL	523.24	458.98	549.27	485.31	538.71	463.97
Wald-Lag	12.67***	11.49***	6.30**	7.39***	8.01***	7.13***
Wald-Erro	20.22***	17.73***	9.69***	11.07***	12.25***	11.62***
LR-Lag	30.52***	25.63***	25.19***	28.63***	26.43***	20.06***
LR-Erro	45.41***	34.26***	33.85***	39.84***	38.62***	41.86***
Hausman	14.45**	—	14.97**	—	4.02	—

注：括号内为z统计量；***、**分别表示变量在1%、5%的水平上显著；Wald-Lag 和 LR-Lag 检验 SDM 模型是否能退化为 SAR 模型；Wald-Erro 和 LR-Erro 检验 SDM 模型是否能退化为 SEM 模型。

表7-6给出了中国高技术产业技术创新对总产值影响的SDM模型的估

计和检验结果。从表7-6的四个Wald检验和LR检验的统计量值来看，三种空间权重矩阵的Wald检验和LR检验均在5%的显著性水平下拒绝原假设，认为SDM模型不能退化为SAR模型和SEM模型，也即SDM模型是合适的。从Hausman检验的结果看，在5%的显著性水平下，地理邻接权重矩阵和地理距离权重矩阵条件下应该选择固定效应模型，人力资本权重矩阵条件下应该选择随机效应模型。

从表7-6的估计结果中可以看出，在三种空间权重矩阵下，专利存量的系数显著为正，表明专利存量对高技术产业总产值有显著正向影响，这符合内生增长理论中关于技术创新对经济增长有重要作用的观点。专利存量的空间滞后项的系数显著为正，表明其他地区的专利存量对本地区高技术产业总产值有积极影响，高技术产业技术创新在地区之间有明显的技术溢出，且这种溢出对高技术产业总产值有积极作用。高技术产业总产值的空间滞后项的系数显著为正，说明与技术创新的外部性相对应，高技术产业产出也存在显著的空间关联，意味着在技术溢出影响下，全国各省份之间的高技术产业发展相互有积极影响。

控制变量中，高技术产业资本投入和劳动投入的回归系数显著为正，表明资本投入和劳动投入的增加有利于提高高技术产业产出。资本投入和劳动投入是进行任何生产不可缺少的基本要素，特别是劳动投入中的高技术人才是高技术产业发展所必需的。出口交货值的系数显著为正，表明出口增加有利于提高高技术产业总产值。在激烈的国际竞争中，出口对于企业学习先进技术和管理经验、提高产品竞争力具有重要作用。市场化程度的系数显著为正，说明市场化程度的提高对高技术产业总产值有积极影响。市场化程度较高的地区意味着政府行政干预较少，市场竞争性较强，市场对资源的配置效率较高，从而有利于提高高技术产业产出。因此，进一步增加高技术产业资本投入和劳动投入、提高高技术产业出口能力和地区市场化程度，均有利于区域高技术产业产出的增加。

由上述分析可知，专利存量和专利存量的空间滞后项对高技术产业总产值有显著影响，但由于SDM模型的回归系数不能直接反映自变量对因变量影响的边际效应，因此需要计算出直接效应、间接效应和总效应。三种空间权重矩阵下专利存量的直接效应、间接效应和总效应的计算结果见表7-7。

表7-7 专利存量的直接效应、间接效应和总效应

效应类别	地理邻接权重矩阵	地理距离权重矩阵	人力资本权重矩阵
直接效应	0.1354*** (3.31)	0.1152*** (3.09)	0.1016** (2.53)
间接效应	0.0981** (2.33)	0.1298** (2.14)	0.1497*** (3.59)
总效应	0.2335*** (4.07)	0.2450*** (2.96)	0.2513*** (3.25)

注：括号内为z统计量；***、**分别表示变量在1%、5%的水平上显著。

从表7-7中可以看出，在三种空间权重矩阵下，专利存量对高技术产业总产出的直接效应和间接效应（技术溢出效应）均显著为正，表明不仅本地区高技术产业技术创新对其产出具有明显的直接效应，其他地区技术创新的空间溢出对其产出也有显著的促进作用。比较三种空间权重矩阵下专利存量的直接效应和间接效应，发现地理邻接权重矩阵下专利存量的直接效应大于间接效应，而地理距离权重矩阵和人力资本权重矩阵下专利存量的间接效应大于直接效应。说明如果只考虑相邻地区，则本地区技术创新的作用大于邻近地区的溢出效应的作用；若考虑全部地区（地理距离权重矩阵和人力资本权重矩阵条件下），则其他地区的技术溢出效应的作用超过了本地区技术创新的作用。这表明不仅相邻地区，而且不相邻地区也有技术溢出，由此进一步印证了技术创新具有明显的外部性，技术创新的溢出对高技术产业总产值具有重要作用。正如前文所述，技术创新活动形成的知识存量具有外部性，再加上现代信息技术的广泛应用，更有利于知识信息的传播和扩散，进而促进了全国范围内的知识溢出。从间接效应（溢出效应）来看，人力资本权重矩阵下的溢出效应最大，地理距离权重矩阵下的溢出效应次之，地理邻接权重矩阵下的溢出效应最小，这印证了Kokko（1994）、白俊红（2017）关于人力资本对技术溢出具有重要影响的观点，即不同地区人力资本的流动、研发人员的交流必然带来知识和技术在不同地区间的溢出。此外，人力资本水平会影响本地区对先进技术的吸收能力，由此会影响技术溢出的效果。

三、分地区回归结果

由第一节可知，中国东、中、西部地区的高技术产业技术创新的空间

集聚模式存在较大差异，相应地，三大地区的技术溢出也可能有一定差别，因此有必要对东、中、西部地区分别进行探讨。表7-8报告了东、中、西部地区高技术产业技术创新对总产值影响的SDM模型的估计结果。

从表7-8的估计结果可以看出，东部地区和中部地区的专利存量和专利存量的空间滞后项均对高技术产业总产值有显著正向影响，表明东部地区和中部地区的高技术产业技术创新存在显著的空间关联和技术溢出。西部地区的专利存量对高技术产业总产值有积极影响，但专利存量的空间滞后项只有在地理邻接权重矩阵下对高技术产业总产值有显著影响，在地理距离权重矩阵和人力资本权重矩阵下的影响在统计上不显著，表明西部地区只有相邻省份有明显的技术溢出，不相邻的省份技术溢出很小。高技术产业总产值也有类似的空间关联状况，东部地区的高技术产业总产值存在显著的空间关联，中、西部地区的高技术产业总产值只在地理邻接权重矩阵下存在显著的空间关联，在地理距离权重矩阵和人力资本权重矩阵下的空间关联在统计上不显著。

控制变量对东、中、西部地区高技术产业总产值的影响也有一定差异。资本投入对东部和中部地区的高技术产业总产值有显著影响，对西部地区的影响不显著，可能的原因是西部地区高技术产业的生产效率较低。劳动投入对东、中、西部地区的高技术产业总产值均有显著影响，其中对中部地区的影响最大，西部地区次之，东部地区最小，原因可能是中部地区的高技术产业规模增长很快，处于规模报酬递增阶段。出口对东、中、西部地区的高技术产业总产值均有显著影响，其中对东部地区的影响最大，其次是西部地区，对中部地区的影响最小，原因是东部地区的高技术产业出口比重很大，中、西部地区的出口比重较小，主要以满足内需为主。市场化程度对中部地区的影响最大，东部地区次之，对西部地区的影响最小，这与王文举和范合君（2007）的研究结论一致。可能的解释是中部地区正处于市场化改革的快速推进阶段，但东部地区的市场化改革在20世纪90年代初就开始进行，样本期间市场机制已经在大部分领域发挥了资源配置的主导作用，市场化改革的边际效益开始递减。

为反映高技术产业技术创新及技术溢出对东、中、西部地区高技术产业总产值的边际影响，计算出了三大地区三种空间权重矩阵下专利存量的直接效应、间接效应和总效应，结果见表7-9。

表 7-8 东、中、西部地区高技术产业技术创新对总产值影响的估计结果

变量	地理邻接权重矩阵			地理距离权重矩阵			人力资本权重矩阵		
	东部	中部	西部	东部	中部	西部	东部	中部	西部
lnPAK	0.0975** (2.48)	0.1327*** (5.19)	0.0783*** (5.08)	0.0825*** (2.71)	0.1436** (2.08)	0.0931*** (2.81)	0.0792** (2.00)	0.1398*** (2.71)	0.0811*** (3.70)
ln$K$	0.1254*** (5.39)	0.1071** (2.37)	0.0746 (1.02)	0.0801*** (3.40)	0.0709** (2.03)	0.0537 (0.82)	0.1278*** (5.72)	0.1125* (1.70)	0.0530 (0.63)
ln$L$	0.4781*** (7.14)	0.7694*** (13.03)	0.6556*** (10.23)	0.5008*** (7.39)	0.7797*** (11.34)	0.5420*** (8.96)	0.4809*** (7.26)	0.7034*** (12.64)	0.6654*** (9.19)
lnEXP	0.1786*** (6.55)	0.0721** (2.48)	0.0965*** (2.79)	0.1971*** (7.27)	0.0709** (2.28)	0.1023*** (2.78)	0.2094*** (7.47)	0.0620** (2.05)	0.1126*** (2.75)
MAR	0.4045*** (2.79)	0.7282*** (4.09)	0.2496 (0.98)	0.3822** (2.34)	0.8351*** (4.42)	0.3537 (1.45)	0.4339** (2.09)	0.7311*** (3.89)	0.3135* (1.74)
$W \cdot \ln Y$	0.1831*** (2.76)	0.1512** (2.30)	0.1357** (2.14)	0.2061*** (2.59)	0.1340 (1.48)	0.0866* (1.80)	0.1969*** (2.72)	0.1393 (1.52)	0.1042 (1.55)
$W \cdot \ln PAK$	0.1052*** (3.85)	0.0874*** (2.72)	0.0809*** (3.06)	0.1467*** (3.96)	0.0712* (1.95)	0.0739 (0.84)	0.1378*** (4.19)	0.0947** (2.57)	0.0915 (1.03)
R^2	0.9779	0.9701	0.9624	0.9791	0.9679	0.9673	0.9788	0.9685	0.9640
LogL	296.52	162.35	175.55	299.92	153.09	188.24	300.89	156.19	177.47
Wald-Lag	14.82***	7.39***	9.36***	15.68***	3.80*	0.71	17.56***	6.61**	1.06
Wald-Erro	20.28***	11.56***	11.98***	19.54***	6.13**	1.86	21.75***	9.63***	2.29
LR-Lag	25.87***	20.04***	23.22***	15.11***	5.18**	2.69	19.01***	16.38***	2.55
LR-Erro	44.76***	32.96***	42.11***	17.23***	21.39***	43.24***	40.59***	29.26***	37.38***
Hausman	73.14***	15.68***	57.23***	16.21***	67.30***	59.71***	20.61***	52.08***	38.19***

注：括号内为 z 统计量；***、**、*分别表示变量在 1%、5% 和 10% 的水平上显著；由于 Hausman 检验的结果均在统计上显著，因此本表报告的结果均是固定效应模型的估计结果。

表 7-9 东、中、西部地区专利存量的直接效应、间接效应和总效应

地区	效应类别	地理邻接权重矩阵	地理距离权重矩阵	人力资本权重矩阵
东部	直接效应	0.1349*** (2.61)	0.1017*** (2.79)	0.1137* (1.85)
东部	间接效应	0.1203*** (2.88)	0.1761*** (4.65)	0.1673*** (4.96)
东部	总效应	0.2552*** (5.88)	0.2778*** (7.90)	0.2810*** (9.15)
中部	直接效应	0.1413*** (3.86)	0.1559** (2.26)	0.1391*** (2.66)
中部	间接效应	0.0945* (1.74)	0.0887 (0.81)	0.1139** (2.11)
中部	总效应	0.2358*** (5.09)	0.2446 (1.63)	0.2530*** (5.03)
西部	直接效应	0.1210*** (2.64)	0.1432*** (3.05)	0.1404*** (3.97)
西部	间接效应	0.0838** (2.17)	0.0736 (1.39)	0.0930* (1.77)
西部	总效应	0.2048*** (3.88)	0.2168** (2.04)	0.2334*** (2.74)

注：括号内为 z 统计量；***、**、* 分别表示变量在1%、5%和10%的水平上显著。

从表 7-9 中可以看出，在三种空间权重矩阵下，东、中、西部地区的专利存量对高技术产业总产值的直接效应和间接效应均显著为正，表明三大地区的高技术产业技术创新及技术溢出对其总产值均有积极作用。东部地区和全国类似，地理邻接权重矩阵下专利存量的直接效应大于间接效应，而地理距离权重矩阵和人力资本权重矩阵下专利存量的间接效应大于直接效应，表明东部地区的省份之间高技术产业创新活动联系紧密，相互之间技术溢出效应较大。中、西部地区在三种空间权重矩阵下专利存量的直接效应均大于间接效应，表明对中、西部地区的省份来说，高技术产业技术创新的空间关联较弱，本区域的技术创新起主导作用，其他区域技术创新的溢出效应较小。从技术溢出效应的大小来看，东部地区的技术溢出效应大于中、西部地区。中国高技术产业主要集中在东部地区的长三角、

珠三角和环渤海地区，这些地区是中国技术创新活动比较活跃、创新能力较强的创新增长极，高技术产业发展规模较大、技术创新水平较高，因而相互之间的技术溢出较大，对高技术产业发展的促进作用较强。中、西部地区只有少数省份的高技术产业发展规模较大、技术创新能力较强，大多数地区的技术创新能力较弱，因此，中、西部地区的省份相互之间也有技术溢出，但技术溢出较小，从而对高技术产业的促进作用也小。

四、稳健性检验

本节从三个方面对模型的稳健性进行检验：首先，基于三个空间权重矩阵的SDM模型的参数估计值、直接效应和间接效应的符号相同且都显著；其次，采用更换变量的方法，将被解释变量换成高技术产业主营业务收入，对模型再次进行估计，估计结果显示，更换变量后的系数估计值、直接效应和间接效应与更换变量前差别不大，显著性检验依然成立；最后，考虑内生性的稳健性检验。从理论上讲，技术创新和高技术产业总产值互为因果关系，因此，专利存量是随机变量，模型存在内生性问题。常用的随机解释变量的工具变量为其滞后值，这里选取专利存量的滞后一期值作为工具变量，替代专利存量，对模型进行估计，结果变化不大。综上可知，模型的估计结果是稳健可靠的。

五、结论

本节基于2000—2016年中国28个省份的高技术产业面板数据，采用SDM模型探讨了高技术产业技术创新及空间溢出对其总产值的影响。研究结果表明：①全国各省份高技术产业总产值存在显著的空间关联，且关联程度呈上升态势。②从全国层面上看，本省份高技术产业技术创新及其他省份的技术溢出对本省份高技术产业总产值均有积极作用，且其他省份的技术溢出效应超过了本省份技术创新的作用。③从全国层面比较三种空间权重矩阵下的溢出效应，人力资本权重矩阵下的溢出效应最大，印证了人力资本是影响高技术产业技术创新溢出的重要因素。④分地区来看，东、中、西部地区的高技术产业技术创新及技术溢出对其总产值均有显著影响，但东部地区高技术产业技术创新的关联程度较高，技术溢出效应较大，而对中、西部地区来说，本省份的技术创新起主导作用，省份之间的技术溢出效应较小。

第三节 技术创新与空间溢出对高技术产业利润的影响

利润是反映企业绩效的一个重要方面，也是企业长期持续经营的动力，因此，高技术产业利润是一个值得关注的问题。技术创新是影响高技术产业利润的重要因素，一个地区的高技术产业技术水平越高，其生产效率就越高，从而利润也越高。而技术创新具有外部性，区域之间可以通过技术交流、人才流动产生技术的空间溢出，因此，从理论上讲，技术创新的空间溢出也影响高技术产业利润。那么，从实际上看，高技术产业技术创新的空间溢出是否对其利润有显著影响？现有文献中很少对此进行研究，因此，本节选用空间计量分析技术来考察技术创新及技术溢出对高技术产业利润的影响，以期对现有文献进行一定的补充。

本节同样采用 SDM 模型进行研究。对变量的选取与第六章第二节相似，被解释变量为高技术产业利润总额（PRO），解释变量为高技术产业专利存量（PAK），控制变量为高技术产业企业规模（SI）、价格水平（PPI）、出口交货值（EXP）和市场化程度（MAR）。下面直接报告高技术产业技术创新及空间溢出对利润影响的估计结果。

一、全国整体层面的估计结果

在实证检验技术创新的空间溢出对高技术产业利润的影响之前，先采用全局 Moran's I 指数检验高技术产业利润的空间相关性。表 7-10 为地理邻接空间权重矩阵下中国高技术产业利润在 2000—2016 年的全局 Moran's I 指数和 z 值。

表 7-10　2000—2016 年中国高技术产业利润的 Moran's I 指数和 z 值

年份	Moran's I	z 值	p 值	年份	Moran's I	z 值	p 值
2000	0.171*	1.645	0.100	2009	0.221**	2.065	0.039
2001	0.193*	1.809	0.070	2010	0.224**	2.081	0.037
2002	0.187*	1.771	0.077	2011	0.222**	2.048	0.041
2003	0.189*	1.816	0.069	2012	0.332***	2.988	0.003
2004	0.349***	3.061	0.002	2013	0.255**	2.384	0.017
2005	0.342***	3.003	0.003	2014	0.265**	2.468	0.014
2006	0.294***	2.633	0.008	2015	0.296***	2.713	0.007
2007	0.235**	2.166	0.030	2016	0.311***	2.843	0.004
2008	0.266**	2.422	0.015				

注：***、**、*分别表示变量在1%、5%和10%的水平上显著；本表采用地理邻接权重矩阵计算，若采用其他两种权重矩阵可得到类似的结果，故略去。

从表 7-10 中可以看出，2000—2016 年中国各省份高技术产业利润的全局 Moran's I 指数均为正，从 2004 年起，Moran's I 指数通过了 5% 的显著性检验。这说明各省份高技术产业利润存在显著的空间正自相关性，呈现"高—高"型或"低—低"型的分布，表明各省份高技术产业利润之间存在较强的空间依赖关系。因此，采用 SDM 模型研究高技术产业技术创新对其利润的影响是必要的。

表 7-11　LM 检验结果

检验项目	地理邻接权重矩阵		地理距离权重矩阵		人力资本权重矩阵	
	χ^2 统计量	p 值	χ^2 统计量	p 值	χ^2 统计量	p 值
LM_Lag	24.9867	0.0000	44.1956	0.0000	81.8334	0.0000
R-LM_Lag	21.7664	0.0000	42.1487	0.0000	70.7826	0.0000
LM_Erro	4.0163	0.0451	2.1786	0.1399	7.0283	0.0080
R-LM_Erro	0.7959	0.3723	0.1317	0.7167	5.9776	0.0145

注：R-LM_Lag 和 R-LM_Erro 分别表示 Robust LM_Lag 和 Robust LM_Erro。

进一步采用 LM 检验来判断空间效应的存在形式，检验的结果见表 7-11。从表 7-11 的四个 LM 检验统计量值可以看出，三种空间权重矩阵下 LM_lag

和 R-LM_lag 统计量值大于 LM_Erro 和 R-LM_Erro 统计量值，且 LM_lag 和 R-LM_lag 的统计量值在 1% 的水平上显著，而 LM_Erro 和 R-LM_Erro 的统计量值在 1% 的显著性水平下不显著，则可以断定模型中的空间效应是被解释变量的空间滞后存在。

表 7-12 给出了中国高技术产业技术创新对利润影响的 SDM 模型的估计和检验结果。从表 7-12 的四个 Wald 检验和 LR 检验的统计量值来看，三种空间权重矩阵的 Wald 检验和 LR 检验均在 5% 的显著性水平下拒绝原假设，认为 SDM 模型不能转化为 SAR 模型和 SEM 模型。从 Hausman 检验的结果看，三种空间权重矩阵下均应该选择固定效应模型。

表 7-12　中国高技术产业技术创新对利润影响的估计结果

变量	地理邻接权重矩阵		地理距离权重矩阵		人力资本权重矩阵	
	固定效应	随机效应	固定效应	随机效应	固定效应	随机效应
lnPAK	0.0809*	0.1834***	0.1352***	0.1594***	0.1604***	0.1988***
	(1.82)	(4.82)	(3.13)	(3.62)	(3.97)	(5.57)
SI	0.0308*	0.0309*	0.0241	0.0211	0.0396***	0.0335**
	(1.93)	(1.90)	(1.62)	(1.39)	(2.64)	(2.29)
PPI	0.2063***	0.1488*	0.1462**	0.0894	0.2207***	0.1679**
	(2.72)	(1.94)	(1.96)	(1.21)	(2.87)	(2.34)
lnEXP	0.1608***	0.1947***	0.1636***	0.1968***	0.1527***	0.1884***
	(5.18)	(6.20)	(5.40)	(6.47)	(4.92)	(6.14)
MAR	0.6907***	0.7924***	0.5905**	0.7253***	0.6846***	0.7808***
	(2.82)	(3.69)	(2.56)	(3.18)	(2.83)	(3.25)
$W \cdot \ln PRO$	0.2397**	0.2193**	0.2195***	0.2541**	0.1574**	0.1201*
	(2.09)	(2.05)	(2.77)	(2.52)	(2.10)	(1.94)
$W \cdot \ln PAK$	0.0965***	0.0584**	0.1692***	0.0726***	0.1154***	0.0920**
	(2.85)	(2.16)	(3.84)	(2.68)	(3.71)	(3.13)
R^2	0.8197	0.8158	0.8234	0.8195	0.8215	0.8198
LogL	142.26	76.91	150.39	83.72	142.16	78.25
Wald-Lag	8.12***	4.67**	14.75***	7.18***	13.76***	9.79***
Wald-Erro	11.65***	10.61***	20.37***	17.43***	20.45***	16.19***
LR-Lag	20.73***	12.04***	23.46***	20.48***	22.72***	21.28***

续表

变量	地理邻接权重矩阵		地理距离权重矩阵		人力资本权重矩阵	
	固定效应	随机效应	固定效应	随机效应	固定效应	随机效应
LR-Erro	22.72***	16.71***	26.57***	23.18***	31.22***	26.08***
Hausman	17.67**	—	21.64***	—	14.80**	—

注：括号内为 z 统计量；***、**、* 分别表示变量在 1%、5% 和 10% 的水平上显著；Wald-Lag 和 LR-Lag 检验 SDM 模型是否能退化为 SAR 模型；Wald-Erro 和 LR-Erro 检验空间杜宾模型是否能退化为 SEM 模型。

从估计结果可以看出，三种空间权重矩阵下，专利存量的系数显著为正，表明专利存量对高技术产业利润有显著正向影响，也就是说，专利存量增加越多越有利于高技术产业利润的提升，这符合经济实际。专利存量的空间滞后项的系数显著为正，表明其他地区的专利存量对本地区高技术产业利润有积极影响，说明高技术产业知识资本在地区之间有明显的技术溢出，且这种溢出对高技术产业利润有积极的推动作用。此外，高技术产业利润的空间滞后项的系数显著为正，说明各省份高技术产业利润也存在显著的空间关联。

控制变量中，地理邻接权重矩阵和人力资本权重矩阵条件下企业规模的系数显著为正，地理距离权重条件下企业规模的系数为正但不显著。表明企业规模越大，高技术产业利润越多，主要原因是规模较大的企业资金实力比较雄厚，能够实现规模经济。价格水平的系数显著为正，说明价格水平对高技术产业利润有正向影响，与经济理论相符。出口交货值的系数显著为正，表明出口增加有利于提升高技术产业利润。市场化程度的系数显著为正，说明市场化程度的提高对高技术产业利润有积极影响。

表7-13 给出了三种空间权重矩阵下专利存量的直接效应、间接效应和总效应。从中可以看出，在三种空间权重矩阵下，专利存量对高技术产业利润的直接效应和间接效应（溢出效应）均显著为正，表明本地区和其他地区的高技术产业技术创新均对本地区的高技术产业利润有显著正向影响。比较三种空间权重矩阵下专利存量的直接效应和间接效应，发现三种空间权重矩阵下专利存量的间接效应均大于直接效应，表明技术创新具有明显的外部性，其他地区的技术溢出对本地区高技术产业利润的影响超过

了本地区专利存量的影响。从技术溢出效应的大小来看，地理距离权重矩阵下专利存量的溢出效应最大，人力资本权重矩阵条件下溢出效应次之，地理邻接权重矩阵下溢出效应较小。在地理距离权重的基础上加入人力资本因素后的溢出效应变小，说明由人力资本引起的技术溢出对高技术产业利润的影响较小。

表7-13 专利存量的直接效应、间接效应和总效应

效应类别	地理邻接权重矩阵	地理距离权重矩阵	人力资本权重矩阵
直接效应	0.1265* (1.92)	0.1582*** (3.14)	0.1368*** (3.08)
间接效应	0.1408** (2.19)	0.2143** (2.76)	0.1909** (2.39)
总效应	0.2673*** (3.70)	0.3725*** (2.94)	0.3277*** (3.31)

注：括号内为z统计量；***、**、*分别表示变量在1%、5%和10%的水平上显著。

二、分地区回归结果

为了进一步检验东、中、西部地区高技术产业技术创新及空间溢出对利润影响的差异，现对各地区分别进行估计，估计结果如表7-14所示。

从表7-14中可以看出，东、中、西部地区的专利存量和专利存量空间滞后项均对高技术产业利润有显著正向影响，表明随着技术创新水平的提高和技术溢出的增加，高技术产业利润也会增加。高技术产业利润的空间关联在三大地区有所不同，在三种空间权重矩阵下，东部地区和中部地区的高技术产业利润存在显著的空间关联，相互之间有正向影响，西部地区各省份之间高技术产业利润具有正的空间关联但并不显著。

表 7-14 东、中、西部地区高技术产业技术创新对利润影响的估计结果

变量	地理邻接权重矩阵			地理距离权重矩阵			人力资本权重矩阵		
	东部	中部	西部	东部	中部	西部	东部	中部	西部
lnPAK	0.0959* (1.90)	0.1413*** (3.07)	0.1428* (1.70)	0.1224** (2.38)	0.1694*** (3.74)	0.1277 (1.55)	0.1144** (2.29)	0.1567*** (4.86)	0.1221* (1.89)
SI	0.0249* (1.94)	0.0141 (0.37)	0.1151*** (3.06)	0.0161 (1.09)	0.0163 (0.41)	0.1011*** (2.74)	0.0171 (1.25)	0.0537 (1.50)	0.1072*** (2.94)
PPI	0.3831*** (2.97)	0.1238 (1.08)	0.3804** (2.00)	0.5168*** (4.12)	0.1296 (1.20)	0.3505* (1.92)	0.4970*** (3.99)	0.1461 (0.44)	0.3252* (1.72)
lnEXP	0.1481*** (2.81)	0.0938* (1.84)	0.0915 (1.28)	0.1613*** (2.93)	0.0657 (1.28)	0.0946 (1.37)	0.1290** (2.30)	0.0211 (0.40)	0.0995 (1.43)
MAR	0.6676** (2.40)	0.7709*** (2.41)	0.3846 (0.58)	0.7527*** (2.60)	0.8344** (2.35)	0.3848 (0.59)	0.8113*** (2.88)	0.9086*** (3.13)	0.2325 (0.37)
W·lnPRO	0.1941* (1.84)	0.1676** (2.36)	0.1633 (1.28)	0.0743* (1.65)	0.1806** (2.39)	0.0716 (1.08)	0.0859** (2.12)	0.1495* (1.73)	0.0526 (1.25)
W·lnPAK	0.1361*** (3.08)	0.1591** (2.31)	0.0889** (2.42)	0.2177*** (3.72)	0.1161* (1.76)	0.1722** (2.25)	0.2027*** (3.98)	0.1076* (1.66)	0.1349*** (3.29)
R^2	0.8795	0.8862	0.7626	0.8853	0.8881	0.7514	0.8846	0.8887	0.7498
LogL	130.97	63.02	13.94	126.36	58.41	11.11	128.09	55.81	10.75
Wald-Lag	9.49***	5.33**	5.85**	13.84***	3.10*	5.06**	15.84***	2.76*	10.82***
Wald-Erro	12.26***	7.17***	9.33***	15.02***	5.12**	5.61**	17.41***	4.27**	11.87***
LR-Lag	20.72***	13.72***	11.44***	27.45***	1.57	17.12***	28.76***	2.44	15.22***
LR-Erro	23.62***	18.14***	14.38***	28.29***	11.93***	18.96***	33.16***	12.46***	16.42***
Hausman	14.74**	87.43***	51.93***	21.04***	26.89***	42.73***	26.25***	24.38***	16.26***

注：括号内为 z 统计量；***、**、* 分别表示变量在 1%、5% 和 10% 的水平上显著；由于 Hausman 检验的结果均在统计上显著，因此本表报告的均是固定效应模型的估计结果。

为了准确反映技术创新及技术溢出对东、中、西部地区高技术产业利润的边际影响，计算出三种空间权重矩阵下专利存量的直接效应、间接效应和总效应，结果见表7-15。

表7-15 东、中、西部地区专利存量的直接效应、间接效应和总效应

地区	效应类别	地理邻接权重矩阵	地理距离权重矩阵	人力资本权重矩阵
东部	直接效应	0.1137** (2.04)	0.1392** (2.22)	0.1235** (2.48)
东部	间接效应	0.1679** (2.37)	0.2673*** (3.39)	0.2267*** (3.52)
东部	总效应	0.2816** (2.27)	0.4065*** (5.70)	0.3502*** (4.33)
中部	直接效应	0.1473*** (3.40)	0.1545*** (3.92)	0.1291*** (4.94)
中部	间接效应	0.1148** (2.48)	0.1854*** (2.63)	0.1759** (2.50)
中部	总效应	0.2621*** (4.01)	0.3399*** (3.45)	0.3050*** (3.77)
西部	直接效应	0.0934** (2.40)	0.1883 (1.53)	0.1561* (1.92)
西部	间接效应	0.1361* (1.70)	0.1295 (1.61)	0.1312 (1.26)
西部	总效应	0.2295** (2.23)	0.3178*** (3.37)	0.2873*** (3.28)

注：括号内为z统计量；***、**、*分别表示变量在1%、5%和10%的水平上显著。

从表7-15中可以看出，在三种空间权重矩阵下，东、中、西部地区的专利存量对高技术产业利润的直接效应和间接效应均为正，表明三大地区的高技术产业技术创新及技术溢出对其利润均有积极作用。东部地区在三种空间权重矩阵下专利存量的间接效应大于直接效应，表明东部各省份之间高技术产业创新活动联系紧密，相互之间技术溢出效应较大。中部地区在地理邻接权重矩阵下专利存量的间接效应小于直接效应，在地理距离权重矩阵和人力资本权重矩阵下专利存量的间接效应大于直接效应，表明中部地区的溢出效应不仅发生在相邻省份之间，不相邻的省份之间也有较大的溢出效应，且人力资本对技术溢出有一定的促进作用。西部地区在地理邻接权重矩阵下间接效应大于直接效应，在地理距离权重矩阵和人力资

本权重矩阵下专利存量的间接效应小于直接效应，表明对西部地区来讲，高技术产业的技术创新溢出主要发生在相邻省份之间，不相邻的省份之间的溢出较小，人力资本对技术溢出的促进作用也较小。对比三大地区专利存量的溢出效应的大小，发现东部地区专利存量的间接效应均大于中、西部地区，表明东部地区各省份之间高技术产业技术创新的溢出效应较大，这与高技术产业空间溢出对总产值影响的情况类似。

三、稳健性检验

模型的稳健性可以从三个方面说明：首先，虽然三个空间权重矩阵的SDM模型的参数估计值、直接效应和间接效应大小有所差别，但符号相同；其次，将被解释变量换成高技术产业利润率，解释变量也换成相对数，对模型再次进行估计，结果表明，更换变量后的系数估计值、直接效应和间接效应的显著性水平有所改变，但方向没有发生根本变化；最后，考虑模型可能存在的内生性，用专利存量的滞后一期值作为工具变量，对模型再进行估计，结论依然成立。因此，模型的估计结果是稳健的。

四、结论

本节基于2000—2016年中国28个省份的高技术产业面板数据，采用SDM模型研究了高技术产业技术创新及空间溢出对其利润的影响。研究结果表明：①全国各省份高技术产业利润存在显著的空间关联。②从全国层面看，本省份高技术产业技术创新及其他省份的技术溢出对本省份高技术产业利润均有积极作用，且其他省份的技术溢出效应超过了本省份技术创新的作用，由人力资本引起的技术溢出对高技术产业利润的影响较小。③分地区来看，东、中、西部地区的高技术产业技术创新及技术溢出对其利润均有正向影响。东部地区高技术产业技术创新的技术溢出效应较大，而中、西部地区各省份之间的技术溢出效应较小。

第四节 技术创新与空间溢出对高技术产业劳动生产率的影响

除总产值和利润外，劳动生产率也是衡量高技术产业绩效的重要指标。劳动生产率越高，说明单位劳动的产出越多，产业的技术水平和管理水平越高。提高劳动生产率对于高技术产业发展具有重要意义，因此，如何通过技术创新提高劳动生产率是值得关注的一个问题。技术创新具有外部性，区域之间往往产生技术溢出，由此本节基于SDM模型方法，研究高技术产业技术创新及空间溢出对劳动生产率的影响。

本节对变量的选取与第六章第三节相似，被解释变量为高技术产业劳动生产率（YP），解释变量为高技术产业专利存量（PAK），控制变量为人均资本（KL）、产业集聚（QE）、出口交货值（EXP）和市场化程度（MAR）。这里不再详述，直接报告高技术产业技术创新及空间溢出对其劳动生产率影响的估计结果。

一、全国整体层面的估计结果

在建立SDM模型之前，先采用全局Moran's I指数检验高技术产业劳动生产率的空间相关性。高技术产业劳动生产率在2000—2016年的空间自相关的检验结果如表7-16所示。

表7-16　2000—2016年中国高技术产业劳动生产率的Moran's I指数和z值

年份	Moran's I	z值	p值	年份	Moran's I	z值	p值
2000	0.478***	4.075	0.000	2006	0.289**	2.536	0.011
2001	0.441***	3.787	0.000	2007	0.253**	2.327	0.020
2002	0.368***	3.195	0.001	2008	0.243**	2.249	0.024
2003	0.336***	2.934	0.003	2009	0.228**	2.205	0.027
2004	0.302***	2.686	0.007	2010	0.232**	2.134	0.033
2005	0.303***	2.707	0.007	2011	0.216**	2.019	0.043

续表

年份	Moran's I	z值	p值	年份	Moran's I	z值	p值
2012	0.183*	1.928	0.054	2015	0.144	1.537	0.124
2013	0.169*	1.791	0.073	2016	0.152	1.495	0.135
2014	0.157*	1.678	0.094				

注：***、**、*分别表示变量在1%、5%和10%的水平上显著；本表采用地理邻接权重矩阵计算，若采用其他两种权重矩阵可得到类似的结果，故略去。

从表7-16中可以看出，2000—2016年中国各省份高技术产业劳动生产率的全局Moran's I指数均为正，除2015年和2016年外，其他年份的全局Moran's I指数通过了10%的显著性检验。这表明总体上中国各省份高技术产业劳动生产率存在显著的空间正自相关性，即各省份高技术产业劳动生产率与其相邻省份之间存在较强的空间依赖关系。

用LM方法来检验空间效应的存在形式，结果如表7-17所示。从四个LM检验统计量值可以看出，三种空间权重矩阵下LM_lag和R-LM_lag统计量值均在1%的水平上显著，而LM_Erro和R-LM_Erro统计量值在1%的显著性水平下不显著，则可以判断模型中的空间效应是被解释变量的空间滞后存在。

表7-17 LM检验结果

检验项目	地理邻接权重矩阵		地理距离权重矩阵		人力资本权重矩阵	
	χ^2 统计量	p值	χ^2 统计量	p值	χ^2 统计量	p值
LM_Lag	50.6667	0.0000	62.1625	0.0000	84.0597	0.0000
R-LM_Lag	48.1254	0.0000	58.8271	0.0000	90.5399	0.0000
LM_Erro	2.7989	0.0943	3.0177	0.0824	0.3158	0.5742
R-LM_Erro	0.4636	0.4959	0.4765	0.4900	4.7960	0.0285

注：R-LM_Lag和R-LM_Erro分别表示Robust LM_Lag和Robust LM_Erro。

表 7-18 中国高技术产业技术创新对劳动生产率影响的估计结果

变量	地理邻接权重矩阵		地理距离权重矩阵		人力资本权重矩阵	
	固定效应	随机效应	固定效应	随机效应	固定效应	随机效应
$\ln PAK$	0.0422*** (2.60)	0.0386** (2.26)	0.0406** (1.80)	0.0278 (1.42)	0.0589* (1.75)	0.0364 (0.91)
$\ln KL$	0.1757*** (7.85)	0.1802*** (8.10)	0.2056*** (9.61)	0.1959*** (8.41)	0.2267*** (9.31)	0.2205*** (9.17)
$\ln EXP$	0.0368*** (2.80)	0.0311** (2.40)	0.0274* (1.90)	0.0263* (1.92)	0.0265* (1.93)	0.0232* (1.77)
QE	0.1001*** (5.07)	0.1052*** (5.66)	0.1239*** (5.64)	0.1398*** (6.84)	0.1090*** (5.30)	0.1231*** (6.45)
MAR	0.4460*** (3.98)	0.3991*** (3.76)	0.3090** (2.51)	0.3654*** (3.38)	0.2046* (1.71)	0.2751*** (2.66)
$W \cdot \ln YP$	0.3454*** (5.29)	0.3244*** (5.09)	0.4080*** (7.10)	0.3634*** (5.45)	0.4256*** (5.54)	0.4183*** (6.42)
$W \cdot \ln PAK$	0.0649*** (2.64)	0.0721** (2.50)	0.0839*** (3.33)	0.0924** (2.91)	0.0665** (2.04)	0.0589** (2.23)
R^2	0.8991	0.9005	0.9008	0.9011	0.9053	0.9024
LogL	525.25	466.53	501.33	446.58	514.21	462.85
Wald-Lag	6.96***	6.25**	11.08***	8.47***	4.16**	4.97**
Wald-Erro	10.45***	8.61***	15.89***	11.42***	7.89***	7.85***
LR-Lag	17.12***	14.62***	13.41***	19.46***	14.51***	15.83***
LR-Erro	40.71***	29.02***	26.52***	30.43***	20.18***	22.28***
Hausman	19.26***	—	19.00***	—	16.28**	—

注:括号内为 z 统计量;***、**、*分别表示变量在 1%、5%和 10%的水平上显著;Wald-Lag 和 LR-Lag 检验 SDM 模型是否能退化为 SAR 模型;Wald-Erro 和 LR-Erro 检验 SDM 模型是否能退化为 SEM 模型。

表 7-18 给出了中国高技术产业技术创新对劳动生产率影响的空间杜宾模型的估计和检验结果。Wald 检验和 LR 检验的结果显示三种空间权重矩阵下模型均在 5%的显著性水平下拒绝原假设,表明 SDM 模型是最合适的。Hausman 检验的结果显示三种空间权重矩阵下均应该选择固定效应模型。

从表 7-18 中可以看出,三种空间权重矩阵下,专利存量对高技术产业劳动生产率有显著正向影响，说明专利存量的增加有利于高技术产业劳动生产率的提升，这符合经济实际，原因是技术创新水平的提高能够促进工艺流程改进、产品质量提升，从而提高劳动生产率。从专利存量的空间溢出来看，专利存量的空间滞后项的系数显著为正，表明其他地区的专利存量对本地区高技术产业劳动生产率也有积极影响，即其他地区的技术溢出也有利于本地区劳动生产率的提升。此外，高技术产业劳动生产率的空间滞后项的系数显著为正，说明各省份高技术产业劳动生产率存在显著的空间关联，即全国各省份在高技术产业劳动生产率提升方面相互之间有积极影响。

控制变量中，人均资本的系数显著为正，表明人均资本的增加有利于提升劳动生产率，主要是人均资本越高，高技术产业的技术装备水平也越高，因而劳动生产率越高。出口交货值的系数显著为正，表明出口增加有利于提升高技术产业劳动生产率。区位熵对高技术产业劳动生产率有积极影响，原因是区位熵反映了高技术产业的集聚程度，产业集聚越强，规模效应也越强，从而有利于提升劳动生产率。市场化程度的系数为正，表明市场化程度对高技术产业劳动生产率有积极作用。市场机制是一种配置创新要素的有效机制，提高市场化程度，能够提高创新资源的配置效率，从而提升技术创新能力，提高劳动生产率。因此，市场化程度对劳动生产率有积极作用。

表 7-19 专利存量的直接效应、间接效应和总效应

效应类别	地理邻接权重矩阵	地理距离权重矩阵	人力资本权重矩阵
直接效应	0.0533*** (2.29)	0.0543** (2.42)	0.0617** (2.06)
间接效应	0.1375** (4.03)	0.1865*** (5.78)	0.1972*** (4.59)
总效应	0.1908*** (5.45)	0.2408*** (4.73)	0.2589*** (4.86)

注：括号内为 z 统计量；***、**分别表示变量在1%、5%的水平上显著。

表 7-19 给出了三种空间权重矩阵下专利存量的直接效应、间接效应和总效应。从中可以看出，在三种空间权重矩阵下，专利存量对高技术产业劳动生产率的直接效应和间接效应（溢出效应）均显著为正，表明本地

区的技术创新和其他地区的技术溢出均对高技术产业劳动生产率有积极影响。从直接效应和间接效应的大小来看，三种空间权重矩阵下专利存量的间接效应均明显大于直接效应，表明其他地区的技术溢出对本地区高技术产业劳动生产率的影响超过了本地区专利存量的影响。对此可能的解释有两点：一方面，随着现代信息技术的广泛应用，知识信息在各地区之间以较快的速度传播，各地区之间技术的交流和合作越来越多；另一方面，随着市场化改革的推进，创新人才和创新资本等创新要素的流动性增大，创新要素本身包含大量的知识信息，创新要素的区际流动带动了区域间知识的溢出，因此，其他地区的技术溢出超过了本地区技术创新的作用。从技术溢出效应的大小来看，人力资本权重矩阵条件下专利存量的溢出效应最大，地理距离权重矩阵条件下溢出效应次之，地理邻接权重矩阵条件下溢出效应较小，表明区域高技术产业技术溢出不仅发生在相邻省份之间，也发生在不相邻地区之间，且人力资本因素对高技术产业技术溢出的影响较大。

二、分地区回归结果

东、中、西部地区高技术产业技术创新及空间溢出对劳动生产率影响的估计结果如表7-20所示。

由表7-20可知，东、中、西部地区的专利存量和专利存量空间滞后项均对高技术产业劳动生产率有正影响，表明东、中、西部地区随着其技术创新水平的提高和技术溢出的增加，高技术产业劳动生产率将会提升。此外，东、中、西部高技术产业劳动生产率的空间滞后项的系数也为正，说明东、中、西部各省份高技术产业劳动生产率存在正的空间关联，即相互之间有积极影响。

表7-20 东、中、西部地区高技术产业技术创新对劳动生产率影响的估计结果

变量	地理邻接权重矩阵			地理距离权重矩阵			人力资本权重矩阵		
	东部	中部	西部	东部	中部	西部	东部	中部	西部
lnPAK	0.0305*	0.0789***	0.0752**	0.0373**	0.0699**	0.0423	0.0414**	0.0665**	0.0475
	(1.64)	(3.84)	(2.52)	(2.19)	(2.54)	(1.40)	(2.06)	(2.40)	(0.59)
lnKL	0.1897***	0.1241***	0.0814*	0.2145***	0.1224***	0.0562	0.2117***	0.1119***	0.0727*
	(7.69)	(2.97)	(1.91)	(8.85)	(3.00)	(1.25)	(9.33)	(2.76)	(1.68)
lnEXP	0.0787***	0.0131	0.0373**	0.0783***	0.0175	0.0221	0.0656***	0.0168	0.0203
	(3.30)	(0.67)	(1.65)	(2.76)	(0.93)	(0.94)	(2.69)	(0.87)	(0.88)
QE	0.0621***	0.2346	0.0494	0.0684***	0.2354***	0.0541	0.0672***	0.2182***	0.0447
	(3.62)	(4.92)	(1.25)	(3.33)	(5.03)	(1.32)	(3.87)	(4.93)	(1.14)
MAR	0.3686***	0.8363***	0.6301**	0.4228***	0.8169***	0.5941**	0.3058**	0.7959***	0.6409**
	(3.03)	(6.63)	(2.53)	(3.24)	(5.49)	(2.31)	(2.44)	(5.80)	(2.50)
W·lnYP	0.4321***	0.0954	0.1443	0.4751***	0.2485***	0.2436**	0.4510***	0.2832***	0.2492**
	(6.94)	(1.34)	(1.43)	(5.15)	(2.69)	(1.98)	(5.18)	(2.95)	(2.39)
W·lnPAK	0.1162***	0.0909***	0.0986**	0.1221***	0.1095**	0.1081***	0.1247***	0.0949**	0.1105***
	(3.32)	(3.13)	(2.43)	(3.69)	(2.38)	(2.78)	(3.85)	(2.01)	(2.70)
R^2	0.9195	0.9646	0.9453	0.9114	0.9660	0.9406	0.9101	0.9669	0.9436
LogL	281.49	198.47	166.76	274.21	201.07	160.88	282.54	202.21	163.69
Wald-Lag	11.02***	9.79***	5.91**	13.62***	5.66**	7.72***	9.49***	4.04**	7.29***
Wald-Erro	13.67***	11.48***	7.27***	17.86***	7.60***	9.27***	12.53***	5.80**	8.94***
LR-Lag	25.56***	20.95***	22.30***	17.72***	4.87***	16.17***	20.72***	12.04***	23.41***
LR-Erro	31.19***	26.60***	43.75***	18.86***	20.83***	48.32***	23.62***	31.72***	43.37***
Hausman	25.92***	32.65***	23.84***	20.03***	41.16***	18.89***	17.05***	27.47***	13.39

注：括号内为z统计量；***、**、*分别表示变量在1%、5%和10%的水平上显著；由于Hausman检验的结果均在统计上显著，因此本表报告的均是固定效应模型的估计结果。

计算出三种空间权重矩阵下高技术产业专利存量的直接效应、间接效应和总效应，结果见表7-21。

表7-21 东、中、西部地区专利存量的直接效应、间接效应和总效应

地区	效应类别	地理邻接权重矩阵	地理距离权重矩阵	人力资本权重矩阵
东部	直接效应	0.0472** (2.51)	0.0516*** (2.94)	0.0532** (2.86)
	间接效应	0.1653*** (4.42)	0.2129*** (4.91)	0.2231*** (4.21)
	总效应	0.2125*** (4.94)	0.2635*** (5.58)	0.2763*** (5.34)
中部	直接效应	0.0974*** (3.19)	0.0769** (2.30)	0.0840** (2.44)
	间接效应	0.1028*** (2.75)	0.1546*** (3.02)	0.1758*** (2.95)
	总效应	0.2002*** (4.73)	0.2315*** (3.75)	0.2598*** (3.89)
西部	直接效应	0.0798*** (2.88)	0.0559* (1.89)	0.0581 (1.11)
	间接效应	0.1049*** (5.60)	0.1608*** (5.39)	0.1554*** (5.53)
	总效应	0.1847*** (5.53)	0.2067*** (5.10)	0.2235*** (5.25)

注：括号内为z统计量；***、**、*分别表示变量在1%、5%和10%的水平上显著。

从表7-21中可以看出，在三种空间权重矩阵下，东、中、西部地区的专利存量对高技术产业劳动生产率的直接效应和间接效应均为正，表明三大地区的高技术产业技术创新及技术溢出均对其劳动生产率有积极作用。比较直接效应与间接效应，三大地区三种空间权重矩阵下专利存量的间接效应均明显大于直接效应，表明其他省份的技术溢出对本省份高技术产业劳动生产率的影响超过了本省份专利存量的影响。单从间接效应的大小来看，发现三种空间权重矩阵下东部地区专利存量的间接效应均大于中、西部地区，表明东部地区高技术产业的技术溢出对劳动生产率的作用效果最大，即技术溢出效应最大。比较三种空间权重矩阵下技术溢出效应的大小，发现三大地区在地理距离权重矩阵和人力资本权重矩阵下的技术溢出效应均大于地理邻接权重矩阵下的溢出效应，表明三大地区的技术溢

出不仅发生在相邻省份之间，也发生在不相邻省份之间。具体来看，东部和中部地区人力资本权重矩阵下的技术溢出效应大于地理距离权重矩阵下的溢出效应，西部地区地理距离权重矩阵下的溢出效应大于人力资本权重矩阵下的溢出效应，表明对西部地区来讲，由人力资本引起的技术溢出对高技术产业劳动生产率的促进作用并不明显。

三、稳健性检验

本节从三个方面对模型的稳健性进行检验：首先，基于三个空间权重矩阵的 SDM 模型的参数估计值、直接效应和间接效应的符号相同且都显著；其次，将被解释变量换成高技术产业人均利税，对模型再次进行估计，估计结果显示，更换变量后的系数估计值、直接效应和间接效应与更换变量前虽然有一定差别，但方向和显著性水平基本不变；最后，考虑模型可能存在的内生性，将解释变量专利存量换成滞后一期值，估计后的结果与本节的估计结果一致。这表明本节的估计结果具有稳定性。

四、结论

本节基于 2000—2016 年中国 28 个省份的高技术产业面板数据，采用 SDM 模型探讨了高技术产业技术创新及空间溢出对劳动生产率的影响。研究结果表明：①全国各省份高技术产业劳动生产率存在显著的空间正相关性。②从全国层面看，本省份高技术产业技术创新及其他省份的技术溢出对本省份高技术产业劳动生产率均有积极作用，且其他省份的技术溢出效应超过了本省技术创新的作用。③从全国层面比较三种空间权重矩阵下的溢出效应，人力资本权重矩阵下的溢出效应最大，表明人力资本对高技术产业技术溢出有重要作用。④分地区来看，东、中、西部地区的高技术产业技术创新及技术溢出对其劳动生产率均有正向影响，但东部地区高技术产业的技术溢出对劳动生产率的作用较大，即溢出效应较大，而中、西部地区各省份之间的技术溢出效应较小。

第五节 本章小结

技术创新活动形成的知识存量具有非竞争性和部分非排他性，因而技术创新容易产生知识溢出效应。本章应用空间计量分析法研究了高技术产业技术创新的空间相关性以及技术创新、空间溢出对高技术产业绩效的影响。研究结果表明：①总体上看，中国各省份高技术产业专利存量存在空间正相关性，即中国各省份高技术产业专利存量的空间分布并不是随机的，而是存在"高—高"型或"低—低"型的集聚分布状态。②中国区域高技术产业技术创新局部存在一定的空间集聚效应，东部地区呈现"高—高"型集聚，各省份相互之间有较强的正的空间依赖效应，对周边地区技术创新水平的提高有较大的辐射带动作用。西部地区呈现"低—低"型集聚，各省份相互之间的辐射带动作用较小。③由于技术创新溢出的影响，中国高技术产业总产值、利润和劳动生产率也存在显著的空间关联。④从全国层面看，本省份高技术产业技术创新及其他省份的技术溢出对本省份高技术产业总产值、利润和劳动生产率均有积极影响，且其他省份的技术溢出效应超过了本省份技术创新的作用。⑤全国层面上，人力资本权重矩阵下高技术产业技术溢出对总产值和劳动生产率的影响较大，而对利润的影响较小，表明相对于利润的增加，通过人力资本渠道的技术溢出更能促进总产值和劳动生产率的提高。⑥分地区看，东、中、西部地区的高技术产业技术创新及技术溢出对其总产值、利润和劳动生产率均有显著影响，但东部地区省份之间高技术产业技术创新的关联程度较高，技术溢出效应较大，而对中、西部地区来说，省份之间的技术溢出效应较小。

第八章

主要结论和政策建议

第一节　主要结论

本书首先从创新投入、创新产出和创新效率三个方面分析了中国区域高技术产业技术创新的时空特征和演变趋势;其次从高技术产业发展规模、盈利能力、产出效益和生产效率四个方面分析了中国区域高技术产业绩效的时空演变;再次用计量模型实证分析了创新投入、创新环境和创新效率对高技术产业绩效的影响;最后考虑技术创新的空间溢出,运用空间计量分析方法研究了高技术产业技术创新的空间相关性以及技术创新、空间溢出对高技术产业绩效的影响。本书得出的主要结论如下:

一、区域高技术产业技术创新的时空演变特征

第一,中国高技术产业创新投入与创新产出增长很快,但研发强度低于发达国家,专利技术层次低,缺乏核心技术。中、西部地区与东部地区在创新投入、创新产出两个方面均存在显著差距,且有扩大趋势,这将严重影响中、西部地区高技术产业的发展。

第二,中国高技术产业的技术创新效率、技术研发效率、成果转化效率均不高,成果转化效率最低。具体来讲,属于高研发高转化类型的省份仅有6个,有一半以上的省份属于低研发低转化类型。这意味着许多省份的高技术产业在创新过程中技术水平和管理水平不高,存在着创新资源的浪费问题,尤其是科技成果并未有效转化为商业价值。

第三,东、中、西部地区的技术创新效率、技术研发效率、成果转化效率均存在明显差异,东部地区好于中、西部地区,但随着时间的推移,中、西部地区的创新效率与东部地区的差距有所缩小,说明中、西部地区

在追赶东部地区。

二、区域高技术产业绩效的时空演变特征

第一，中国高技术产业规模不断壮大，利润总额增长很快，产出效益显著提高，但销售利润率低于同期工业的销售利润率，意味着中国高技术产业不具有高收益特征。

第二，从三大地区来看，东部地区的高技术产业规模、利润总额和产出收益一直远大于中、西部地区，但这种差距有缩小态势。从销售利润率指标看，高技术产业发展规模较大的东部地区并不具有较高的利润率，反而中、西部地区一些省份的利润率较高，主要原因在于中、西部地区的高技术产业正处于跨越式发展阶段，而东部地区的高技术产业规模扩张到了一定阶段，需要加强创新，促进产业转型升级，向中高端迈进，即东、中、西部地区的高技术产业发展所处的阶段不同。

第三，中国高技术产业的生产效率不高且增长缓慢，这种情况与高技术产业的粗放型发展方式有关。中国的高技术产业需要不断提高技术创新能力，提高对各种资源的利用效率，从而提升生产效率，推动经济增长方式的转变。从三大地区来看，东部地区的生产效率最高，中、西部地区与东部地区有较大差距。东部地区具有资金和人才优势，市场化程度较高，企业的管理、生产方式较为先进，因此东部地区的生产效率明显高于中、西部地区。

三、创新投入、创新环境和创新效率对高技术产业绩效的影响

第一，研发投入和创新环境对高技术产业总产值具有显著正向影响，且研发投入在影响高技术产业总产值时依赖于创新环境。当创新环境较好时，研发投入带来的高技术产业总产值的边际效应较大；当创新环境较差时，研发投入带来的高技术产业总产值的边际效应较小。具体来讲，在信息化水平较高、市场化程度较高、劳动者素质较高以及金融环境较好的地区，研发投入对高技术产业总产值的影响更大。

第二，研发投入、创新环境、信息化水平和市场化程度对高技术产业利润具有显著的促进作用，但劳动者素质和金融环境并未显著影响高技术

产业利润。研发投入在影响高技术产业利润时受创新环境、信息化水平和市场化程度制约，在创新环境指数、信息化水平和市场化程度较高的地区，研发投入对高技术产业利润的促进作用更强。

第三，研发投入、创新环境、信息化水平、市场化程度和劳动者素质对高技术产业劳动生产率有积极影响，但金融环境并未对高技术产业劳动生产率产生显著影响。研发投入在影响高技术产业劳动生产率时受创新环境、信息化水平、市场化程度和劳动者素质约束，在创新环境指数、信息化水平、市场化程度和劳动者素质不同的区域内，研发投入对高技术产业劳动生产率的影响存在显著差异。

第四，创新效率、技术研发效率和成果转化效率均对高技术产业生产效率产生了显著的正向影响。与技术研发效率相比，成果转化效率是影响高技术产业生产效率的更为重要的因素。研发投入对高技术产业生产效率也有极大的促进作用。这意味着，加大 R&D 经费投入、提高 R&D 利用效率特别是成果转化效率是提高高技术产业生产效率的关键。

四、技术创新和技术溢出对高技术产业绩效的影响

第一，总体上看，中国各省份高技术产业专利存量存在空间正自相关性。局部来看，东部地区基本是"高—高"型集聚，相互之间有较大的辐射带动作用；西部地区基本是"低—低"型集聚，相互之间的辐射带动作用较小。

第二，由于技术创新溢出的影响，中国高技术产业总产值、利润和劳动生产率也存在显著的空间关联。从全国层面看，本省份高技术产业技术创新及其他省份的技术溢出对本省份高技术产业总产值、利润和劳动生产率均有积极影响，且其他省份的技术溢出效应超过了本省份技术创新的作用。人力资本权重矩阵下高技术产业技术溢出对总产值和劳动生产率的影响较大，而对利润的影响较小，表明相对于利润的增加，考虑人力资本影响时技术溢出更能增大总产值和劳动生产率。

第三，分地区来看，东、中、西部地区的高技术产业技术创新及技术溢出对其总产值、利润和劳动生产率均有显著影响，但东部地区技术创新的关联程度较高，技术溢出效应较大，而对中、西部地区来说，省份之间

的技术溢出效应较小。

第二节 政策建议

根据本书的研究结论,实现高技术产业创新能力的提高和产业绩效的提升,一方面要多渠道增加研发投入,加强创新人才的培养和引进,改善创新效率,尤其是科研成果转化效率;另一方面要重视创新环境的优化,以增强研发投入的作用效果,同时通过技术转移、合作研发等方式加强区域合作,促进区域间的高技术产业技术溢出。

一、加大对高技术产业的支持力度,采取多项措施增加研发投入

中国高技术产业存在研发投入过低的问题,因此,政府应采取多项措施加大对高技术产业创新的支持力度,明确重点支持的行业和区域。一是要通过增加财政科技投入加大对高技术产业的支持力度,支持在关键核心领域进行创新,同时要加强对研发投入的有效管理,特别是要加强对研发资金使用的全程监控,防止滥用研发资金。建立和完善适应技术创新活动特点的研发经费管理制度,提高资金使用效率,从而使研发投入效益最大化。二是通过税收优惠、金融政策等方式给予支持,鼓励企业进行自主创新。税收方面,政府可以对高技术企业实行税收减免、研发费用加计扣除、固定资产加速折旧等。金融政策方面,银行应放宽对高技术企业的贷款额度,降低贷款利息,政府实行贴息政策鼓励商业银行向高技术企业发放贷款。此外,金融机构应开展科技担保、科技创新保险产品开发、知识产权投融资服务等,促进科技和金融结合。三是建立健全科技创业风险投资机制,鼓励设立科技创业投资基金,重点投资处于种子期和初创期的高技术企业。鼓励企业开展资本市场融资,培育和支持符合条件的高新技术企业在中小板、创业板、新三板及其他板块上市融资。在上述政策的带动下,鼓励民间资金、民营资本参与科技投融资,形成全社会对高技术产业创新的多元化投入。

二、培养和引进高素质的创新人才，为高技术产业创新储备人力

面对中国高技术人才缺乏的问题，应加大教育投资，大力发展高等教育、职业和技术培训教育，逐步完善终身教育体系，以提高全体劳动者的科学素质和创新技能，同时要积极引进海内外高级创新人才，为高技术产业创新储备人力资本。一是要重视高校和科研院所对创新人才的培养，加大教育支出，提升人才科学素养，创新人才培养模式，通过学校之间、校企之间、学校和科研机构之间的联合培养以及中外合作培养模式，培养出各类满足企业需求的应用型技术人才。二是制定更积极、更开放、更有效的人才引进政策，建立全球人才服务机构，打造全球人才服务网络，吸纳全球优秀创新人才，加强和共建留学人员创业园，吸引高层次留学归国人员回国创业，并通过不断完善待遇条件和社会保障制度留住人才。三是建立合理的人才流动机制，打破户籍、地域、身份、学历、人事关系等制约，充分发挥市场机制的作用，保证人才有序、合理地流动，实现人力资源的高效配置。四是建立有利于高技术人才创新的激励机制，支持高校和科研机构等事业单位科研人员到高技术企业兼职，改革科技奖励制度，引进和推广产权激励制度，保证科研人员的收益分配，激发创新人员的创造力和创新热情。

三、加快产学研相结合的技术创新体系建设，促进科技成果转化

中国高技术产业存在科技成果转化率较低的问题，加强产学研合作是促进科技成果转化的有效途径，世界上先进的创新型国家都具有产学研深度融合的创新体系。为了提高中国高技术产业科技成果顺利转化为生产力的能力，要使企业真正成为技术创新的主体，建立以市场为导向、产学研相结合的协同创新体系。围绕高技术产业发展需求，引导和支持企业与高校、科研机构和行业协会合作，创建产业技术创新战略联盟或其他形式的创新共同体，建立健全联合开发、优势互补、成果共享、风险共担的产学研合作机制。产学研合作的形式包括：高校与科研机构转让技术给企业；高校与企业联合科技攻关与人才培养；共建研究中心、研究所和实验室；建立科技园区；建立高校高科技企业等。为了提升产学研合作的效果，政

府部门需要从规划、政策、立法和宏观调控等方面做好工作。政府部门要调动各种社会资金加大对产学研合作的支持力度，尤其是对科技成果转化环节上的支持，制定法律法规和政策文件，规范各参与主体的职责和利益。同时还要建立完善产学研合作中介服务机构，比如生产力促进中心、评估咨询机构、科技信息中心、知识产权法律服务中心等，以解决产学研合作中的信息不畅问题，有效促进企业、高校与科研机构的交流和合作，提高科技成果转化率。

四、优化高技术产业创新环境，增大研发投入的作用效果

实证结果显示，创新环境不仅对高技术产业绩效有显著的促进作用，且能增强研发投入的作用效果，因此，政府在制定创新政策时，不能只考虑增加研发投入，还应考虑创新环境对研发活动的影响。为了提升研发投入的作用效果，各地区应根据实际情况，提高信息化水平和市场化程度，尤其要重视提高劳动者素质，改善金融环境。第一，通过加强信息基础设施建设，扩大互联网、物联网、云计算、大数据和人工智能等信息技术的推广使用，促进区域内创新信息、知识和资源的流动，形成创新网络，增强信息化对高技术产业创新的支撑作用。第二，进一步推进市场化改革，使市场成为配置创新资源的基本方式。根据市场需求确定创新方向，重点进行航空设备、高端装备、生物医药、智能制造等领域的研发，淘汰落后产能。完善市场运行的法律制度环境，为民营和中小型高技术企业的发展创造公平竞争的环境，激发企业创新活力。第三，通过建立健全创新人才培养机制，加强素质教育，培养创新人才，完善人才引进机制，消除对人才流动的限制，为高技术产业创新活动提供大批高素质创新人才，以解决高技术产业发展人才方面的瓶颈问题。第四，通过完善技术创新投融资体系，建立多元化的科技融资体制，鼓励针对高技术企业的金融创新，拓宽直接融资渠道，大力发展风险投资，加大高技术产业技术创新资金规模。

优化创新环境还需要创造有利于创新的社会文化环境和政策环境。广泛开展对科技创新的宣传，形成崇尚创新的文化氛围，加大对科技创新的奖励，激发各类创新主体的创新热情，形成"大众创业、万众创新"的创新态势。进一步深化科技体制改革，减少政府对科技活动的直接干预，构

建有利于激发企业创新潜能的体制机制，充分保障企业的自主性，积极推动企业成为技术创新的主体。改革科技成果评价制度，加强对科研院所科技成果转化效果的评估，提高科技投入效率和效益。进一步健全和完善知识产权法律制度和相关法规政策，加大对知识产权的扶持力度和保护力度，增加违法成本，保护各创新主体的创新积极性。

五、通过区域协同创新，实现区域创新资源优化配置和知识共享

中国区域高技术产业技术创新在局部存在一定的空间集聚效应，东部地区基本上是"高—高"型集聚，西部地区基本上是"低—低"型集聚。从技术创新的溢出效应大小来看，其他省份的技术溢出效应超过了本省份技术创新的作用，因此，各省份要采取各种措施促进高技术产业在区域间的技术溢出，以实现创新资源的优化配置和知识共享。首先，东部地区有明显的高技术产业集聚，形成了一些高技术产业创新极，有效促进了东部地区高技术产业的技术溢出。对东部地区来说可以依托已有的高新区或科技园区，按照产业集群的发展模式进行发展和完善，形成优势产业集群。其次，由于中、西部地区的高技术产业技术溢出较小，因此，对中、西部地区来说，要加大对高技术产业的支持力度，大力发展高技术产业，培育和形成中、西部地区的高技术产业创新增长极，以促进中、西部地区内部的技术溢出。再次，中、西部地区还应加强与东部地区的联系，通过技术转移、合作研发、产业转移等加强与东部地区的创新合作，促进东部地区的技术溢出，构建东、中、西部地区协同创新网络。最后，政府部门还要为实现区域协同创新创造良好的环境，破除区域间的政策壁垒，鼓励资本和人才在不同省份之间流动，实行有利于区域间技术引进和自由贸易的政策，增加区域间的技术和产品交易，促进区域间知识的流动与扩散。搭建区域协同创新服务平台，健全创新资源共享开放机制，为区域间技术溢出提供条件。同时，各省份还要提高自身的人力资本水平和学习能力，以增强其对其他省份高技术产业技术溢出的吸收能力。

参 考 文 献

[1] Aigner D J, Lovell C K, Schmidt P. Formulation and estimation of stochastic frontier production function models [J]. Journal of Econometrics, 1977, 6 (1): 21-37.

[2] Ali M, Park K. The spiral model of indigenous technological innovation capabilities for developing countries [C]. 6th International Student Conference, Izmir Turkey, 2010.

[3] Almeida P, Kogut B. Localization of knowledge and the mobility of engineers in regional networks [J]. Management Science, 1999, 45 (7): 905-917.

[4] Anselin L, Bera A, Florax R J, Yoon M. Simple diagnostic tests for spatial dependence [J]. Regional Science and Urban Economics, 1996 (26): 77-104.

[5] Arrow K J. The economic implications of learning by doing [M] // readings in the theory of growth. Palgrave Macmillan UK, 1971: 155-173.

[6] Aw B Y, Roberts M J, Xu D Y. R&D investment, exporting, and productivity dynamics [J]. American Economic Review, 2011, 101 (4): 1312-1344.

[7] Ballot G, Fakhfakh F, Taymaz E. Firms' human capital, R&D and performance: A study on French and Swedish firms [J]. Labour Economics, 2001, 8 (4): 443-462.

[8] Banker R D, Charnes A, Cooper W W. Some models for estimating technical and scale inefficiencies in data envelopment analysis [J]. Management Science, 1984, 30 (9): 1078-1092.

[9] Battese G E, Coelli T J. Prediction of firm-level technical efficiencies

with a generalized frontier production function and panel data [J]. Journal of Econometrics, 1988, 38 (3): 387-399.

[10] Battese G E, Coelli T J. Frontier production functions, technical efficiency and panel data: With application to paddy farmers in India [J]. Journal of Productivity Analysis, 1992, 3 (1): 153-169.

[11] Battese G E. A model for technical inefficiency effects in a stochastic frontier production function for panel data [J]. Empirical Economics, 1995, 20 (2): 325-332.

[12] Belegri-Roboli A, Michaelides P G. Technical efficiency and macroeconomic determinants for the greek power industry before liberalization: A stochastic frontier approach [J]. Roboli, 2010, 21 (6): 236-249.

[13] Bernardin H J, Kane J S, Ross S, et al. Performance appraisal design, development, and implementation [J]. Handbook of Human Resource management, 1995, 462-493.

[14] Borensztein E, Gregorio J D, Lee J-W. How does foreign direct investment affect economic growth? [J]. Journal of International Economics, 1998 (45): 115-135.

[15] Bilbao-Osorio B, Rodriguez-Pose A. From R&D to innovation and economic growth in the EU [J]. Growth and Change, 2004 (4): 434-455.

[16] Blomstrom M, Kokko A. Multinational corporations and spillovers [J]. Journal of Economic Surveys, 1998, 12 (3): 247-277.

[17] Branstetter L. Is foreign direct investment a channel of knowledge spillovers? Evidence from Japan's FDI in the United States ☆ [J]. Journal of International Economics, 2006, 68 (2): 325-344.

[18] Brown J. Venture capital and firm performance over the long-run: Evidence from high-tech IPOs in the United States [J]. Journal of Entrepreneurial Finance, 2005 (10): 1-33.

[19] Brumbrach A. Performance Management [M]. London: The Cromwell Press, 1998.

[20] Camagni R. Uncertainty and innovation networks: Towards a new dy-

namic theory of economic space [J]. Innovation Networks: Spatial Perspectives, 1991: 121-144.

[21] Campbell D E. Intergenerational social choice without the Pareto principle [J]. Journal of Economic Theory, 1990, 50 (2): 414-423.

[22] Cassiman B, Veugelers R. In search of complementarity in innovation strategy: Internal R&D and external knowledge acquisition [J]. Management Science, 2006, 52 (1): 68-82.

[23] Caves R E. Multinational firms, competition and productivity in host-country markets [J]. Economica, 1974, 41 (162): 176-193.

[24] Charnes A, Cooper W W, Rhodes E. Measuring the efficiency of decision making units [J]. European Journal of Operational Research, 1978, 2 (6): 429-444.

[25] Chen Y, Zhu J. Measuring information technology's indirect impact on firm performance [M]. Kluwer Academic Publishers, 2004.

[26] Ciccone A, Hall R E. Productivity and the density of economic activity [J]. American Economic Review, 1996, 86 (1): 54-70.

[27] Coe D, Helpman E. International R&D spillovers [J]. European Economic Review, 1995, 39 (5): 859-887.

[28] Colombo M G, Grilli L, Murtinu S. R&D subsidies and the performance of high-tech start-ups [J]. Economics Letters, 2011, 112 (1): 97-99.

[29] Cooke P N, Heidenreich M, Braczyk H J. Regional innovation systems: The role of governances in a globalized world [J]. European Urban & Regional Studies, 1996, 6 (2): 187-188.

[30] Crescenzi R. Innovation and regional growth in the enlarged Europe: The role of local innovative capabilities, peripherality, and education [J]. Growth and Change, 2005, 36 (4): 471-507.

[31] Crosby M. Patents, Innovation and growth [J]. The Economic Record, 2000, 76 (234): 255-262.

[32] Eberhart A C, Maxwell W F, Siddique A R. An examination of long-term abnormal stock returns and operating performance following R&D increases

[J]. Journal of Finance, 2004, 59 (2): 623-650.

[33] Enos J L. Invention and innovation in the petroleum refining industry [M]. Princeton: Princeton University Press, 1962.

[34] Erickson G S. Environment and innovation: The case of the small entity☆ [J]. Industrial Marketing Management, 1996, 25 (6): 577-587.

[35] Färe R, Grosskopf S. Intertemporal production frontiers: With dynamic DEA [M]. Springer Netherlands, 1996.

[36] Farrell M J. The measurement of productive efficiency [J]. Journal of the Royal Statistical Society, 1957, 120 (3): 253-290.

[37] Feinberg S E, Majumdar S K. Technology spillovers from foreign direct investment in the Indian pharmaceutical industry [J]. Journal of International Business Studies, 2001, 32 (3): 421-437.

[38] Ferrara E, Marcellino M G. TFP, costs, and public infrastructure: An equivocal relationship [R]. Working Papers, 2000.

[39] Findlay R. Relative backwardness, direct foreign investment and technology transfer: A simple dynamic model [J]. Quarterly Journal of Economics, 1978, 92 (1): 1-16.

[40] Fischer M M, Scherngell T, Jansenberger E. The geography of knowledge spillovers between High-Technology firms in Europe-Evidence from a spatial interaction modelling perspective [C] //ERSA conference papers. European Regional Science Association, 2005: 288-309.

[41] Freeman C. The economics of industrial innovation/2nd edn [M]. London: Frances Pinter, 1982.

[42] Freeman C. Technology policy and economic performance. Lessons from Japan [J]. R&D Management, 1987, 19 (3): 278-279.

[43] Griliches Z. Productivity, R&D and basic research at firm level in the 1970s' [J]. American Economic Review, 1986, 76 (1): 141-154.

[44] Grossman G M, Helpman E. Quality ladders in the theory of growth [J]. Review of Economic Studies, 1991, 58 (1): 43-61.

[45] Hage J, Hollingsworth J R. A strategy for the analysis of idea innovation

networks and institutions [J]. Organization Studies, 2000, 21 (5): 971-1004.

[46] Hall B H, Mairesse J. Exploring the relationship between R&D and productivity in French manufacturing firms [J]. Journal of Econometrics, 1995, 65 (1): 263-293.

[47] Hansen B E. Threshold effects in non-dynamic panels: Estimation, testing and inference [J]. Journal of Econometrics, 1999, 93 (2): 345-368.

[48] Hattori T. Relative performance of U. S. and Japanese electricity distribution: An application of stochastic frontier analysis [J]. Journal of Productivity Analysis, 2002, 18 (3): 269-284.

[49] Hausman J, Hall B H, Griliches Z. Econometric models for count data with an application to the patents-R & D relationship [J]. Econometrica, 1984, 52 (4): 909-938.

[50] Hiroyuki O, Shinya K. Contributions and channels of interindustry R&D spillovers: An estimation for Japanese high-tech industries [J]. Economic Systems Research, 1997, 9 (1): 127-142.

[51] Hoskisson R E, Hitt M A. Strategic control systems and relative R&D investment in large multiproduct firms [J]. Strategic Management Journal, 1988, 9 (6): 605-621.

[52] Hussinger K. R&D and subsidies at the firm level: An application of parametric and semiparametric two-step selection models [J]. Journal of Applied Econometrics, 2008, 23 (6): 729-747.

[53] Jaffe A. Technological opportunity and spillovers of R&D: Evidence from firms' patents, profits and market value [C] //National bureau of economic research, Inc, 1986: 984-1001.

[54] Jefferson G H, Bai Huamao, Guan Xiaojing, et al. R&D performance in Chinese industry [J]. Economics of Innovation & New Technology, 2006, 15 (4-5): 345-366.

[55] Johnes J, Li Y U. Measuring the research performance of Chinese higher education institutions using data envelopment analysis [J]. China Economic Review, 2008, 19 (4): 670-696.

［56］Kamien M I, Schwartz N L. Market structure and innovation: A survey ［J］. Journal of Economic Literature, 1975, 13 (1): 1-37.

［57］Keller W. Geographic localization of international technology diffusion ［J］. American Economic Review, 2002, 92 (1): 120-142.

［58］Kogut B. Designing global strategies: Comparative and competitive value-added Chains ［J］. 1985 (26): 15-28.

［59］Kokko A. Technology, market characteristics, and spillovers ［J］. Journal of Development Economics, 1994, 43 (2): 279-293.

［60］Koopmans T C. Analysis of production as an efficient combination of activities ［J］. Analysis of Production and Allocation, 1951, 158 (1): 33-97.

［61］Kultti K, Takalo T. R&D spillovers and information exchange ［J］. Economics Letters, 1998, 61 (1): 121-123.

［62］Kumbhakar S C. Production frontiers, panel data, and time-varying technical inefficiency ［J］. Journal of Econometrics, 1990, 46 (1-2): 201-211.

［63］Kumbhakar S C, Denny M, Fuss M. Estimation and decomposition of productivity change when production is not efficient: A paneldata approach ［J］. Econometric Reviews, 2000, 19 (4): 312-320.

［64］Lesage J, Pace R K. Introduction to spatial econometrics ［M］. Chapman & Hall CRC Press, 2009.

［65］Lev B, Sougiannis T. The capitalization, amortization, and value-relevance of R&D ［J］. Journal of Accounting & Economics, 1996, 21 (1): 107-138.

［66］Lewis H F, Sexton T R. Network DEA: Efficiency analysis of organizations with complex internal structure ［J］. Computers & Operations Research, 2004, 31 (9): 1365-1410.

［67］Los B, Verspagen B. R&D spillovers and productivity: Evidence from U. S. manufacturing microdata ［J］. Empirical Economics, 2000, 25 (1): 127-148.

［68］Lucas R E. On the mechanics of economic development ［J］. Journal of Monetary Economics, 1988, 22 (1): 3-42.

［69］Macdougall D. The benefits and costs of private investment from abroad:

A theoretical approach [J]. Economic Record, 1960, 36 (73): 13-35.

[70] Maillat D. Innovative milieux and new generations of regional policies [J]. Entrepreneurship & Regional Development, 1998, 10 (1): 1-16.

[71] Mansfield E. Industrial research and technological innovation: An econometric analysis [J]. Economica, 1968, 38 (149): 676.

[72] Mansfield E. The production and application of new industrial technology [J]. Academy of Management Review, 1977, 41 (41): 610-2.

[73] Meeusen W, Broeck J V D. Efficiency estimation from cobb–douglas production functions with composed error [J]. International Economic Review, 1977, 18 (18): 435-444.

[74] Vencappa D, Wright P W, Milner C. Trade policy and productivity growth in Indian manufacturing [J]. World Economy, 2007, 30 (2): 249-266.

[75] Moreno R, Paci R, Usai S. Spatial spillovers and innovation activity in European regions [J]. Environment and Planning, 2005, 37 (10): 1793-1812.

[76] Nelson R R. Editor national innovation systems: A comparative analysis [M]. New York: Oxford University Press, 1993.

[77] Ortega-Argilés R, Piva M, Potters L, et al. Is corporate R&D investment in high-tech sectors more effective? [J]. Contemporary Economic Policy, 2010, 28 (3): 353-365.

[78] Pantagakis E, Terzakis D, Arvanitis S. R&D investments and firm performance: An empirical investigation of the high technology sector (software and hardware) in the EU [J]. Available at SSRN 2178919, 2012.

[79] Ponds R, Oort F V, Frenken K. Innovation, spillovers and university-industry collaboration: An extended knowledge production function approach [J]. Papers in Evolutionary Economic Geography, 2009, 10 (2): 231-255.

[80] Raab R A, Kotamraju P. The efficiency of the high-tech economy: Conventional development indexes versus a performance index [J]. Journal of Regional Science, 2006, 46 (3): 545-562.

[81] Romer P M. Increasing returns and long-run growth [J]. Journal of Political Economy, 1986, 94 (5): 1002-1037.

［82］Romer P M. Endogenous technological change［J］. Journal of Political Economy, 1990, 98（5）: 71-102.

［83］Solow R M. Technical change and the aggregate production function［J］. Review of Economics & Statistics, 1957, 39（3）: 554-562.

［84］Sueyoshiabc T. Can R&D expenditure avoid corporate bankruptcy? Comparison between Japanese machinery and electric equipment industries using DEA-discriminant analysis［J］. European Journal of Operational Research, 2009, 196（1）: 289-311.

［85］Tödtling F. Technological change at the regional level［J］. Environment and Planning, 1992, 24（11）: 1565-1584.

［86］Utterback J M. The dynamics of product and process innovation in industry［M］. Center for Policy Alternatives, Massachusetts Institute of Technology, 1978.

［87］Venturini F. R&D and productivity in high-tech manufacturing: A comparison between Italy and Spain［J］. Industry & Innovation, 2014, 21（5）: 359-379.

［88］Wakelin K. Productivity growth and R&D expenditure in UK manufacturing firms［J］. Research Policy, 2001, 30（7）: 1079-1090.

［89］Yam R, Lo W, Tang E et al. Analysis of sources of innovation, technological innovation capabilities, and performance: An empirical study of Hong Kong manufacturing industries［J］. Research Policy, 2011, 40（3）: 391-402.

［90］白俊红, 蒋伏心. 协同创新、空间关联与区域创新绩效［J］. 经济研究, 2015, 50（7）: 174-187.

［91］白俊红, 王钺, 蒋伏心, 等. 研发要素流动、空间知识溢出与经济增长［J］. 经济研究, 2017, 52（7）: 109-123.

［92］蔡翔, 肖岳峰, 曾繁荣. 知识创新链浅议［J］. 软科学, 2001（1）: 2-4+8.

［93］曹琪格, 任国良, 骆雅丽. 区域制度环境对企业技术创新的影响［J］. 财经学, 2014（1）: 71-80.

［94］曹霞, 张路蓬. 金融支持对技术创新的直接影响及空间溢出效

应——基于中国2003—2013年省际空间面板杜宾模型[J].管理评论,2017,29(7):36-45.

[95] 曹勇,苏凤娇.高技术产业技术创新投入对创新绩效影响的实证研究——基于全产业及其下属五大行业面板数据的比较分析[J].科研管理,2012(9):22-31.

[96] 曾方.技术创新中的政府行为——理论框架和实证分析[D].复旦大学,2003.

[97] 陈傲,柳卸林,程鹏.空间知识溢出影响因素的作用机制[J].科学学研究,2011,29(6):883-889.

[98] 陈恒,侯建.自主研发创新、知识积累与科技绩效——基于高技术产业数据的动态门槛机理研究[J].科学学研究,2016(9):1301-1309+1425.

[99] 陈继勇,彭巍,胡艺.对外开放对中国技术创新能力影响的实证研究[J].科技进步与对策,2010,27(10):1-7.

[100] 陈建丽,孟令杰,姜彩楼.两阶段视角下高技术产业技术创新效率研究——基于网络SBM模型和DEA窗口分析[J].科技管理研究,2014,34(11):11-16.

[101] 陈晓红.区域技术创新能力对经济增长的影响——基于中国内地31个省份2010年截面数据的实证分析[J].科技进步与对策,2013,30(2):36-40.

[102] 程华,李晓菲,李冬琴,等.研发投入、技术能力与产出绩效关系的研究——基于帕维特产业分类的视角[J].中国科技论坛,2013,1(1):37-42.

[103] 仇云杰,魏炜.研发投入对企业绩效的影响——基于倾向得分匹配法的研究[J].当代财经,2016(3):96-106.

[104] 代明,梁意敏,戴毅.创新链解构研究[J].科技进步与对策,2009,26(3):157-160.

[105] 戴魁早.中国高技术产业研发投入对生产率的影响[J].研究与发展管理,2011,23(4):66-74.

[106] 戴魁早,刘友金.行业市场化进程与创新绩效——中国高技术

产业的经验分析［J］. 数量经济技术经济研究，2013，30（9）：37-54.

［107］戴魁早，刘友金. 要素市场扭曲与创新效率——对中国高技术产业发展的经验分析［J］. 经济研究，2016，51（7）：72-86.

［108］戴维·罗默. 高级宏观经济学：（第四版）［M］. 上海：上海财经大学出版社，2014.

［109］董明放，韩先锋. 研发投入强度与战略性新兴产业绩效［J］. 统计研究，2016（1）：45-53.

［110］樊纲，王小鲁. 中国市场化指数：各地区市场化相对进程2004年度报告［M］. 北京：经济科学出版社，2004.

［111］范凌钧，陈燕儿，李南. R&D对中国高技术产业技术效率的影响研究［J］. 研究与发展管理，2010，22（3）：36-43.

［112］范晓莉，王振坡. 中国高技术产业环境技术效率的动态演进及影响因素研究——基于空间面板模型的实证分析［J］. 现代财经（天津财经大学学报），2017，37（9）：89-101.

［113］冯锋，张雷勇，高牟，等. 两阶段链视角下科技投入产出链效率研究——来自中国29个省市数据的实证［J］. 科学学与科学技术管理，2011，32（8）：33-38.

［114］冯锋，马雷，张雷勇. 外部技术来源对中国工业企业创新绩效影响及区域差异性研究——基于SFA方法的面板数据分析［J］. 中国科学技术大学学报，2012（3）：243-251.

［115］冯志军，陈伟. 中国高技术产业研发创新效率研究——基于资源约束型两阶段DEA模型的新视角［J］. 系统工程理论与实践，2014（5）：1202-1212.

［116］傅家骥等. 技术创新学［M］. 北京：清华大学出版社，1998.

［117］傅利平，周小明，罗月丰. 产学研合作创新网络知识溢出的发生机制与影响因素研究［J］. 天津大学学报（社会科学版），2013，15（4）：293-297.

［118］傅元海，唐未兵，王展祥. FDI溢出机制、技术进步路径与经济增长绩效［J］. 经济研究，2010，45（6）：92-104.

［119］盖文启. 论区域经济发展与区域创新环境［J］. 学术研究，

2002（1）：60-63.

［120］干春晖，郑若谷．中国工业生产绩效：1998—2007——基于细分行业的推广随机前沿生产函数的分析［J］．财经研究，2009（6）：97-108.

［121］顾乃华，张伟．广东工业发展绩效综合评估：2001—2006［J］．产经评论，2009（7）：14-27.

［122］官建成，陈凯华．中国高技术产业技术创新效率的测度［J］．数量经济技术经济研究，2009（10）：19-33.

［123］桂黄宝．中国高技术产业创新发展研究［M］．北京：科学出版社，2016.

［124］郭斌．中国国有工业部门绩效及其变动：1993—1997年［J］．中国社会科学，2004（3）：31-41.

［125］郭国峰，温军伟，孙保营．技术创新能力的影响因素分析——基于中部六省面板数据的实证研究［J］．数量经济技术经济研究，2007（9）：134-143.

［126］赫永达，苏鹏，孙巍．市场结构门槛下研发对行业绩效的影响——来自中国制造业的检验［J］．科技进步与对策，2015（4）：46-50.

［127］侯鹏，刘思明，建兰宁．创新环境对中国区域创新能力的影响及地区差异研究［J］．经济问题探索，2014（11）：73-80.

［128］胡鞍钢，仁皓．中国高技术产业迈入"黄金时代"［EB/OL］．http：//www.cssn.cn/ddzg/ldhc/201703/t20170302_3438508.shtml，2017-03-02.

［129］黄贤凯．广东高技术产业技术溢出效应研究［D］．暨南大学，2011.

［130］贾净雪．高技术产业技术创新效率区域比较［D］．武汉理工大学，2012.

［131］贾亚男．关于区域创新环境的理论初探［J］．地域研究与开发，2001（1）：5-8.

［132］经济合作与发展组织，欧盟统计局．技术创新调查手册［M］．北京：新华出版社，2000.

［133］李兵，岳云嵩，陈婷．出口与企业自主技术创新：来自企业专

利数据的经验研究［J］. 世界经济, 2016, 39 (12): 72-94.

［134］李冬琴, 廖中举, 程华. 行业 R&D 投入与产出绩效的非线性关系研究——基于创新产业分类的视角［J］. 工业技术经济, 2013 (10): 8-16.

［135］李慧. 基于主成分分析的企业绩效综合评价——以制造业上市公司为例［J］. 工业技术经济, 2011, 30 (9): 95-99.

［136］李婧, 谭清美, 白俊红. 中国区域创新生产的空间计量分析——基于静态与动态空间面板模型的实证研究［J］. 管理世界, 2010 (7): 43-55+65.

［137］李强. 技术创新、行业特征与制造业追赶绩效［J］. 科学学研究, 2016 (2): 312-320.

［138］李婷, 董慧芹. 科技创新环境评价指标体系的探讨［J］. 中国科技论坛, 2005 (4): 30-31+36.

［139］李习保. 区域创新环境对创新活动效率影响的实证研究［J］. 数量经济技术经济研究, 2007 (8): 13-24.

［140］李中, 周勤. 内生性约束下研发投入、研发效率与企业绩效——中国高技术产业细分行业的样本［J］. 软科学, 2012 (7): 11-14.

［141］林光平, 龙志和, 吴梅. 中国地区经济 σ-收敛的空间计量实证分析［J］. 数量经济技术经济研究, 2006 (4): 14-21+69.

［142］刘锋, 逯宇铎, 于娇. 高技术产业研发投入与产业绩效的关系——基于省际面板数据的考察［J］. 科技管理研究, 2016 (17): 123-127.

［143］刘和东. 中国工业企业的创新绩效及影响因素研究——基于 DEA-Tobit 两步法的实证分析［J］. 山西财经大学学报, 2010 (3): 68-74.

［144］刘和东. 区域创新内溢、外溢与空间溢出效应的实证研究［J］. 科研管理, 2013, 34 (1): 28-36.

［145］刘焕鹏, 严太华. 中国高技术产业 R&D 能力、技术引进与创新绩效——基于省际动态面板数据模型的实证分析［J］. 山西财经大学学报, 2014 (8): 42-49.

［146］刘树林, 姜新蓬, 余谦. 中国高技术产业技术创新三阶段特征及其演变［J］. 数量经济技术经济研究, 2015 (7): 104-116.

[147] 刘伟. 高新技术产业技术创新效率研究 [M]. 北京: 科学出版社, 2014.

[148] 刘志迎, 叶蓁. 中国高技术产业各行业技术效率的实证分析——基于非参数的 Malmquist 指数方法 [J]. 科学学与科学技术管理, 2006 (9): 22-27.

[149] 卢方元, 靳丹丹. 中国 R&D 投入对经济增长的影响——基于面板数据的实证分析 [J]. 中国工业经济, 2011 (3): 149-157.

[150] 罗鹏庭. 创新环境对高技术产业创新绩效的影响研究 [D]. 西南大学, 2017.

[151] 吕忠伟, 李峻浩. R&D 空间溢出对区域经济增长的作用研究 [J]. 统计研究, 2008 (3): 27-34.

[152] 马茹. 社会资本对中国区域创新的影响分析——基于空间知识溢出视角 [J]. 软科学, 2017, 31 (2): 29-32.

[153] 马艳艳, 张晓蕾, 逯雅雯. 研发支出、广告支出与企业经济绩效——基于中国不同制造业子行业的实证研究 [J]. 大连理工大学学报 (社会科学版), 2015 (4): 30-34.

[154] 迈克尔·波特. 竞争优势 [M]. 北京: 华夏出版社, 1997.

[155] 毛德凤, 李静, 彭飞, 等. 研发投入与企业全要素生产率——基于 PSM 和 GPS 的检验 [J]. 财经研究, 2013, 39 (4): 134-144.

[156] 潘文卿, 李子奈, 刘强. 中国产业间的技术溢出效应: 基于35个工业部门的经验研究 [J]. 经济研究, 2011, 46 (7): 18-29.

[157] 潘文卿. 中国的区域关联与经济增长的空间溢出效应 [J]. 经济研究, 2012, 47 (1): 54-65.

[158] 彭峰, 李燕萍. 技术转移方式、自主研发与高技术产业技术效率的关系研究 [J]. 科学学与科学技术管理, 2013, 34 (5): 44-52.

[159] 石盛林, 陈圻. 制度环境与高技术产业创新绩效——基于中国省际面板数据 (2000—2012年) 的实证研究 [J]. 工业技术经济, 2015, 34 (8): 91-98.

[160] 司桂霞, 徐长乐. 基于 DEA 模型的长三角高技术产业投入产出绩效分析 [J]. 科技管理研究, 2015 (1): 77-82.

[161] 孙立梅，肖卉，李晓娣. 区域金融发展对技术创新的作用 [J]. 科技管理研究，2018，38（8）：18-26.

[162] 孙玮，成力为，刘栋. 不同主体 R&D 投入与技术创新绩效变动差异——基于中国高技术产业的实证研究 [J]. 山西财经大学学报，2009（10）：64-70.

[163] 孙早，宋炜. 企业 R&D 投入对产业创新绩效的影响——来自中国制造业的经验证据 [J]. 数量经济技术经济研究，2012（4）：49-63+122.

[164] 孙早，宋炜. 中国工业的创新模式与绩效——基于 2003—2011 年间行业面板数据的经验分析 [J]. 中国工业经济，2013（6）：44-56.

[165] 唐斯斯. 以信息化为推手助力创新全面发展 [EB/OL]. http://www.sic.gov.cn/News/302/2704.htm，2014-05-13.

[166] 唐未兵，傅元海，王展祥. 技术创新、技术引进与经济增长方式转变 [J]. 经济研究，2014，49（7）：31-43.

[167] 唐要家. 中国工业产业绩效影响因素的实证分析 [J]. 中国经济问题，2004（4）：28-36.

[168] 统计科研所信息化统计评价研究组，杨京英，熊友达，等. "十一五"时期中国信息化发展指数（IDI）研究报告——中国信息化发展水平的监测与评估 [J]. 中国信息界，2010（12）：89-95.

[169] 国家统计局统计科研所信息化统计评价研究组，杨京英，熊友达，等. 信息化发展指数优化研究报告 [J]. 管理世界，2011（12）：1-11.

[170] 汪虎山. 安徽省高技术产业创新链的培育研究 [D]. 安徽大学，2012.

[171] 汪伟，姜振茂. 人口老龄化对技术创新的影响机制分析——基于 DFA 方法的创新评价和动态面板模型 [J]. 上海财经大学学报，2017，19（6）：4-17.

[172] 王缉慈. 知识创新和区域创新环境 [J]. 经济地理，1999（1）：12-16.

[173] 王君彩，王淑芳. 企业研发投入与业绩的相关性——基于电子信息行业的实证分析 [J]. 中央财经大学学报，2008（12）：57-62.

[174] 王丽英. 市场化程度与区域经济增长的实证研究——基于省际

面板数据的分析 [J]. 经济体制改革, 2010 (2): 133-136.

[175] 王敏. 中国高技术产业技术创新的溢出效应研究 [D]. 武汉大学, 2014.

[176] 王明友. 知识经济与技术创新 [M]. 北京: 经济管理出版社, 1997.

[177] 王秋香. 中国工业部门绩效的变动特点及影响因素的结构性分析 [D]. 东北财经大学, 2012.

[178] 王诗才, 冯琴庆. 论中国高技术创新公司的技术溢出行为与效应 [J]. 生产力研究, 2005 (9): 76-78.

[179] 王婷, 孙斌栋. 技术创新在城市经济增长中的作用 [J]. 城市问题, 2015 (2): 57-63.

[180] 王文举, 范合君. 中国市场化改革对经济增长贡献的实证分析 [J]. 中国工业经济, 2007 (9): 48-54.

[181] 王小鲁, 樊纲, 余静文. 中国分省份市场化指数报告 (2016) [M]. 北京: 社会科学文献出版社, 2017.

[182] 王争, 郑京海, 史晋川. 中国地区工业生产绩效: 结构差异、制度冲击及动态表现 [J]. 经济研究, 2006 (11): 48-59.

[183] 魏权龄, 庞立永. 链式网络 DEA 模型 [J]. 数学的实践与认识, 2010, 40 (1): 213-222.

[184] 魏守华, 姜宁, 吴贵生. 内生创新努力、本土技术溢出与长三角高技术产业创新绩效 [J]. 中国工业经济, 2009 (2): 25-34.

[185] 吴旭晓, 许正中. 基于超效率 DEA 的区域高技术产业发展绩效评价 [J]. 统计与决策, 2010 (22): 110-112.

[186] 吴延兵. 国有企业双重效率损失研究 [J]. 经济研究, 2012, 47 (3): 15-27.

[187] 吴玉鸣. 工业研发、产学合作与创新绩效的空间面板计量分析 [J]. 科研管理, 2015 (4): 118-127.

[188] 吴佐, 张娜, 王文. 政府 R&D 投入对产业创新绩效的影响——来自中国工业的经验证据 [J]. 中国科技论坛, 2013 (12): 31-37.

[189] 武鹏, 余泳泽, 季凯文. 市场化、政府介入与中国高技术产业

R&D全要素生产率增长［J］.产业经济研究，2010（3）：62-69.

［190］肖飞.中国高技术产业技术效率的空间收敛性研究［D］.湖南大学，2015.

［191］许庆瑞.技术创新管理［M］.杭州：浙江大学出版社，1990.

［192］薛捷.区域创新环境对科技型小微企业创新的影响——基于双元学习的中介作用［J］.科学学研究，2015，33（5）：782-791.

［193］严成樑，周铭山，龚六堂.知识生产、创新与研发投资回报［J］.经济学（季刊），2010，9（3）：1051-1070.

［194］杨洪焦，孙林岩，宫俊涛.全球制造业绩效比较研究［J］.生产力研究，2008（19）：110-112.

［195］杨柳.中国为何缺乏高端创新型人才［EB/OL］.http://www.rmlt.com.cn/2017/0124/457501.shtml，2017-01-24.

［196］杨青峰.剥离环境因素的中国区域高技术产业技术效率再估计——基于三阶段DEA模型的研究［J］.产业经济研究，2014（4）：94-102.

［197］杨晓冬，武永祥.中国东、中部地区高技术产业创新绩效评价研究［J］.科技进步与对策，2012（23）：128-131.

［198］杨悦.中国战略性新兴产业生产绩效——基于细分行业的随机前沿生产函数的分析［J］.技术经济与管理研究，2014（3）：97-104.

［199］姚丽，谷国锋.区域技术创新、空间溢出与区域高技术产业水平［J］.中国科技论坛，2015（1）：91-95.

［200］姚洋.非国有经济成分对中国工业企业技术效率的影响［J］.经济研究，1998（12）：29-35.

［201］叶静怡，林佳，姜蕴璐.知识溢出、距离与创新——基于长三角城市群的实证分析［J］.世界经济文汇，2016（3）：21-41.

［202］余典范，干春晖.适宜技术、制度与产业绩效——基于中国制造业的实证检验［J］.中国工业经济，2009（10）：47-57.

［203］余伟，陈强，陈华.环境规制、技术创新与经营绩效——基于37个工业行业的实证分析［J］.科研管理，2017，38（2）：18-25.

［204］余泳，陈龙，王筱.R&D投入、非R&D投入与技术创新绩效作用机制研究——以中国高技术产业为例［J］.科技进步与对策，2015

(6): 66-71.

[205] 俞立平. 高技术产业研发经费投入绩效的地区差距研究——基于动态面板变系数模型的估计 [J]. 北京理工大学学报（社会科学版），2013 (4): 63-68.

[206] 约瑟夫·熊彼特. 经济发展理论 [M]. 北京: 商务印书馆, 1990.

[207] 岳鹄, 张宗益. R&D 投入、创新环境与区域创新能力关系研究: 1997—2006 [J]. 当代经济科学, 2008 (6): 110-116+126.

[208] 张诚, 蒙大斌. 技术创新、行业特征与生产率绩效——基于中国工业行业的实证分析 [J]. 当代经济科学, 2012 (4): 49-55.

[209] 张国强, 冯涛. 市场结构、R&D 投资与经济绩效关系的经验研究——以中国高新技术产业为例 [J]. 科技管理研究, 2007 (12): 42-47.

[210] 张继良, 赵崇生. 中国工业转型升级、绩效、问题与对策 [J]. 调研世界, 2015 (12): 3-7.

[211] 张建清, 刘家君, 魏伟. 市场化进程与中国经济的不平衡增长——基于动态面板数据模型的分析 [J]. 武汉大学学报（哲学社会科学版），2014, 67 (4): 5-11.

[212] 张静. 知识溢出影响下区域创新和经济增长研究 [D]. 中国社会科学院研究生院, 2017.

[213] 张莉. 中国创新环境存在问题及对策建议 [J]. 人民论坛, 2015 (29): 165-167.

[214] 张仁寿, 黄小军, 王朋. 基于 DEA 的文化产业绩效评价实证研究——以广东等 13 个省市 2007 年投入产出数据为例 [J]. 中国软科学, 2011 (2): 183-192.

[215] 张同斌, 高铁梅. 研发存量、知识溢出效应和产出空间依赖性对中国高新技术产业产出的影响 [J]. 系统工程理论与实践, 2014, 34 (7): 1739-1748.

[216] 张同斌. 中国高新技术产业的发展特征及运行机制研究 [M]. 北京: 科学出版社, 2014.

[217] 张媛媛, 张宗益. 创新环境、创新能力与创新绩效的系统性研究——基于面板数据的经验分析 [J]. 科技管理研究, 2009, 29 (12):

91-93+96.

[218] 张宗和, 彭昌奇. 区域技术创新能力影响因素的实证分析——基于全国30个省市区的面板数据 [J]. 中国工业经济, 2009 (11): 35-44.

[219] 章立军. 区域创新环境与创新能力的系统性研究——基于省际数据的经验证据 [J]. 财贸研究, 2006 (5): 1-9.

[220] 赵明亮. 研发创新投入对中国高技术产业发展绩效影响的实证分析 [J]. 经济与管理评论, 2014 (5): 54-59.

[221] 赵奇伟, 张诚. FDI溢出效应与区域经济增长: 基于东道国要素市场发展的理论视角及中国经验 [J]. 世界经济研究, 2007 (7): 66-74+88.

[222] 赵勇, 白永秀. 知识溢出测度方法研究综述 [J]. 统计与决策, 2009 (8): 132-135.

[223] 中国科技发展战略研究小组. 中国区域创新能力报告 [M]. 北京: 科学出版社, 2001.

[224] 周密, 刘秉镰, 盛玉雪. 创新过程、创新环境及其跨层级交互作用对创新的影响效应研究——基于知识生产函数的两阶层线性模型分析 [J]. 财经研究, 2013, 39 (3): 4-18.

[225] 周亚虹, 贺小丹, 沈瑶. 中国工业企业自主创新的影响因素和产出绩效研究 [J]. 经济研究, 2012 (5): 107-119.

[226] 周永涛, 钱水土. 金融发展、技术创新与对外贸易产业升级——基于空间计量的实证研究 [J]. 国际经贸探索, 2012, 28 (4): 90-102.

[227] 朱承亮. 自主创新、FDI技术溢出与汽车产业技术进步 [D]. 西北大学, 2013.

[228] 朱平芳, 徐伟民. 政府的科技激励政策对大中型工业企业R&D投入及其专利产出的影响——上海市的实证研究 [J]. 经济研究, 2003 (6): 45-53+94.

[229] 朱有为, 徐康宁. 中国高技术产业研发效率的实证研究 [J]. 中国工业经济, 2006 (11): 38-45.